Technik und Tempo als Revolution in Zeit und Raum – das ist das dramatische Projekt der industriellen Moderne in Europa. Eisenbahn und Telegraf, Automobil und Flugzeug, Telefon und Computer verändern die Landschaften und die Lebenswelten innerhalb eines Jahrhunderts radikaler und nachhaltiger als in Jahrtausenden zuvor.

Noch dramatischer jedoch als die Revolution der Technik ist die Revolution der damit verbundenen gesellschaftlichen Erfahrungen und Wahrnehmungen. Durch die Beschleunigung von Verkehr, Kommunikation und Wissen scheint die Welt zu schrumpfen.

Zugleich entwickeln sich völlig neue kulturelle Perspektiven auf die Bewegung, die Stadt, die Landschaft, auf die Gesellschaft insgesamt. Damit lernen die Menschen des 19. und 20. Jahrhunderts ein neues Sehen und Erleben der Dinge, der Welt, ihrer selbst: die Entdeckung der Moderne.

Unsere Adressen im Internet: www.fischerverlage.de
www. hochschule.fischerverlage.de

Wolfgang Kaschuba, geboren 1950, studierte Empirische Kulturwissenschaft und Politikwissenschaft in Tübingen; Dr. rer. soc. (1982) und Habilitation (1987). Professor und Geschäftsführender Direktor des Instituts für Europäische Ethnologie an der Humboldt-Universität zu Berlin; zahlreiche Publikationen zu Volkskultur, Alltagsgeschichte, Europäische Ethnologie und Kulturanthropologie; Mitherausgeber u.a. der Zeitschrift »Geschichte und Gesellschaft«.

Europäische Geschichte

Herausgegeben von Wolfgang Benz

Konzeption: Wolfgang Benz,
Rebekka Habermas und Walter H. Pehle

Europäische Geschichte

Wolfgang Kaschuba

Die Überwindung der Distanz

Zeit und Raum in der europäischen Moderne

Fischer Taschenbuch Verlag

Originalausgabe
Veröffentlicht im Fischer Taschenbuch Verlag,
einem Unternehmen der S. Fischer Verlag GmbH,
Frankfurt am Main, November 2004

Redaktion: Walter H. Pehle
Satz: Fotosatz Otto Gutfreund GmbH, Darmstadt
Druck und Bindung: Clausen & Bosse, Leck
Printed in Germany
ISBN 3-596-60145-2

Inhalt

Einleitung

Raum und Zeit sind grundlegende Koordinatensysteme menschlicher Welt-Anschauung: Dieses Gesetz gilt wohl nach wie vor. Trotz aller Beschleunigungs-, Verdichtungs- und Verschwindenstheorien agieren wir kognitiv wie mental noch in konkreten Räumen und Zeiten. Jedenfalls verstehen und deuten wir das so – uns selbst, unser Leben. Diese Räume und Zeiten haben sich in der Vergangenheit zwar verändert, physikalisch wie gedanklich, aber sie haben sich damit keineswegs aufgelöst. Daher sind und bleiben die kognitive Koordination ebenso wie die kulturelle Organisation unserer »Raum-Zeit« auch zutiefst anthropologische Motive: Sie fragen nach den historischen Bedingungen und den zivilisatorischen Möglichkeiten individuellen Menschseins, aber eben auch nach den kulturellen Regeln und symbolischen Formen unserer sozialen Existenz, nach den Ordnungen und Deutungen unseres Alltags.

Dabei ist vor allem der Raumgedanke in Deutschland nie völlig unbefangen zu erörtern. Zu stark wirken noch jene Schatten nach, die nationalsozialistische Raumidee und rassistisches Blut-und-Boden-Denken im historischen Erinnerungsraum der Weltzivilisation hinterlassen haben. Daraus resultiert kein Denkverbot, aber eine besondere Pflicht zur kritischen Reflexion jenes ebenso leichtfertigen wie fatalen Hangs zur Naturalisierung und Fundamentalisierung des Raumgedankens in Wissenschaft wie Politik. Ebenso hat der Zeitgedanke in Deutschland viel von seiner Unschuld verloren. Dabei spielen weniger jene »Tausend Jahre« die entscheidende Rolle, als vielmehr mystifizierte deutsche Selbstbilder, die Zeit und Geschichte weit zurückgreifend mit Nations- und Schicksalsmythen besetzen wollten. So hat Oswald Spengler in seinem »Untergang des Abendlandes« 1917 raunend die Zeit als deutschen Schicksalstopos zitiert: »Unter den Völkern des Abendlandes waren es die Deutschen, welche die mechanischen Uhren erfanden, schauerliche Symbole der rinnenden Zeit, deren Tag und Nacht von zahllosen Türmen über Westeuropa hin hallenden Schläge vielleicht der ungeheuerste Ausdruck sind, dessen ein historisches Weltgefühl überhaupt fähig ist.« Schauerlich mag das schon gewesen sein, nur war Spenglers Voraussetzung bekanntlich falsch: Nicht die düsteren Deutschen, sondern die lebenslustigen Italiener waren die Erfinder jener neuen »rinnenden« Zeit.

Nun bilden die Raum-Zeit-Koordinaten das wohl gebräuchlichste Orientierungssystem jeder Kulturgeschichtsschreibung. Jedenfalls dann, wenn sie Geschichte als ein Ergebnis von Prozess und Wandel begreift, das nicht nur ereignishaft daherkommt, sondern nach Ursache und Wirkung fragt, nach Differenz und Vergleich, und das deshalb auch disziplinär ausgreifend zu erörtern ist. Zeit und Raum »gibt« es daher von der Philosophie bis zur Physik. Von Immanuel Kant bis Georg Simmel, von Bronisław Malinowski bis Aby Warburg schlingt sich ein weites Band von Raum-Zeit-Gedanken, die auf diesem Wege ganz Unterschiedliches, aber doch stets Fundamentales, auch Geheimnisvolles in Gesellschaft und Kultur ergründen wollten. Dies gelang, da jede Antwort wiederum neue Fragen aufwarf, neue Kontinente des Denkens und Wissens eröffnete. Nicht nur die Dinge, auch die Sehweisen »erfinden« die Welt stets neu – davon wird die Rede sein.

Raum und Zeit sind als Erfahrungsperspektive – bewusst wie unbewusst – immer an ein konkretes Hier und Jetzt gebunden. Dies gilt für die Erfahrung in der Geschichte wie für unsere Wahrnehmung heute. Wenn wir also etwas über andere, vergangene Wahrnehmungsperspektiven erfahren wollen, müssen wir versuchen, uns in deren historische Gegenwarten zu versetzen und die Dinge bis zu einem gewissen Grad mit den Augen der Zeitgenossen zu betrachten. Dass dies nur sehr begrenzt gelingen kann, darüber macht sich gerade ein Ethnologe keine Illusionen. Dennoch verändert bereits das Bemühen um solches »Verstehen« die eigene Perspektive. Es macht sie offener und nachdenklicher und es erinnert daran: Auch wir befinden uns immer noch mitten im historischen Geschehen, auf der Suche nach unseren Horizonten in Zeit und Raum.

Bei meiner Suche nun hatte ich vielfältige Hilfe und muss mich nachdrücklich dafür bedanken: bei Victoria Schwenzer und Martina Klausner für zuverlässige Literaturrecherche, bei Cornelia Kühn für intensive Gedanken- und Textarbeit, bei Gisela Kirschberg für kritische Korrekturen wie ermunternde Kommentierungen und bei Nora für Nachsicht bei familiären Fehlzeiten. Und Walter H. Pehle hat mit unerbittlicher Geduld so lange nach dem Manuskript gefragt, bis es eines geben musste.

Perspektiven: Wahrnehmen, Wissen, Deuten

Mit dem Begriffspaar Zeit und Raum verbindet sich die Vorstellung, dass sich menschliche Welt-Bilder ohne diese beiden Dimensionen weder kognitiv erfassen noch empirisch »denken« lassen; dass Zeit und Raum als ein kulturelles Koordinatensystem gesellschaftlichen Lebens fungieren und uns damit jeweils ganz konkrete räumliche, zeitliche und soziale Sichthorizonte anbieten, in die sich unsere Erfahrungen und Wahrnehmungen schlüssig einordnen lassen, in denen sich aber auch unser Denken, Kommunizieren und Handeln als soziale Praxis vollzieht. Deshalb erscheint uns diese Raum-Zeit-Ordnung zunächst auch als so »natürlich«, obwohl sie tatsächlich doch so zutiefst »kultürlich« ist. Denn sie erweist sich als gegliedert in kognitive Landschaften und Perspektiven, deren Berge und Täler, deren Daten und Epochen von uns selbst geschaffen und gesetzt wurden. Sie ist Ergebnis unserer Deutungshoheit und damit auch der Umdeutung und dem Wandel unterworfen.

Aus diesen und anderen Gründen sind die sozialen Raum- und Zeitkategorien und die daraus resultierenden kulturellen Regeln in jeder Gesellschaft von existenzieller Bedeutung. Sie verkörpern selbstverständliche Ordnungen mit hoher Legitimität und Autorität. Gleichwohl gehören sie eher zum »tacit knowledge« jeder Kultur, zu unserem stillen Wissen. Sie sind Teil einer »stummen Sprache« (Edward Hall), die wir bereits als Kinder erlernen und im Verlaufe unserer lebenslangen Sozialisation vervollständigen, ohne uns dieser Kompetenz so recht bewusst zu sein. »Man lernt sowohl den Begriff als auch die von ihm untrennbare soziale Institution der Zeit von Kindheit an, wenn man in einer Gesellschaft aufwächst, wo dieser Begriff und diese Institutionen zu Hause sind«, kommentierte Norbert Elias einmal die besondere »zivilisierende« Rolle der Zeitordnungen in allen uns bekannten Gesellschaftsformationen.[1] Erst wenn wir uns in Situationen wieder finden, in denen wir nicht über dieses selbstverständliche Wissen verfügen, wird uns die Bedeutung dieser raum-zeitlichen Grammatik von Gesellschaft und Kultur voll bewusst.

Zeit als Dauer des Raumes

Zeit und Ort als Rhythmus und als Form kollektiven Lebens: Dieses Ordnungsprinzip lässt sich anthropologisch also als Axiom menschlicher Vergesellschaftung formulieren, das universelle Geltung besitzt für alle Zeiten und in allen Kulturen. Denn alle sozialen Gruppen und alle Gesellschaften benötigen räumliche und zeitliche Gemeinsamkeiten als kulturelle Reservate, die ihnen vertraut sind und in deren Schutz sie ihre Identität als gemeinschaftliche Idee und Praxis aufbauen können. Dort lernen sie buchstäblich in Raum und Zeit zu »denken«. Dies tun im Übrigen offenbar ohnehin unsere Gehirne. Deren visuelle Wahrnehmungsmodi funktionieren nämlich nur über spezifische räumlich-zeitliche Modelle der Repräsentation von Informationen, sie benötigen also für ihre Operationen selbst eigene raum-zeitliche Hirnareale. Daher ist diese aus dem Sozialen wie dem Biologischen gewonnene räumlich-zeitliche Ordnung auch mit hoher symbolischer Bedeutung versehen. Als »Grammatik des Lebens« ist sie zumeist geschützt durch religiöse und ethische Konvention.

Historisch verkörpert dieses Raum-Zeit-Modell natürlich einen extrem lang gezogenen Prozess, in dem seine Horizonte ständigen Veränderungen unterworfen sind, weil auch wir uns verändern – mit ihnen, in wechselseitiger Anpassung. So entsteht mit dem Sesshaften, dem Bauern, dann dem Bürger auch »sein Ort« im Raum. Ein Ort, der fest und dauerhaft gemacht wird, der Besitz und Macht garantieren soll, der dadurch zum besonderen »sozialen Raum« wird: zum Ort von Gesellschaft. Anders hingegen der Reisende oder der Nomade, der im Raum unterwegs ist, der dort vorübergehend Orte bezieht, sie dadurch schafft und aneignet, der dann aber wieder geht, sie loslässt, sie im Raum wieder auflöst. Damit erfahren wir die Zeit auch als »Dauer des Raumes«, als stets gebunden an einen Erkenntnisprozess, dessen Begriffe meist räumlich gedacht werden in Kategorien von Hier und Jetzt, von Einst und Dort.

Solch eine beständige Verräumlichung und Verzeitlichung von Erfahrung konstatiert bereits Immanuel Kant als menschliches Erfahrungsprinzip: die Zeit als nichts Absolutes, sondern als eine soziale Wahrnehmungsweise des kulturellen Nacheinander; der Raum hingegen als das soziale Nebeneinander, als ein kulturelles Zugleich. Beides jedoch erscheint ihm als Grundbedingung menschlicher Wahrnehmung. Und er preist deshalb das Reisen, die Bewegung in Raum und Zeit, als so bedeutsam für die »Erweiterung der Anthropologie im Umfange«. Nur so lasse sich mehr über Mensch und Menschheit erfahren. Und dies sagt ausgerechnet jener Kant, der doch sein Königsberg, seine lokale Welt, bekanntlich nie verlassen hat und stattdessen ein passionierter Gedanken- und Textreisender geworden ist. Neugierig haben sich die Anthropologie und die Ethnologie diesen Grundsatz des Reisens später zu Eigen gemacht, um gerade auch in außereuropäischen Kulturen danach zu fragen, wie Zeitmaße und Zeitbegriffe bei den Inkas oder Mayas, bei den Kabylen oder Nuern wohl beschaffen seien. Viele der dabei gewonnenen Erkenntnisse verweisen auf den engen historischen Zusammenhang von sozialer Zeit und religiöser Ordnung: Religiöse Riten ordnen das Leben in Rhythmen und Zyklen, in der Regelmäßigkeit und vermeintlichen Natürlichkeit der »Rites de Passage«.

Auch die Moderne hat aus diesem kulturellen Grundstoff ihre Riten von Ankunft und Abschied, von Einschluss und Ausschluss entwickelt, die gerade den Prozess der permanenten Veränderung gesellschaftlicher Existenz in Zeit und Raum beständig thematisieren und die ihn als Weg und Ziel des Lebens wie der Geschichte reflektieren. Es ist diese besondere Spannung zwischen Fortschrittsgewissheit und Reflexivität, die uns damit als die prägende Signatur der Moderne erscheint. In der Gleichzeitigkeit von Gewissheit und Skepsis, von Hoffnung und Furcht drückt sich die tiefe Ambivalenz »moderner« Einstellungen aus. Und die Sprache polarisiert in ähnlicher Weise. Einerseits geprägt von programmatischen Zielbegriffen wie Fortschritt oder Demokratie, setzt sie diesen andererseits kritische Fragezeichen entgegen in Form von Existenzphilosophie oder Zivilisationskritik. Jedenfalls gilt dies, wenn man die Moderne mit der Aufklärung beginnen lässt, in der sich diese neuen Prozesse gesellschaftlicher Selbstbeobachtung und Selbstreflexion wuchtig und dramatisch entfalten. Aus ihrer ideellen und sozialen Energie entwickeln sich im 19. und 20. Jahrhundert in Europa dann die bürgerlichen Gesellschafts- und die industriekapitalistischen Wirtschaftsformen, aber auch die entscheidenden Impulse zu jener Nationalstaatsbildung, die sich als politische wie kulturelle Vergemeinschaftung »in Raum und Zeit« durchsetzt. Es ist ein spezifisch europäischer Aufbruch zu neuen Horizonten, der über Wirtschaft und Politik, über Wissenschaft und Literatur, über Technologietransfers und Markt allmählich in alle Regionen und Gesellschaften des Kontinents getragen wird. Und es ist damit zugleich auch eine tiefe mentalitäre Zensur, von der nichts und niemand unberührt bleibt.

Natürlich spielt sich dieser Aufbruch nicht nur in den Köpfen ab. Die materielle Welt verändert sich im 19. Jahrhundert dramatisch und rasch. Denn bis dahin haben sich Reise- und Verkehrsgeschwindigkeiten über fast ein Jahrtausend kaum wesentlich erhöht. Die Produktivität in Landwirtschaft und Handwerk verzeichnet im selben Zeitraum keine wirklich großen Sprünge. Neues Wissen und neue Ideen verbreiten sich immer noch eher gemächlich. Nun erfahren all diese Abläufe und Entwicklungen jedoch eine ungeheure Beschleunigung. Tempo, Wachstum, Produktivität, Konzentration, Information, Medien verkörpern im entstehenden Industriekapitalismus neue Dimensionen und Logiken menschlicher Produktion und Reproduktion.

Symbolische Raum-Zeit-Ordnungen

Kulturgeschichtlich betrachtet, entdecken wir in dieser Moderne vieles völlig neu – in Technik wie Politik, in Medizin wie Kunst. Am neuesten und am wichtigsten jedoch sind wohl unsere Entdeckungen auf dem Gebiet unserer Wahrnehmungen und Erfahrungen, die wir in radikal neue kognitive Modelle und kulturelle Formen fassen. Damit erst verändert sich »Welt«: Durch die kulturelle Befähigung zu neuem Sehen und Verstehen sehen wir etwas »neu« und begreifen es als etwas Neues. Den Dingen geht das Denken voraus und dem Begreifen das Benennen. Etwa bei Vorstellungen von »Geschwindigkeit« und von »Distanz«, wie sie eben erst im 19. Jahrhundert durch Wissenschaft und Literatur denkbar und dann durch technische Entwicklungen wie Fernrohr und Eisenbahn erfahrbar werden. Damit sind zugleich neue Zeitschemata und Raumarrangements entworfen, die ein neues soziales »Lebenstempo« ermöglichen. Zeit und Raum werden also etwas Relatives, jeweils neu zu Bestimmendes. Dabei war die Zeit selbst von Newton erst 1687 in ihrer Absolutheit und Gleichförmigkeit als »mathematische Zeit« neu entdeckt, waren Raum und Zeit durch das Gravitationsgesetz erklärbar gemacht worden. Einstein wiederum wird sie dann zu Beginn des 20. Jahrhunderts in ihrer Relativität erneut neu entdecken, weil er feststellt, dass die Zeit stets »Raumzeit« ist und in schnellen Bewegungen messbar langsamer vergeht. Wir stellen uns heute wiederum eine ganz anders beschaffene und in Selbstorganisation operationalisierbare Zeit vor.

Dennoch gehen wir im Falle der Zeit meist recht umstandslos davon aus, dass einer subjektiven Zeiterfahrung eine objektive Zeitordnung gegenüberstehe. Subjektiv empfundene Zeit verwehrt sich jedenfalls der einfachen und absoluten Messung, auch wenn Gefühle von Langeweile und Stress, von Ruhe und Hetze gerne in Zeit- und Uhrmetaphern gefasst werden. Dabei ist natürlich auch dies durchaus zweideutig, denn das Ticken der Uhr kann bekanntlich völlig Gegensätzliches ausdrücken, je nachdem, ob es sich auf den ruhigen Lauf des Stunden- oder das nervöse Trippeln des Sekundenzeigers bezieht. Stets jedoch sind subjektive Zeitempfindungen in gesellschaftliche Zeitordnungen mit komplexer Symbolik eingebunden. Der französische Soziologe Emile Durkheim hat diese besonderen Qualitäten der »sozialen Zeit« erkenntnistheoretisch als einer der Ersten zu konzeptualisieren versucht. Einerseits handelt es sich bei diesen Zeitordnungen um universelle Muster, die etwa regeln, wer im Alltag auf einen anderen wartet und wer warten lässt. Die Antwort darauf lautet in jeder uns bekannten

Gesellschaft: Der sozial höher Gestellte lässt warten, er ist stets Herr der Zeit, auch der Zeit des Rangniederen. Dies ist eine durchgehende symbolische Struktur. Andererseits unterliegt diese Struktur wiederum nationalen oder lokalen Modifikationen, etwa wenn es um Fragen der Pünktlichkeit oder der Höflichkeit geht. Da gehen die Erfahrungen und Regeln in unterschiedlichen Gesellschaften oft weit auseinander, treten auch die häufigsten »kulturellen Missverständnisse« auf.

Der Raum wiederum erschien ursprünglich sicher, weil eben vermeintlich »objektiv« vorhanden. Uns jedoch erscheint er längst trügerisch, weil wir seiner objektiven Existenz wie seiner subjektiven Aneignungsmöglichkeit misstrauen. Nicht ohne Grund: Zu oft hat er uns bereits im Stich gelassen, wenn wir gerade geglaubt hatten, ihn nun doch einmal besetzen und besitzen zu können. Zu sehr trägt er auch die Spuren der anderen, die – oft bedrängend nahe – um uns sind. Zu sehr ist er schließlich dem Draußen verhaftet, das sich nicht wie die Zeit durch Verinnerlichung einfach abschirmen und gleichsam zur Insel machen lässt. Die Geschichte von Kriegen und Vertreibungen, von Mobilität und Migration hat uns vielmehr gezeigt, wie relativ und wie unsicher territoriale Gebiete, Grenzen, Identitäten doch sind, wie wenig »natürlich« und »essenziell« somit auch räumliche Ordnungen beschaffen sein können. In Zeiten der Globalisierung ist dies gewiss auch ein Grund dafür, dass uns heute jener virtuelle Raum des Internet so fesselt, der unendlich scheint in seiner Erstreckung wie in seiner Aneignungsmöglichkeit – imaginär eben. Ansonsten gelten für den Raum ähnliche Regeln wie für die Zeit. Auch in ihm spielt die Frage von Macht und Herrschaft eine zentrale Rolle, werden Zuneigung und Freundlichkeit, Hass und Ablehnung, Respekt und Höflichkeit in räumlichen Termini ausgedrückt, in symbolischen Gesten von Nähe und Distanz, von Zuwendung und Abwendung.

Beides jedoch, Zeit und Raum, muss intensiv zusammenwirken, um uns Erinnerung und Gedächtnis zu ermöglichen. Der Gedanke des »kollektiven Gedächtnisses«, den Maurice Halbwachs einst als Voraussetzung für Geschichte überhaupt skizziert hat, baut auf einen zeitlich markierten Gedächtnisraum, in dem die Daten zugleich Bilder und die Bilder zugleich Orte verkörpern. Es ist das antike Prinzip der Mnemotechnik, durch das die Gegenstände einer Rede eine räumliche Position erhalten und somit besser gemerkt werden können. Und dieses rhetorische Prinzip verweist zugleich auf ein anthropologisches Wahrnehmungs- und Erinnerungsprinzip, dessen Anwendung gerade in der europäischen Geschichte feste Horizonte in Zeit und Raum schafft: Gruppen, Gesellschaften, Nationen werden über ihren Gedächtnisraum immer wieder neu vergemeinschaftet und verbunden.

Nun lässt sich die Veränderung unserer zeitlich-räumlichen Horizonte in den letzten 200 Jahren natürlich aus ganz unterschiedlichen kulturgeschichtlichen wie thematischen Perspektiven beschreiben: als eine Geschichte der Arbeit etwa, in der die Prozesse der Industrialisierung, der Mobilisierung und der sozialen Disziplinierung die europäische Landschaft dominieren; als eine Geschichte von Verkehr und Reisen, die sich um Beförderungsmittel, Infrastrukturen und Begegnungen kümmert; als eine Geschichte der Medien, welche die zeitlichen und räumlichen Dimensionen der empirischen Welt nicht nur vermitteln, sondern tatsächlich auch konstituieren; auch als eine Geschichte von Herrschaft, weil gesetzte Ordnungen von Zeit und Raum stets auch politische und kulturelle Macht verkörpern, Reiche begründen, Nationen schaffen. Gerade im 19. Jahrhundert werden Zeit und Raum systematisch »nationalisiert«, wenn die staatliche Grenze gezogen, der nationale Gedenktag eingerichtet oder das Kriegerdenkmal aufgebaut wird. Sie werden ethnisiert in Gestalt des »deutschen Waldes«, des »englischen Parks« oder des »schwedischen Lichtfests«. Und sie werden »individualisiert« durch den Einzug persönlicher Terminkalender, neuer Freizeitformen oder modernen Reisens. Zu schreiben wäre schließlich auch eine gewiss spannende Geschichte der fantastischen Vorstellungen zur Überwindung von Zeit und Raum, wie sie in theologischen und philosophischen Diskursen, in utopischen und künstlerischen Werken ständig entworfen und in dramatischen Erzählungen von Flaschengeistern und Magiern, von Zeitreisen und Zeitmaschinen gefasst wurden.

Von alldem soll hier in aller Kürze auch die Rede sein. Vor allem aber geht es um eines: um eine Geschichte der gesellschaftlichen Wahrnehmung von Raum und Zeit, also um die Erörterung jener kulturellen Vorstellungen, die unsere Welt-Bilder in räumlichen und zeitlichen Dimensionen konstruieren und dadurch erst »Wirklichkeit« schaffen. Dies sind freilich immer wechselnde, selbst zeitgebundene Bilder, die uns aber gerne in der Illusion wiegen, nun endlich absolute Gewissheit, »wirkliche Wirklichkeit« gewonnen zu haben. Insofern meint die Perspektive der Wahrnehmungsgeschichte zugleich auch eine Geschichte jener Wissensmuster, die unsere Wahrnehmungen steuern und korrigieren, aber auch immer wieder in die Irre führen. Dieser kulturelle Prozess der Wahrnehmungskonstruktion und des Wissenserwerbs wird daher der rote Faden dieses Buches sein – eines in dieser kompakten Form zunächst zutiefst »europäischen Weges« in die Moderne.

Natürlich ist diese Zeitgebundenheit der Wahrnehmung auch das Problem heutiger Darstellung. Auch unsere Retro-Spektive bleibt allem Bemühen um historisches Verstehen zum Trotz doch stets gegenwartsnah und zeitgebunden. Wir neigen dazu, unsere heutigen Denksysteme und Logiken in frühere Epoche und Gesellschaften hinein zu projizieren und sprechen ihnen als »mittelalterliche Welten« oder »vormoderne« Gesellschaften umgekehrt oft eigene Rationalität ab. Nur sehr selten wird diese zivilisatorisch-kulturelle Borniertheit allerdings wohl so drastisch erfahren und so selbstironisch kommentiert wie im Falle eines amerikanischen Sozialpsychologen, der seine interkulturellen Lernprozesse an einer brasilianischen Universität so beschreibt:

»Die ersten Lektionen erhielt ich bald nach meiner Ankunft. Als ich an dem Tag, an dem ich zum ersten Mal unterrichten sollte, aus dem Haus ging, fragte ich jemanden nach der Uhrzeit. Es war 9.05 Uhr, so daß ich reichlich Zeit hatte, rechtzeitig zu meinem Seminar um 10 Uhr anzukommen. Nach schätzungsweise einer halben Stunde schaute ich auf eine Uhr, an der ich gerade vorbeikam. Sie zeigte 10.20 Uhr an. Von Panik ergriffen, setzte ich mich in Trab und stürzte in Richtung Seminarraum. [...] Atemlos kam ich an und fand einen leeren Raum vor. Verstört rannte ich wieder hinaus und fragte einen der Vorübergehenden nach der Zeit. ›9.45 Uhr‹, lautete die Antwort. Das konnte nicht sein. Ich fragte jemand anderen. ›9.55 Uhr‹. Wieder ein anderer äugte auf seine Armbanduhr hinunter und rief stolz: ›Genau 9.43 Uhr‹. Die Uhr eines nahe gelegenen Büros zeigte 15.15 Uhr an. Ich hatte meine ersten beiden Lektionen erhalten: Brasilianische Uhren gehen prinzipiell falsch, und außer mir schien das niemanden zu stören. [...] Mein letzter Termin an diesem Tag war ein Treffen mit dem Besitzer einer Wohnung, die ich mieten wollte. Diesmal dachte ich, ich wüßte langsam, wie der Hase läuft. Sobald ich ankam, fragte ich die Sekretärin, wie lange ich wohl warten müsse. Sie sagte, ihr Chef verspätet sich. ›Wie viel?‹, fragte ich. ›Eine halbe Stunde, mais ou menos‹, sagte sie. Ob ich einen cafézinho wolle? Ich lehnte ab und sagte, ich käme in zwanzig Minuten wieder. Als ich zurückkam, erklärte sie mir, es werde noch ein Weilchen dauern. Ich ging wieder weg. Als ich zehn Minuten später zurückkam, teilte sie mir mit, ihr Chef habe keine Lust gehabt, noch länger auf mich zu warten, und sei nach Hause gegangen. Als ich ihr aufgebracht eine gallige Nachricht an den verehrten Herrn Vermieter auftragen wollte, erklärte mir die Sekretärin, ich habe ihm keine andere Wahl gelassen, als sich so zu verhalten. ›Verstehen Sie denn nicht, er ist der Besitzer und nicht Sie. Sie sind sehr arrogant, Dr. Levine.‹ Das war das letzte Mal, daß ich versuchte, einen Brasilianer im Wartespiel auszutricksen.«[2]

Unsere moderne Betriebsblindheit verkennt also immer wieder, dass Zeit nicht absolut, nicht »an sich« existiert, sondern dass Zeitordnung und Zeitbewusstsein immer ein kulturelles Modell darstellen, das sich schlüssig und konsequent aus dem jeweiligen Konzept »Gesellschaft« selbst ergibt. Darauf hat vor fast 100 Jahren bereits der Philosoph Edmund Husserl hingewiesen: Raum und Zeit sind stets an die in ihnen auftretenden Phänomene gebunden. Sie verkörpern kein universelles Meta-Schema, sondern gründen auf menschlicher Wahrnehmung und Konvention. Damit sind uns auch die »objektiven« Orte des Sehens und des Sprechens endgültig verloren gegangen, die durch Religion, Kunst und Wissenschaft einst als feste »Hochsitze« aufgebaut waren, um von ihnen aus die gesellschaftliche Landschaft zu beobachten und zu beurteilen. Robert Musil hat für diese Irritation Worte und Bilder gefunden, deren elegante Metaphorik uns begeistert, doch auch ratlos macht: »Der Zug der Zeit ist ein Zug, der seine Schienen vor sich her rollt. Der Fluß der Zeit ist ein Fluß, der seine Ufer mitführt.«[3]

Kulturelle Modelle und symbolische Praxen

In der Moderne sind die Wahrnehmung und die Aneignung von Raum und Zeit jedoch noch stärker als zuvor an die Entwicklung von Technik gebunden. Bewegung und Beschleunigung verändern über technische Hilfsmittel wie über technologisch-mediale Vermittlungsformen den individuellen menschlichen Wahrnehmungsapparat und zugleich die gesellschaftlichen Erfahrungssysteme. Deshalb muss eine Geschichte der Wahrnehmung unserer Raum-Zeit-Landschaften vor allem diesen Vermittlungsprozess im Auge behalten: jene konkreten Formen sozialer Technikaneignung, die – so hat das der französische Soziologe Alain Tourraine skizziert – von den Menschen stets in komplexen »kulturellen Modellen« gebündelt und erlernt werden. Denn »Technik an sich« im Sinne abstrakter Wissensformen und Konstruktionen bleibt letztlich bedeutungslos, wenn sie nicht eingebunden ist in alltägliche und logische Routinehandlungen. Von der Postkutsche über die Eisenbahn und das Auto bis zu Telefon und Computer müssen daher immer spezifische gesellschaftliche Wirkungszusammenhänge vorhanden sein, in denen technischer Gegenstand, mediale Präsentation und empirische Aneignung zu kompakten Modellen kultureller Praxis verschmelzen. In solchen kulturellen Modellen werden sie als reflexhafte Denk- und Handlungsmuster »abgespeichert«, um uns dann erst als Praktiken des Alltags ganz selbstverständlich verfügbar zu sein. Postkutsche, Eisenbahn, Auto, Telefon und Computer verkörpern also zugleich auch je spezifische historisch-soziale Modalitäten des Schauens, des Kommunizierens, der Bewegung, der Körperlichkeit. Ihre Technik setzt sich nicht über abstraktes Wissen durch, sondern als ein Paket von Möglichkeiten gedanklicher wie ästhetischer, technischer wie sozialer, symbolischer wie sinnlicher Art.

Das Telefon als ein besonders vielseitiges Kommunikations-, Interaktions-, Koordinations- und Beziehungsinstrument ist ein gutes Beispiel für die Komplexität wie die Notwendigkeit solcher »kulturellen Modelle«.[4] Denn es dauerte immerhin zwanzig, dreißig Jahre, bis nach seiner technischen Erfindung der Karrieresprung von einem simplen Kommandogerät, das nur Ein-Weg-

Kommunikation ermöglichte, zu einem wirklich alltagsnahen, dialogischen und dann auch massenhaften Kommunikationsmittel gelang. Im Falle der Technik entpuppen sich In-Gebrauch-Kommen und Ins-Gespräch-Kommen somit als wechselseitige Strategien in einem Prozess kultureller Aneignung und kognitiver Bewältigung, der in den Alltag führen und dort gelingen muss. Nur so lässt sich letztlich auch Technologietransfer erklären: nicht als ein Austausch abstrakter Erkenntnisse, sondern als ein osmotischer Aneignungsvorgang zwischen unterschiedlichen Wissenskulturen, Lebenswelten und Alltagen. Von der Postkutsche bis zum Internet gilt also nicht nur: Wie wird was, wann von wem erfunden? Sondern mindestens ebenso sehr: Wie wird was, wann erzählt, erprobt und dadurch dann logisch und alltäglich?

Wenn das so ist, dann spielen dabei Medien, Bildungskonzepte und Muster der Alltags- und Populärkultur vom Lied bis zum Witz eine gewichtige Rolle, denn sie sorgen als kommunikative Techniken für die pragmatische kulturelle Verankerung des Neuen im Alltag. Dann führt der mediale Vermittlungsweg aber auch in einem weiten kulturgeschichtlichen Bogen vom »eingemeindeten«, also ans Lokale angepassten Märchen der Vormoderne, das immerhin auch bereits zeigt, wie »Welt« mit listigen oder magischen Techniken bewältigt werden kann, über die Wandergeschichten und Gerüchte des mittleren 19. Jahrhunderts, die von der Eisenbahn oder dem Telegrafen handeln, geradewegs hin zur Abenteuer- und Science-Fiction-Literatur um 1900. Dort – und vor allem nun auch in der Kinderliteratur – begegnen den Lesern aus vielen Ländern bereits Helden aus vielen Ländern, ausgestattet mit historischer oder utopischer Technik, beschrieben von Karl May oder Jules Verne. Über solche populären Medien, aber auch über den »Realienunterricht« des 19. Jahrhunderts werden neue Wissensformen vermittelt und vertieft. Und diese Ansätze nehmen die modernen Medien Zeitung und Rundfunk, Kino und Fernsehen dann auf und führen sie als technologischen Wissensservice bewusst wie unbewusst weiter. Viele der auf diese Weise »sekundär« erworbenen Informationen über das Technische sind daher nur in unserem »tacit knowledge« gespeichert. In jenem schlummernden und unbewussten Wissen, das uns in abstrakter und expliziter Form kaum verfügbar ist, weil es kognitiv gebunden bleibt an konkretes »Tun«.

Wie aber lassen sich solche wahrnehmungsgeschichtlichen Prozesse dann überhaupt quellenmäßig auffinden, analysieren und darstellen? Insbesondere für das späte 18. und das 19. Jahrhundert sprudeln die alltags- und erfahrungsgeschichtlichen Quellen im Bereich der Technik und der Alltagskultur nicht gerade reichlich, denn in den europäischen Gesellschaften wird der Umgang mit Raum und Zeit zwar philosophisch heftig diskutiert, kaum jedoch empirisch dokumentiert. Eine gewisse Ausnahme bilden zeitgenössische Reiseberichte und Autobiografien, die freilich vielfach mehr »Literatur« als »Empirie« bieten und die überdies fast nur das bürgerliche Erfahrungsspektrum abdecken. Reisende und Akteure aus anderen sozialen Milieus, die ganz andere Erfahrungshorizonte repräsentieren, haben kaum eigene Aufzeichnungen hinterlassen. So ist die Quellenlage bescheiden bis prekär, und das gilt auch für entsprechende Forschungen zu einer Wahrnehmungsgeschichte.

Allerdings kann man skeptisch sein, ob diese »alltagsgeschichtliche« Quellenorientierung überhaupt einschlägig wäre. Immerhin geht es im Zusammenhang von Zeit- und Raumerfahrung um ganz spezifische soziale Wahrnehmungsweisen, die sich historisch keineswegs »offen« und kulturell keineswegs »naiv« präsentieren, sondern die in hohem Maße zivilisationsgeschichtlich bearbeitet sind. Auch vor 200 Jahren »fährt«, »sieht« und »kommuniziert« man in Europa nicht einfach spontan, sondern folgt dabei vorformulierten sozialen Konventionen und kulturellen Mustern der Wahrnehmung. Man weiß, wie man Erlebtes und Erfahrenes zu sehen und wie man darüber zu reden hat, weil das Erziehung und Alltag, Gespräche und Lesestoffe lehren. Aber auch Wissenschaft und Kunst spielen eine ganz zentrale Rolle als Schulen der Wahrnehmung und des Sehens. Etwa die Zehntausende Bände europäischer Reiseliteratur seit der Renaissance oder die Tausende Landschaftsgemälde, in denen das Sehen, Erfahren und Reden bereits lange thematisiert, geübt und erlernt wurde – eine gewiss folgenreiche Übung.

Zu fragen ist also, ob wir in diesem weiten Feld historischer Wahrnehmung überhaupt gesellschaftliche Sehweisen und entsprechende Dokumente erwarten können, die sich in einem naiven Sinne als »authentisch« beschreiben ließen. Ob nicht vielmehr gerade das Sehen und Erfahren in der europäischen Moderne so stark vorjustiert wird als ein universeller Wahrnehmungsmodus, dass sich bei allen sozialen Akteuren und in allen historischen Dokumenten zwangsläufig eine präformierte und antizipierte Perspektive wieder finden muss: eine Art »Erfahrungsblick«. Und das scheint in der Tat so, viele Beschreibungen ähneln sich auffällig.

Daher ist nicht die mangelnde Verfügbarkeit allein, sondern auch diese quellenkritische Überlegung ein wesentlicher Grund dafür, dass ich mich in der folgenden Darstellung weniger auf vermeintlich »authentische« Alltagsquellen stützen werde, sondern überwiegend auf literarisch-künstlerische Dokumente. Auf Texte und Bilder, die gerade im vorliegenden Zusammenhang »Quellen« besonderer Art verkörpern: Sie sind nämlich absichtsvolle Produkte und Medien dieses »erfahrenden« Sehens, spiegeln also die ästhetische Verfertigung von gesellschaftlichen Blicken und zeitgenössischen Perspektiven explizit wider. Denn sie selbst haben sich die Aufgabe gestellt, das »Wie« der gesellschaftlichen Erfahrung und der Wahrnehmung von Geschichte und Gegenwart, von Ferne und Nähe zu behandeln – in Lyrik und Prosa, als Porträt und Landschaft, in Drama und Roman. So verhalten sie sich zu ihren Gegenständen wie zu ihrem Erkenntnisinteresse reflexiv, indem sie die eigene Beobachtungs- und Darstellungsperspektive hinterfragen und daraus dann soziale Wahrnehmungskonventionen entwickeln.

Ebendieser Prozess ist hier von Interesse: Erfahrung als ein Vorgang kognitiv und ästhetisch organisierter Wahrnehmung. Literarische und künstlerische Quellen enthalten somit eine Art »Erfahrung auf halber Höhe«. Sie zeigen Zugänge zum Alltag und Reflexe des Alltags, ohne ihn freilich empirisch abbilden zu können und zu wollen. Sie verraten uns mediale Formen und populäre Verbreitungsweisen von Begriffen und Bildern, liefern eine Mischung von fiktiven und faktischen Lebensweltbezügen. Und sie sind insbesondere und vor allem selbst auch eine Form der bewussten Thematisierung von Zeit und Raum als den Kontexten und Kulissen ihrer Handlung. Denn Roman und Bild sind stets auch räumlich-zeitliche Erzählungen. Selbst eine historische Form kultureller Repräsentation, zeichnen Literatur und Kunst damit ihrerseits andere, in anthropologischen Dimensionen erscheinende Repräsentationsformen individueller und gesellschaftliche Existenz sorgsam auf, indem sie daraus auch einen großen Teil ihrer eigenen Plausibilität und Attraktivität beziehen: durch Stimmigkeit, Atmosphäre, Identifikation, Aura.

Dabei spielt insbesondere die symbolische Dimension eine bedeutsame Rolle. Bewegung und Veränderung sind in der Geschichte immer und überall auf symbolische Wirkungen und Praktiken angewiesen, um die Macht des Statischen zu brechen. Oft vermag erst die Entfaltung symbolischer Zeichen, Handlungen und Rituale etwas Neues anzukündigen und es dadurch auch allmählich zu veralltäglichen. Dadurch kommt es zu ständigen Veränderungen der kollektiven Symbolsysteme, deren Repertoire einerseits alte Elemente verliert, andererseits beständig neue aufnimmt. Welche spezifischen Gegenstände und Handlungen es jedoch sind, die entscheidende kognitive Veränderungen symbolisieren, welche kognitiven Operationen umgekehrt gesellschaftliche Brucherfahrungen in symbolische und rituelle Formen zu bringen versuchen, indem sie sich etwa der Kunst oder der Literatur bedienen, und wie diese Symbolisierungen dann von unterschiedlichen Gruppen zu unterschiedlichen Zeiten gelesen werden – das ist nur im Einzelnen und manchmal gar nicht eindeutig zu bestimmen. Immerhin wird sogar um das Leitsymbol der industriellen Moderne noch immer heftig gestritten: Uhr oder Dampfmaschine?

Damit sind einige Problemstellungen für die europäische Moderne beschrieben, um die es hier im Wesentlichen gehen soll. Gewiss sind dabei auch Blicke auf Entwicklungen in anderen Kontinenten und Zivilisationen zu werfen, die vieles von diesem »Europäischen« freiwillig wie erzwungen übernahmen, aber auch Eigenes nach Europa importierten. Ohnehin wird zu fragen sein, ob nicht gerade in einer Perspektive, die auf den Zusammenhang von Moderne und Technik abzielt, von vornherein zu viel Eurozentrik mitschwingt, ja mitschwingen muss, weil damit die europäische Ikone schlechthin assoziiert wird: das »moderne Europa« des 19. Jahrhunderts als der »Mittelpunkt der Welt«. Andere Blickwinkel bleiben dadurch vielfach verschattet. Was ist mit frühen interkontinentalen Austauschprozessen, wie wir sie etwa bei der Uhr vermuten oder im Falle der Astronomie für das Beispiel China bereits dargelegt finden? Was wissen wir über zeitliche Verschiebungen und regionale Ungleichzeitigkeiten in globalem Maßstab, die das Wissen um Innovationen jahrzehnte- oder gar jahrhundertelang schlummern lassen konnten, bevor es zur Anwendung kam – häufig eben in Europa? Und wie steht es mit den kulturellen und technologischen Ping-Pong-Effekten zwischen Europa und den USA, die im 19. und 20. Jahrhundert teilweise so dicht und schnell werden, dass Ursprünge oft nicht mehr zu identifizieren sind? Solche Fragen stehen im Raum, ohne dass wir darauf bereits Antworten wüssten.[5]

Fragezeichen stehen freilich bereits hinter dem Europa-Begriff selbst. Wann ist damit welches Europa gemeint? Welche räumliche, welche zeitliche, welche politische, welche kulturelle Vorstellung auch von seiner inneren Landschaft? Von heute aus gesehen wissen wir, dass eine kultur- und technikgeschichtliche Perspektive unwillkürlich dazu tendiert, das europäische Feld auf einen engeren westeuropäischen Ausschnitt zu reduzieren: auf England, Frankreich, Deutschland und die Beneluxländer, in manchen Perspektiven noch Italien oder Schweden eingeschlossen, dazu Österreich oder Tschechien, selten Russland oder Portugal. Das hat mit historischen Machtverhältnissen und Zentralfunktionen in der europäischen Geschichte zu tun, gewiss, aber eben auch mit spezifischen Perspektiven und Dominanzen in europäischer Wissenschaft und Geschichtsschreibung. Wie sehr darin stets ein Europabild dominierte, das seine eigene symbolische Geografie und Topografie besaß, die wiederum die einzelnen europäischen Regionen in den Vorder- oder den Hintergrund der europäischen Bühne rückten, haben wir erst in den letzten Jahren bewusster zur Kenntnis genommen. Erst nach 1989 scheint uns die Konstrukthaftigkeit unserer europäischen Geschichtslandschaft zum wirklichen Problem geworden zu sein. Doch auch seitdem wir dies wissen, haben wir das Problem noch keineswegs gelöst. Vielfach fehlen einfach noch empirische Forschungen wie theoretische Konzepte, um diesen innereuropäischen West-Zentrismus auch tatsächlich angemessen reflektieren und korrigieren zu können.

Dennoch wird und muss hier natürlich immer wieder von einem »europäischen Raum« die Rede sein, der scheinbar plausibel ist. Und natürlich gibt es da auch unabweisbare Plausibilitäten, da diese europäische Geografie nachhaltig geprägt ist von historischen Gemeinsamkeiten, je näher an der Gegenwart, umso stärker. Insbesondere die neuen technischen Infrastrukturen und die neuen Wissens- wie Massenkulturen der beginnenden Moderne schließen ihn zunehmend enger und intensiver zusammen. Denn sie sorgen dafür, dass nicht nur materielle und technische Verbindungen zwischen Ländern und Regionen entstehen, sondern bereits auch entsprechende Verständigungssysteme und Wertehorizonte überregionalen, teilweise kontinentalen Zuschnitts. Das wird etwa auf der Ebene jener Kollektiv-Symbolsysteme sichtbar, die in der Moderne europaweit wirksam werden. Uhr oder Postkutsche, Dampfmaschine oder Eisenbahn kommen symbolsprachlich in »nationaler« wie in »internationaler« Grammatik daher. Was daran dann jeweils deutsch, englisch oder französisch sein mag oder ob diese Zuordnung überhaupt keine Rolle spielt, muss im Einzelfall erst untersucht werden.

Vormoderne Horizonte: Ort, Zeit, Welt

Als prototypischen Ort mittelalterlicher Gesellschaft in Europa präsentiert uns die Geschichte für die Zeit bis ins 12. Jahrhundert die wirtschaftlich und kulturell noch recht isolierte ländliche Siedlung, den Weiler oder das Dorf. Dort lebt die überwiegende Mehrheit der Menschen, eine bäuerliche Bevölkerung, eingebunden in eine enge, lokale Welt der Arbeit, des Glaubens und der Herrschaft. Homogenität und Konformität, Statik und Routine sind die herausragenden Charakteristika dieser Lebenswelt, die sich nach rechtlicher Satzung wie in christlicher Überhöhung als »Gemeinschaft« versteht. Städte treten als soziale Reproduktionsverbände noch selten auf, bis auf die fürstlich-geistlichen Residenzen und einige Gewerbe- und Handelszentren insbesondere in Westeuropa und Oberitalien. Neben Paris und London gehören dazu vor allem die für die europäische Entwicklung wegweisenden Stadtgesellschaften von Venedig, Florenz oder Mailand, die zum Modell sich ausbreitender bürgerlicher Wirtschafts- und Sozialformen werden. Erst jetzt entstehen neue Orts- und Fernverbindungen, angeregt durch Marktverflechtungen und Handelswege, durch die Entwicklung von zentralen Orten und Verwaltungssitzen, durch Pilgerstraßen und militärische Grenzsicherungen. An den europäischen Fernstraßen entwickelt sich langsam ein Herbergssystem, das alle zehn bis zwölf Kilometer eine Unterkunft anbietet. In den Alpen werden erste Pässe befahrbar gemacht, erste Brücken gebaut. Doch bleiben die Tagesleistungen des Verkehrs bis ins 16. Jahrhundert bescheiden: Frachtfuhrwerke bewältigen maximal 20 bis 30 Kilometer, reitende Geldboten 40 bis 60 Kilometer. So erhält sich auch ein lokal-regional begrenztes Raum- und Weltbild, in dem ein geografisch-räumlicher Fernhorizont kaum erkennbar ist.[6] Immerhin etabliert sich nun allmählich aber ein expliziter Zeithorizont, der sich an die Funktionsentwicklungen lokaler und regionaler Märkte knüpft: Zeit wird zur berechnenden Handels- und Produktionszeit.

Angesichts dieser in ihren Welt- und Wissenshorizonten noch lokal organisierten Gesellschaft ist es verständlich, dass die damaligen Zeit- und Raummaße unmittelbar dem menschlichen Arbeits- und Wahrnehmungsvermögen entstammen. Einem Wahrnehmungsvermögen, welches sich an unmittelbarer Erfahrung orientiert, an einfachem Austausch und schlichter Vergleichbarkeit. Das Tagwerk, die Wegstunde, der Morgen, das sind kombinierte Raum-Zeit-Maße, die einerseits sehr präzise und konkrete Hinweise auf Größe oder Entfernung geben, weil sie die unterschiedlichen natürlichen Bedingungen menschlicher Arbeit mitbedenken wie Boden und Geländebeschaffenheit, Wetterverhältnisse und Tageszeiten, technische Hilfsmittel und Kraftaufwendungen, Boden oder Wasser als Transportraum. Dadurch sind sie andererseits aber auch nie völlig gleich im Hinblick auf das, was sie bezeichnen. Sie sind kein universelles »Maß der Dinge«, sondern bleiben stets lokales »Maß der Menschen«. Was gearbeitet, wie viel Weg zurückgelegt werden kann, bleibt ein relatives, aber eben ein konkretes, menschliches Erfahrungsmaß. In diesem Maß selbst wird zugleich die aufzuwendende Arbeit sichtbar, also die Anforderung, die Boden und Natur als Fläche oder Strecke an den stellen, der sie besitzen und besiegen will. Auch diese Maße sind dann noch vielgestaltig, je nachdem, ob sie im häuslichen oder öffentlichen Raum, im Arbeitskontext oder im religiösen und kirchlichen Bereich benutzt werden. »Die Zeit« und »den Raum« als Abstrakta gibt es nicht, nur konkrete Geltung und Dauer. Fragmente solcher »subjektiven« Raum- und Zeitmaße ragen durchaus noch in unsere späte Moderne herein: Es dauert zwei Vaterunser, bis die Spaghetti der italienischen Großmutter gar sind, oder ein gesummtes Kinderlied am Morgen – dann ist die Schule erreicht.

Wie sehr sich in diesem historischen Raum-Zeit-Setting tatsächlich »menschliches Maß« ausdrückt, verstehen wir so richtig erst, seitdem uns die modernen Naturwissenschaften tiefere Einblicke in die Chronobiologie eröffnet haben. So wissen wir mittlerweile, dass sich unsere »innere Uhr« an die periodischen Veränderungen von Lebensbedingungen anpasst, insbesondere an astronomische Zeiträume wie etwa den Jahresrhythmus, den Mondrhythmus oder eben den Tag- und Nachtwechsel. Allerdings bezieht sich unser tagesperiodischer Rhythmus mit zwei Dritteln Wachzeit und einem Drittel Schlafzeit auf eine 25-stündige Dauer, die erst durch die Signale der sozialen Welt auf den 24-stündigen astronomischen Tag reduziert wird. Aus den biologisch gesteuerten Zeiteinheiten konstituieren sich also »Chronotope«, soziale Zeitsysteme, in denen das Sonnenlicht gleichsam den Taktgeber spielt. Dessen Vorgaben müssen dann jedoch einerseits noch mit der komplizierten Steuerung von Hormonausschüttungen und Stoffwechselvorgängen im Organismus synchronisiert werden.[7] Andererseits und zugleich bedarf es auch nicht weniger komplizierter sozialer Handlungen, um aus diesen zyklischen Zeitsystemen dann gesellschaftlich konsensfähige und wirksame kulturelle Zeitordnungen entstehen zu lassen. Biologie und Kultur müssen hier also ganz unmittelbar ineinander greifen, um eine »Vergesellschaftung« von Natur zu ermöglichen. Und dieses Ineinander gilt auch für die Raum-Zeit-Koordination in unserem Gehirn: Die Biopsychologie teilt uns mit, dass unsere linke Gehirnhälfte tendenziell zeitorientiert arbeitet, während die rechte raumbezogen operiert.

Hinzu kommt auf der kulturellen Seite noch eine feste Raum-Zeit-Architektur, die in Europa zutiefst christlich geprägt ist. Seit dem Jahr 525 wird allmählich damit begonnen, nach dem christlichen Kalender die Jahre von Christi Geburt an zu zählen. Dieses Glaubensfundament impliziert die Vorstellung der Lebenszeit als einer christlichen Bewährungszeit, an deren Ende ein Heilsversprechen steht. Und sie gibt einen Jahres- und Tagesrhythmus vor, die vom religiösen Kalender und Ritus bestimmt sind. Durchschnittlich 115 Feiertage werden im europäischen Mittelalter pro Jahr gezählt. Und die Tage gliedern sich zumindest symbolisch nach den christlichen Gebetszyklen, den acht »Stundengebeten« der Klöster, die aber auch auf den häuslichen und bürgerlichen Tagesablauf einwirken.

Entscheidend sind also nicht abstrakte Uhrzeit und Datum als Bezugspunkte für Sozialverhalten, sondern gemeinsame Zeitschemata des religiösen Gedenkens und Betens, des Fastens und Feierns, des Arbeitens und Ruhens. Zeitliche Ordnung meint somit in hohem Maße rituelle Ordnung, konzentriert insbesondere im liturgischen Rhythmus des Tages und im biografischen Rhythmus der

Rites de Passage, der christlich geprägten Lebenslaufstationen. Hier verkörpert die Herrschaft über die Zeit also eine außerordentlich weit reichende Definitionsmacht, die über Arbeit und Freizeit bestimmt, über den Kalender und das Recht, über Geselligkeit und Gefühle. Selbst die naturwissenschaftlichen Erkenntnisse sind bis ins 17. Jahrhundert noch eng an Motive der biblischen Schöpfungsgeschichte gebunden, die so wissenschaftlich verifiziert und noch keineswegs kritisch reflektiert werden sollen. Daher betreiben viele der vormodernen Raum- und Zeittheorien noch eine Spurensuche, die Hinweisen der Sintflut oder anderer schöpfungsgeschichtlicher Topoi nachgeht.

Angesichts dieser erdrückenden Dominanz christlicher Weltbilder und Weltordnungen ist es kein Wunder, dass die Französische Revolution wie der russische Sozialismus später energisch versuchen werden, über ihren jeweiligen »Revolutionskalender« den Zeitrhythmus der Gesellschaft neu zu bestimmen, um sich damit ihrerseits entscheidende Möglichkeiten kultureller Herrschaft zu verschaffen. Beide versuchen dies jedoch vergeblich. Zu tief ist diese christlich-abendländische Zeitordnung bereits über Routinen und Rituale in den Köpfen verankert.

Die Herrschaft über den Raum wiederum wird zum Grundprinzip des feudalen Machtsystems: Die Herrschaft des Adels ist die über den Boden, über dessen Erträge und deren Produzenten, die dem Besitztitel unterliegen. Es ist dieses territoriale Prinzip, das in der feudalen Gesellschaft über Bürgerexistenz oder Leibeigenschaft entscheidet, über Religionszugehörigkeit und Mobilität, über Körper und Heirat – Menschsein als Funktion des Raumes.

Damit verkörpern sich in solchen vormodernen Raum- und Zeitmaßen feste gesellschaftliche Konventionen, in einer bestimmten Weise zu denken und zu reden, zu gehen und zu arbeiten. Abgesehen von einigen Glaubensregeln bedeuten diese Konventionen nie abstrakte und universelle Kategorien, sondern sie bleiben stets speziell, also erfahrungs- und praxisgebunden. Sie lassen sich daher auch immer nur in andere, neue Praxiskontexte übersetzen, um dort wiederum konkrete »Bedeutung« herzustellen. So sind Tagwerk und Morgen ein festes Arbeitsmaß, zugleich aber auch Besitzmaß und Rechtseinheit, Objektbezeichnung und Metapher. In keiner dieser Bedeutungen jedoch sind sie völlig losgelöst von der ursprünglichen Arbeitssemantik. Auch als Zeitmaß bleiben sie räumlich gebunden, weil sie zugleich soziale Organisationsform sind: als eine Zeit-Fläche gemeinsamer Feld- oder Waldarbeit. Denn die Menschen und ihr Tun lassen sich damals außerhalb eines Raumes, der konkreter »Ort« ist, gar nicht denken. Deshalb haben auch die Reisenden in den historischen Berichten, Sagen und Märchen dieser Zeit so große Probleme, ihr »Wegsein« und »Anderssein« als Aufenthalt an anderen Orten und in anderen kulturellen Ordnungen zu erklären.

Kommunizierender Raum

Dies ändert sich nun mit der Vormoderne, die vom 16. bis ins 19. Jahrhundert hinein im Blick auf Erfahrung und Wissen eine »typografische Epoche« einleitet. Es ist die Zeit der Verbreitung von Druck, Buch, Text, Verlag, also von Techniken und Medien, die Information und Weltanschauung über abstrakte Zeichen- und Informationssysteme verbreiten. Allmählich wird die mündliche Gesellschaft von der schriftlichen abgelöst, die ihre Erinnerung, ihr Wissen, ihre Macht und ihre Gefühle nunmehr in Buchstaben und Zahlen niederlegt und austauscht. Bibliotheken und Archive werden zu den Orten, an denen Wissen als Text gesammelt und konzentriert wird. Paris und Florenz, Kopenhagen und Berlin, Rom und Wien verfügen mit ihren zentralen Bibliotheken über Hunderttausende von Bänden, in denen Information über Entferntes und Fremdes nach unterschiedlichen Gesichtspunkten organisiert ist: die Welt in Zahlen, Buchstaben und Karten. Akademien und Universitäten werden eingerichtet, die das Wissen und seine Organisation verwalten sollen. Enzyklopädien versuchen dieses Wissen logisch zu gliedern, müssen jedoch zu Beginn des 17. Jahrhunderts bereits in gewisser Weise vor dieser überwältigenden Aufgabe kapitulieren und auf die alphabetische Ordnung umstellen: die Welt nun von A bis Z. Es brillieren die Mathematik und die Physik, die Geschichte und die Geografie, also die vermeintlich daten- und faktengesättigten Wissenschaften.[8] Nicht das Empirische des Kommunizierens und Reisens dominiert mehr, sondern das Rezeptive der Schrift und der Lektüre. Und dies durchaus schon mit gesellschaftlicher Breitenwirkung, wenn man etwa an die Verbreitung religiöser Literatur oder an die hohen Auflagen von Flugblättern und Pamphleten denkt, die damals schon sensationslüstern von Schlachten, Wundern oder Katastrophen berichten.

Verglichen mit der Zeit der Handschriften markieren Flugschrift und Buch in der Tat eine epochale Wende in der Wissens- und Informationsgeschichte. Namentlich die Reformation des 16. Jahrhunderts verkörpert die ungeheure Dynamik des kulturellen Modells »Buchlektüre«, das nun eine neue Form der Verbreitung von Erfahrungen, Nachrichten und Ideen ermöglicht. Monatsschriften erscheinen und Jahreschroniken, Korrespondenzbriefe und vor allem »Ordinari-Zeitungen«, also im Lieferrhythmus der Post gedruckte Nachrichtenblätter. Die erste dieser modernen Zeitungen ist 1605 für Straßburg nachgewiesen, dann folgen bald Wolfenbüttel, Frankfurt am Main, Berlin, Hamburg und andere Städte. Amsterdam wird rasch zu einem regelrechten Zentrum solcher Nachrichtenblätter. Man geht davon aus, dass allein in Deutschland zwischen 1765 und 1790 rund 2000 solcher Zeitschriften neu gegründet werden. Zunächst einmal, dann zwei- bis dreimal wöchentlich und in Auflagen bis zu 400 Exemplaren gehen diese Zeitungen an Regierungen wie Stadtverwaltungen, an bürgerliche Lesegesellschaften wie Privatleute. Dabei rechnet man damals mit insgesamt 250 000 regelmäßigen und überwiegend bürgerlichen Lesern, die sozial wie politisch jedoch durchaus heterogenen Gruppen angehören.[9] Der noch leseunkundigen Mehrheit der Bevölkerung dienen immerhin die »illustrierten Kalender« mit ihren Bildern aus Botanik und Astronomie, aus Geografie und Technik ebenfalls als ein neues Informationssystem. So ist die neue und überlokale Öffentlichkeit, die hier entsteht, zunächst eine spezifisch publizistische, die vom Austausch der Informationen und Lektüren lebt.

Entscheidend ist also, dass ab dem 15. Jahrhundert nun die materielle Basis für eine neue Informations-, Kommunikations- und Verkehrsinfrastruktur Europas gelegt ist. Eine ganze Reihe parallel verlaufender Prozesse wirken dabei zusammen: Zum einen entstehen vor allem in protoindustriellen Regionen systematische Ansätze einer Weiterentwicklung von Technik, Handwerksproduktion und Markt; zweitens werden neue Modelle und Module technologischen Wissens und Denkens entwickelt; drittens nehmen Visionen und Utopien nun Bilder von »Gesellschaft« in ihren sozialen wie materiellen Gestaltformen vorweg und neu wahr; viertens bilden sich feste Ausbildungsinstitutionen und erste soziale Gruppierungen einer frühen »technischen Intelligenz« heraus, etwa im Umfeld von Bergakademien, von Textilmanufakturen oder von staatlichen Einrichtungen zur Gewerbeförderung; zum Fünften schließlich formiert sich bereits im Verlauf des 16. Jahrhunderts ein Bereich der professionellen Nachrichtenproduktion, den Amtssekretäre oder Postmeister quasi nebenher betreiben, eine Vorform des Zeitungsjournalismus also. Bei alldem spielen die »neuen Medien« eine zentrale Rolle, weil ihre Nachrichten und Informationen mittlerweile eine wesentliche Entscheidungshilfe bilden für das politische Handeln europäischer Fürsten wie für das wirtschaftliche Agieren europäischer Kaufleute. Als überregionale Informations- und Kommunikationssysteme schaffen sie also auch neue Netzwerke der Macht.

Insbesondere die merkantilistische Politik des 17. und 18. Jahrhunderts treibt dann durch ihre großen Kanal- und Chausseebauprojekte diese Verflechtungen regionaler wie überregionaler Art auch wirtschaftlich voran. Neue Handels- und Verkehrsstrukturen verbinden sich dabei in ihren Wirkungen mit neuen Markt- und Sozialformationen, wie sie nun in den Städten entstehen. Und es ergeben sich völlig neue Raumperspektiven nicht zuletzt dadurch, dass Seen, Flüsse und Meere nicht mehr nur als Grenzen und Leerräume aufgefasst werden, sondern umgekehrt als Raum- und Transportverbindungen. Damit öffnet sich der Raum in einer bislang nicht gekannten Weise. Zwar sind Schifffahrtsverbindungen insbesondere an der Ostsee oder im Mittelmeer nichts Neues, denn dort konzentrierten sich schon lange die klassischen europäischen Handelswege und Zirkulationsräume. Doch schiebt sich das Transportmedium »Wasser« nun angesichts neuer technischer Möglichkeiten wie neuer Marktsituationen fast dramatisch weit ins Binnenland vor. Flüsse werden begradigt, Kanäle als künstliche Wasserstraßen angelegt, Hafenanlagen ausgebaut. Entscheidend für die Standortfrage von Produktion und Markt wird nun die Schiffbarkeit der Flüsse, etwa von Themse, Rhein und Weichsel, teilweise auch von Donau, Elbe und Oder, denn dort wie in den neuen Kanalregionen konzentriert sich nun das geschäftliche Leben. Immerhin transportiert eine mittlere Schiffsladung damals ungefähr das fünfzigfache Volumen eines Fuhrwerks und schafft damit überhaupt erst die logistischen Voraussetzungen für den Massengütertransport der beginnenden Frühindustrialisierung.

Dazu gehören natürlich auch neue Antriebssysteme, denn die Schiffe bewegen sich in diesem Binnenverkehr nicht von alleine, weil Segeln und Rudern auf engen Kanälen und Flüssen nicht in Frage kommt. Also müssen sie gezogen, »getreidelt« werden – von Tieren, aber auch von Menschen. So entsteht entlang der »Wasserstraßen« ein zusätzliches eigenes Wege- und Servicenetz für den Güter- wie für den Personenreiseverkehr. Zunächst ist es England, das sein Kanalnetz systematisch ausbaut und darauf bald zehnmal so viel Güter transportiert wie auf der Straße. Russland legt bis 1808 das Marien-Kanalsystem an, das Newa und Wolga, Ostsee und Kaspisches Meer verbindet. Und in Holland bleibt das dortige Kanalnetz für den Massengüterverkehr noch lange Zeit der Eisenbahn überlegen.[10]

Uhrentürme: Macht der Zeit

Entscheidende Voraussetzung für diese neue Weltsicht ist jedoch, dass sich zuvor ein Ordnungsschema und ein Leitsymbol herausbildeten, die gemeinsam den Beginn der »neuen Zeit« einläuten konnten. Als Ordnungssystem diente die Einteilung des Tages in 24 gleich lange Stunden, wie sie in Europa seit dem 14. Jahrhundert über Kirche und Markt systematisch durchgesetzt wurde. Und als das zentrale Leitsymbol fungierte seit derselben Zeit die öffentliche Uhr mit mechanischem Räderwerk, mit der die Ära der Sonnen- und Wasseruhren endgültig abgeschlossen war. 5000 Jahre lang hatte diese unpräzise Form der Zeitmessung den historischen Gesellschaften einen groben Takt vorgegeben, technisch bis dahin eher im arabischen Raum weiterentwickelt als im europäischen. Auch die exakteren Sanduhren, die man so gerne der Antike zuordnet, wurden tatsächlich erst jetzt, parallel zu den Räderuhren, entwickelt.

Nun kam es in dieser »Zeitfrage« jedoch zur Ablösung der arabischen Führungsrolle durch Europa. Vor allem in Italien wurde seit dem Ende des 13. Jahrhunderts ein völlig neuer Typus der exakten Zeitmessung entwickelt, der eine wirkliche Zeitrevolution einläutete. Ausgestattet mit einer Uhrwerkhemmung und einem Stundenschlagwerk, das bald schon wie ein Automat mit Figurenspielen versehen war, präsentierte sich dieses neue Modell des »Uhrenturms« nun im Zentrum der Städte. Es war der Prototyp der öffentlichen Uhr, die seitdem optisch wie akustisch die öffentliche Zeitordnung beherrschte. Zwar ging es bei ihrer Installierung zunächst offensichtlich mehr um diesen Repräsentationszweck als um die eigentliche Funktion, lokale Zeit zu präzisieren und zu synchronisieren. Denn der Uhrenturm symbolisierte Macht, verwies auf Reichtum und Weltläufigkeit. Also besaß das reiche Mailand bereits 1336 an der Kirche San Gottardo einen solchen Uhrenturm mit Schlagwerk und produzierte damit die Konkurrenz der anderen oberitalienischen Städte und Republiken. Von Orvieto über Modena bis Parma entstand so eine auf Prestige bedachte »Uhrenmode«, der westlich und nördlich dann Windsor Castle, Avignon, Prag oder Regensburg folgten.

Schließlich wurde daraus tatsächlich auch das wirksame Instrument einer neuen öffentlichen Zeitordnung, die nun die Regelhaftigkeit und die Regelmäßigkeit sozialer Abläufe einem festen mechanischen Prinzip unterzuordnen vermochte. So ist es auch kein Zufall, dass die Durchsetzung dieser »mechanischen«, zerlegbaren Zeit in engem räumlichem wie technologischem Zusammenhang stand mit dem Aufkommen erster manufaktureller Textilproduktionen in Norditalien, auch in Nordfrankreich, in Südengland und in Deutschland. Hier wurde die Uhr mit Stundenglocke zum universellen Regulationsinstrument von protoindustrieller Arbeit, öffentlichem Leben und privater Welt.

Diese Reihenfolge ist im Übrigen bezeichnend für viele Innovationsverläufe. Die Kultur geht vielfach der Technik, die Symbolwirkung der Funktion voran. Im Falle der Uhrtürme entwickelte sich daraus eine mitreißende Dynamik. Bereits am Ende des 14. Jahrhunderts wurde das in den nachmittelalterlichen Städten gewachsene lokale »Signalensemble« aus Kirchen- und Rathausglocken, aus Fahnen und Wimpeln, aus Zunftgeläute und Feuerhornblasen der zentralen Regie des Glockenturmes unterstellt. Damit war die öffentliche Uhr zum städtischen Attribut geworden, und das Leben in der Stadt wurde ab jetzt zunehmend mit dem »Leben nach der Uhr« identifiziert. Bezeichnenderweise setzte sich dieses Prinzip des Stundenschlags selbst in den Orten durch, die über gar kein Schlagwerk verfügten, sondern das Läuten noch den Händen des Türmers überlassen mussten. Die technische Innovation löst nun ihrerseits also eine kulturelle Innovation aus, selbst dort, wo sie technisch noch gar nicht verfügbar ist: Fortschrittsillusion.

Man kann sich den über die Stadtsilhouette schweifenden Blick der jeweils Herrschenden durch die Jahrhunderte gut vorstellen: zunächst den der fürstlichen und geistlichen Herren über ihre Schloss- und Wehrtürme, dann den der bürgerlichen Geschlechter über ihre Stadt- und Kirchtürme, nun den der Fabrikanten und Bankiers über die Fabrikschornsteine, deren Gestalt den Aufstieg verkörpert – schlank, schnell gebaut und dynamisch wie der Rauch, der aus ihnen aufsteigt. Zugleich hat sich diese neue Zeitordnung damit auch selbst »säkularisiert«. Die städtische Gesellschaft der Kaufleute und Handwerker emanzipierte sich von der göttlichen Ordnung auch durch ihre neue Zeitordnung und Zeitsymbolik. Zwar galt noch der Grundsatz: zunächst die Messe, dann der Markt. Doch war das mehr eine Geste der historischen »political correctness«. Nach der »Zeit der Kirche« schlug nun tatsächlich im 15. und 16. Jahrhundert die »Zeit der Händler« (Jacques LeGoff), der bürgerlichen Handwerker und Kaufleute. »Überall in Europa waren Stadtturm und Stadtglocke Träger der kommunalen Identität«, die Uhr wurde damit zum »Symbol für den Vorgang der europäischen Modernisierung«.[11] Nicht mehr die Liturgie, die Ökonomie bestimmte über die Zeit.

Diese Mechanisierung der Zeitmessung bedeutet natürlich auch eine De-Naturalisierung der herkömmlichen Zeitvorstellungen und Zeitsignale. Mit dem Ende jener zyklischen und religiösen Zeitordnung der Klöster und des Betens, mit dem Zurücktreten des Rituellen und Wiederkehrenden, mit dem Bewusstmachen einer Ordnung außerhalb von Gott und Natur war der Prozess des sozialen und kulturellen Wandels im 16. und 17. Jahrhundert auch alltäglich immer deutlicher spürbar geworden. Er erschien als eine Beschleunigung und Verdichtung des Lebens, als eine Erweiterung und Ausdifferenzierung der Horizonte von Welt und Wissen – ein Vorschein bereits der sich ankündigenden Moderne.

Als übergreifende praktische Folge für die Zeitmessung ergibt sich nun die Orientierung an einer überlokalen mittleren Sonnenzeit, die zugleich als »bürgerliche Zeit« zunächst in den großen Städten und Finanzplätzen Europas eingeführt wird: in Genf 1780, London 1792, Berlin 1810, Paris 1816. Damit werden größere regionale Zeitzonen geschaffen, in denen sich allmählich die einheitliche Zeit von öffentlichen Uhren durchsetzt. Kirchentürme, Rathäuser, Poststationen werden zu regionalen Zeitverwaltern, an denen sich wiederum die Privatleute orientieren. In abgelegene Orte wird die Zeit sogar von Postillionen und Reitern mit so genannten Cours-Uhren gebracht. Nicht zuletzt auch militärstrategische Erwägungen werden dann schließlich die weitere Vereinheitlichung beschleunigen: Als Graf Helmuth von Moltke dem deutschen Reichstag 1891 vorführt, wie schwierig die militärische Koordination in einem Gebiet mit fünf Zeitzonen ist, in dem schon zwischen Berlin und Posen die Uhren um 14 Minuten differieren, und als dann auch noch die Reichsbahn den Einzug der Einheitszeit auf ihren Bahnhöfen verkündet, wächst die Einsicht in die Notwendigkeit einer deutschen »Nationalzeit«. In der europäischen Zeitzone wird sich wenig später ohnehin die Greenwich-Zeit durchsetzen, ausgehend von England.

Doch vom Ende des 19. Jahrhunderts zurück zu dessen Anfang. Wie ein Netz beginnt da die Zeitordnung des beginnenden Industriekapitalismus den europäischen Raum zu überziehen, sichtbar und wirksam in Form von Uhren und Kalendern, Arbeits- und Marktordnungen, Verkehrsformen und Erziehungsregeln. Dabei verläuft dieser Prozess räumlich wie zeitlich sehr uneinheitlich und ungleichzeitig. Protoindustrielle Gebiete und Stadträume, die den Rhythmus etwa der Heimarbeit am Webstuhl bereits kennen und jenen der Fabrikarbeit beginnen kennen zu lernen, bilden die ersten Zeitknoten in diesem Netz, das seine Maschen dann immer enger spannt. So ist es vielleicht weniger der vielbeschworene Gegensatz zwischen der vermeintlich noch »archaischen Naturzeit« der Landwirtschaft und des vorindustriellen Handwerks einerseits und der »modernen Fabrikzeit« andererseits, der den Unterschied ausmacht: Fabrikarbeiter und Bauern können als dörfliche oder kleinstädtische Nachbarn nicht am selben Ort in unterschiedlichen Zeituniversen leben. Viel eher scheint sich die Vereinheitlichung von Zeiten und Abläufen lokal und regional zu koordinieren: Derjenige Wirtschafts- und Arbeitssektor, der regional den Takt angibt, prägt auch die Zeitmuster und Zeitrhythmen der anderen Berufsgruppen. Die Regionen erscheinen so gleichsam als »Zeit-Lebenswelten«, bestimmt durch gemeinsame Arbeits- und Alltagszeitordnungen von der Werkstatt bis zum Gottesdienst.

Die vormoderne Arbeit war noch weitgehend in gemeinschaftlichen Formen organisiert, bei Großprojekten sogar als eine regelrechte Massenveranstaltung, bei der die Zahl der gleichzeitig verfügbaren Arbeitskräfte letztlich oft darüber entschied, ob der Damm, die Brücke oder die Kathedrale überhaupt realisiert werden konnte. Dabei musste diese Menschenmasse ihre Arbeitstätigkeiten in einfachen Mustern koordinieren, denen ein verbindender Rhythmus oder ein gemeinsamer Plan zu Grunde lag, mitgeteilt durch Kommandos, Rituale, Gesänge oder Gesten und auf der Grundlage überlieferten Wissens. Dieses Koordinationswissen verbarg sich also in jenem kulturellen Repertoire, das später als bäuerliches oder handwerkliches »Arbeitsbrauchtum« apostrophiert und dokumentiert wurde – vom Dreschgesang bis zum Gesellentanz. Rhythmus und Ordnung der Produktion waren hier noch in die soziale Form der Arbeit eingebaut, bildeten kommunikative und interaktive Konfigurationen. Nun lösen die industrielle Teilung und die rationalisierte Ordnung der Arbeit diese auch symbolisch vergemeinschafteten Formen auf, und an ihre Stelle treten zunehmend abstrakte Zeit- und Raumordnungen, deren Prototyp bald die Fabrikordnung bildet. Sie organisiert die soziale Seite der Produktion ausschließlich über ein zeitlich und räumlich strukturiertes System der Arbeitsteilung, dessen Logik den mechanischen Regeln der Technik folgt, nicht mehr den empirischen Regeln der Kooperation.

Feste öffentliche Zeitordnungen werden in dieser Umbruchphase nun zu einem entscheidenden Charakteristikum der Arbeits- und Alltagskulturen in Europa. Zwar haben sie als verbindliche Zeitangabe zunächst nur lokale Geltung, denn die Ortszeiten differieren weiterhin. Als Schemata einer neuen »Zeitökonomie« jedoch sind sie strukturell kompatibel, da sie das öffentliche und private Leben nun nach derselben Logik und in ähnlichen Formen organisieren. Wer von Wien nach Rom reist, von London nach Paris, erkennt dort vielleicht nicht jedes Glockensignal vom Kirch- oder Rathausturm. Doch weiß er damit bestimmte Zeitordnungen angesprochen, deren Rhythmus und Funktionsweise ihm aus seiner eigenen Heimatstadt zumindest im Grundsatz vertraut sind. Universell ist damit das Faktum eines öffentlichen Zeitregimes, das die unterschiedlichen Alltage örtlicher Gruppen wie die unterschiedlichen Interessen örtlicher Mächte neu koordiniert und damit auch die Macht selbst als symbolische Herrschaft über Zeit neu ordnet. Und universell ist auch die Grammatik dieser neuen Sprache der Zeit, deren Grundregeln und deren Zweck man kennt: Zuverlässigkeit, Planbarkeit und Disziplin in öffentlichen wie geschäftlichen Abläufen durchzusetzen.

Entscheidend ist dabei wiederum, wie sich diese Ordnungen tatsächlich im Alltag etablieren. Zunächst geschieht das vor allem in den größeren Städten, die über ihre Uhrentürme einheitliche Arbeitszeiten für ihre Bevölkerung vorgeben. Aktiv betrieben wird dies auch hier freilich nur von vergleichsweise kleinen Eliten, die sich bezeichnenderweise gerade dadurch als soziale Oberschicht kenntlich machen, dass sie sich eigene Turmuhren an ihren Wohn- und Geschäftsgebäuden leisten und später im Inneren auch teuere Standuhren. Mit der Erfindung des Pendels um 1700 in den Niederlanden werden diese Uhren immer zuverlässiger und genauer – die besten weichen nur mehr 10 Sekunden pro Tag ab. Parallel dazu kommt es zu einer explosionsartigen Verbreitung der Chronometer, als endlich die kleine, tragbare Taschenuhr erfunden ist. Übrigens keineswegs, wie die deutsche Sage will, vom Nürnberger Uhrmacher Konrad Henlein, sondern bereits drei Generationen vor ihm von unbekannten Tüftlern um 1430. Diese Taschenuhr macht die Zeit nun endgültig überall verfügbar, die nun auch in Minuten gemessen werden kann. Technische Voraussetzung dafür ist die Entdeckung des Federprinzips, also eines flachen, aufrollbaren Stahlbandes, welches die nach Dauer und Dosierbarkeit nötige Antriebsenergie liefert. Dies ermöglicht dann auch die kompakte Gestalt der Uhr, zunächst eher trommelförmig, dann eher oval wie das berühmte »Nürnberger Ei«, schließlich immer kleiner und flacher, insbesondere nachdem im 19. Jahrhundert der Kronenaufzug entwickelt ist. Endgültig beherrscht die Uhr den Menschen dann, als sie nicht mehr nur im öffentlichen und privaten Raum präsent ist, sondern den Einzelnen dann wirklich hautnah zu begleiten beginnt: als Armbanduhr am Ende des 19. Jahrhunderts.

Mit der mechanischen Uhr haben sich so gleich zwei zeitliche Grundgesetze durchgesetzt: zum einen der Prozess der Standardisierung der Zeit, die über Räume und Grenzen hinweg nun zur ersten überall gültigen »Währung« wird, zum entscheidenden Koordinationsmedium für Handel und Kommunikation, für Menschen und Märkte, für Institutionen und Politik; zum andern die Ausarbeitung und Ausbreitung von festen Zeitschemata, die als soziale Norm wie als soziale Praxis Voraussetzung sind für die folgende Durchsetzung des industriekapitalistischen Produktions- und Marktsystems. In beiden Fällen zeigt sich, dass nicht die Technik, sondern erst ihre kognitive Erfassung in historischen Alltagshorizonten und ihre praktische Anwendung in sozialen Lebenswelten über die gesellschaftliche Entwicklung bestimmt. Es geht ganz entscheidend auch um die damit verbundene technologische, wissensförmige wie mentale Infrastruktur, die beides ist: Voraussetzung wie Folge solcher Umwälzungen.

Fahrplan und Prinzip »Post«

Diese neuen Prinzipien im Umgang mit der Zeit verkörpert mittlerweile in revolutionärer Weise der »Fahr-Plan«. Mit seiner Hilfe wird zum ersten Mal in der Geschichte der systematische Versuch unternommen, räumliche Bewegung in einem festen institutionellen Zeithorizont zu koordinieren. In der Briefbeförderung, beim Reisen wie generell in der Transportlogistik soll dieses neue Organisationsmodell konsequent Berechenbarkeit und Planbarkeit durchsetzen, also eine überregionale Ordnungsstruktur von Raum und Zeit schaffen, dank deren man bereits vor Beginn einer Reise oder der Absendung einer Nachricht weiß, welche Streckenabschnitte und Beförderungsmittel aufeinander folgen und wann das Ziel erreicht ist. Solche Zuverlässigkeit und Pünktlichkeit lässt sich natürlich nur durch ein überregionales Zeitmanagement gewährleisten, das bislang noch nicht existiert. Daher gilt diese »Erfindung« des Fahrplans in Europa zunächst nur für bestimmte Regionen, vor allem für die europäischen Zentren wirtschaftlicher wie städtischer Entwicklung.

Von diesen Zeit-Inseln aus muss dann vorrangig die Synchronisation von Orts- und Regionalzeiten vorangetrieben werden, um überhaupt einheitliche Zeitrahmen herzustellen. Dies geschieht energisch seit dem mittleren 18. Jahrhundert, weil Handel und Verkehr, Herrschaft und Militär in ihren Dispositionen zunehmend von exakten Terminen und festen Routen abhängig werden. Auch die in ungeheuerem Tempo anwachsende Briefkultur der europäischen Aufklärung ist ohne dieses neue Zeit- und Transportsystem gar nicht denkbar. Erst die neue Planbarkeit und Geschwindigkeit in der Fernkommunikation erhöht die Frequenz der Briefwechsel, macht die Korrespondenz dichter und alltäglicher, schafft auch neue textliche und stilistische Lebendigkeit, weil das rasche Hin und Her der Briefe fast wie eine Gesprächsform wirkt. Hier wird das Briefschreiben als die große kommunikative Leidenschaft des sich bildenden Bürgertums entdeckt.

Diese zunächst insuläre Zeitordnung entwickelt eine eigene Dynamik, weil sie zum einen von den politischen und wirtschaftlichen Machtzentren ausgeht und zum andern in geradezu missionarischem Gestus zur Universalie erklärt wird. Denn das liegt in ihrer eigenen Logik: Sie kann nicht inselhafte Ordnung bleiben, sondern muss sich zu einem globalen Zeitnetz auswachsen. So wird dieser europäische Weg der Zeitpolitik nach dem Prinzip »Fahrplan« konsequent zum allgemein gültigen Entwicklungspfad gekürt und dem Rest Europas wie der Welt gegebenenfalls auch »aufklärerisch« aufgenötigt. Dabei gehen die dafür entscheidenden Prozesse von wirtschaftlich-technischer Infrastrukturentwicklung und von politisch-mentalitärer Nationalstaatsbildung seit dem 18. Jahrhundert Hand in Hand. Infrastrukturpolitik und Ressourcennutzung, Wissen und Bildung, die Vereinheitlichung und Vergesellschaftung von Lebensformen: All diese Politikfelder werden nun systematisch von Staat und Bürgertum gemeinsam betrieben.

Dahinter schimmert ein Mentalitätenwandel hindurch, der das bürgerliche Erwerbsprinzip als zentrales Fortschrittsmotiv legitimiert und durchsetzt. Erst nachdem die Rationalität der Lebensführung zum bürgerlichen Leitwert und nachdem sie im Kontext der Neuformulierung protestantischer Ethik zugleich zum göttlichen Auftrag für menschliche Existenz wird, vermag sich das Erwerbsprinzip vom christlichen Ethos zu emanzipieren; Max Weber hat das nachgezeichnet. Nun ist die ertragreiche und genutzte Zeit auch gottgewollte und vernünftige Menschen-Zeit. Eine Lebens-Zeit, die sich zwischen Geburt und Tod in neuer Weise biografisch entfaltet und die auch moralisch-ethisch neu kodiert ist. Leistungen sind zu erbringen, Talente zu nutzen, Ziele zu erreichen, Gewinne zu machen.

Seitdem ist auch das Zeitprofil der Lebensstile kulturell außerordentlich aussagekräftig. Im Blick auf den sozialen Status von Akteuren erscheinen Zeiteffizienz und Zeitknappheit künftig als sichtbarer Ausweis von Bedeutung und Zugehörigkeit zur Elite. Insbesondere das sich zu Beginn der Moderne aufschwingende Bürgertum erklärt diese Zeitökonomie zu seinem symbolischen Signet, macht »Arbeitszeit« und »Leistung« zu Synonymen für »gelungenes Leben«. Natürlich nicht ohne Widerspruch: So lässt Oscar Wilde schließlich den Kampf gegen diese neue Tyrannei der Zeit zum Lebensmotiv seines Dorian Gray werden, der nutz- und alterslos bleiben kann, geborgen in seiner Eigenzeit, solange allein sein

Porträt an der Wand altert. Noch unerbittlicher erscheint ihm dann aber am Ende doch die Isolation dieser ewigen Jugend, die ihn außerhalb der Zeit und damit außerhalb des Lebens stellt. So ersticht Dorian sich dann quasi selbst im Porträt und bricht dessen magischen Bann. Nun ist er wieder eingekehrt in den Machtbereich der Zeit, in das Leben – und in den Tod.

Mit dem Fahrplan steht vor allem ein wichtiger Hebel zur Neuorganisation des Postwesens zur Verfügung. Historisch ergab sich die Einrichtung von Posten- und Postsystemen bis dahin willkürlich aus Herrschaftsinteressen. Wenn von den Inkareichen über die römischen Kaiser bis zu den europäischen Fürsten der frühen Neuzeit erste Post- und Botennetze organisiert worden waren, dann meist in kurzfristiger ökonomischer oder politischer Absicht. Es ging um Nachrichten und Informationen, die eingeholt wurden als Entscheidungsgrundlagen für Politik und Krieg. Daher waren sie geheim, die Systeme hierarchisch und die Verbindungen eher kampagnenhaft organisiert, keine dauerhaften Modelle.

So waren und blieben Information und Wissen bis dahin überwiegend lokal in Zeit und Raum gespeichert. Sie schienen nur dort vorfindbar und abrufbar, wo sie auch produziert wurden: bei der Getreideernte in einer deutschen Region, der Schafschur in England, der Ankunft einzelner Handelsschiffe mit Gewürzen in Marseille, der Bibliothek eines Klosters in Oberitalien. Nur »vor Ort« war bekannt, abschätzbar und absetzbar, was produziert wurde, was wichtig oder verfügbar war. Und nur wo der Ertrag und Wert von etwas bekannt war, ließ sich dieser Wert auch erzielen. Das galt für Nahrungsmittel wie für Wissensformen.

Erst mit dem Entstehen neuer städtischer Handels- und Wirtschaftszentren seit dem 17. Jahrhundert werden die Verflechtungen nun enger und dichter. Gespeist werden sie aus unterschiedlichen Quellen: aus Politik- und Machtbeziehungen, aus Geschäfts- und Wirtschaftsbeziehungen, aus medialen Korrespondenzen wie aus Wissensformen und deren Austausch. Damit weiten sie sich zugleich erheblich aus, erschließen den überregionalen Raum und formen dadurch eine neue und in sich verbundene europäische Städtelandschaft. Erst jetzt beginnt dort auch jene Differenzierung und Diversifizierung der Interessen und der Austauschbeziehungen, deren Vielfalt dann die europäische Moderne ausmacht. Durch Reisen werden Wissenschafts- und Ausbildungsstätten aufgesucht, wird auch soziale und kulturelle Neugier gestillt; durch Handel entstehen allmählich Massenkonsum und überregionale Märkte; durch Kommunikation entwickeln sich Sprache, Bildung, Literatur, Wissenschaft weiter. Dabei gestalten die Handelsstädte ihre Informations- und Transportbeziehungen nun nicht mehr hierarchisch wie die alten Herrscher, sondern organisieren sie eher netzwerkartig, flach. Dann muss auch die finanzielle wie logistische Last nicht mehr von einem Zentrum allein getragen werden, sondern sie lässt sich kooperativ verteilen zwischen interessierten Bürgern, Gruppen, Institutionen und Regionen.

Im Unterschied zu anderen historischen Modellen der Kommunikation und Nachrichtenübermittlung baut das moderne europäische Konzept der Post auf dem Prinzip der allgemeinen Zugänglichkeit auf. Es entsteht als ein regelrechtes Konsum- und Konsumentenmodell, das im Wesentlichen kein Herrschaftsprivileg oder Informationsmonopol mehr verkörpert, sondern bewusst den allgemeinen Bewegungs- und Informationsfluss im »bürgerlichen Publikum« befördern will. Dies ist ganz entscheidend für die Wahrnehmung des Prinzips »Post« wie für seinen späteren Erfolg: sein vor-demokratischer Charakter.

Ein gutes Beispiel dafür ist nochmals das Kommunikationsmodell des Briefwechsels. Diese »korrespondierende«, also »übereinstimmende« schriftliche Kommunikation lässt bürgerliche Gesellschaft überhaupt erst entstehen, weil dadurch überlokale Austauschverhältnisse und Beziehungen konstituiert werden. Damit weitet sich der »Gesichtskreis« über die örtlich vorhandenen, bekannten Gesichter hinaus, schließt nun andere ein, die man vielleicht selbst noch nie gesehen hat, die jedoch durch die Intimität der Kommunikation solch einer Briefbeziehung bald vertrauter sein mögen als mancher Nachbar. Die zahllosen und ungeheuer umfänglichen Briefwechsel des 18. und frühen 19. Jahrhunderts dokumentieren diese Vernetzungsarbeit der damaligen Bürger: Fast jeder Gedanke, der ausgetauscht wird, ist schriftlich festgehalten und übermittelt, weil »Kommunikation« nun nötig und möglich ist. Briefwechsel werden zum Lebenselexier bürgerlicher Existenz und aufklärerischen Denkens, zum Medium auch eines intensiven Freundschaftskultes. Wo das europäische Ancien Régime noch jedes laute und gedruckte Wort zensiert, schützt die intime Briefkommunikation aber auch Ideen und Menschen. Und sie wird einer »Gesellschaft der Aufklärer« (Richard van Dulmen) umgekehrt zur demonstrativen Geste kritischer Gesellschaftsbetrachtung, wenn in Briefform öffentlich über die Zeitumstände und die Gesellschaft nachgedacht wird. Gerade in der deutschen Geschichte reicht diese Tradition des kritischen Raisonnements von den vielen anonymen »Briefen eines Reisenden« des 18. Jahrhunderts bis zu Paul Pfizers bekanntem »Briefwechsel zweier Deutscher« aus dem Jahr 1831.

Neben diese öffentliche, teilweise sogar politische Tradition tritt freilich noch eine ganz andere: die des Liebesbriefs. Diese ist jünger als vielfach gedacht, weil dazu eben auch die Liebe als legitimes Gefühl wie als legitime Beziehungsform gehört. Und wir wissen aus der Mentalitätsgeschichte, dass die Liebesheirat – außereheliche Gefühle dieser Art waren stets hochriskant! – in den europäischen Gesellschaften erst am Ende des 18. Jahrhunderts allmählich an die Stelle der Vernunftehe zu treten beginnt. Dann jedoch tut sie es mit Macht, unterstützt von literarischen Vorbildern von Casanova bis Goethe und gestützt eben auch von jenem Medium zart duftender Briefe, die Gefühle und Fantasien beschwören. Hier kommen die besonderen Bedingungen der Briefkultur selbst zum Tragen: das langsame und mühevolle Schreiben, der umständliche Transport und die lange Zeit des Wartens auf eine Antwort, die wiederum jene kostbare Zeit des Lebens in Fantasien, Imaginationen und Hoffnungen bildet. Vormoderne Brief-Wechsel verkörpern also auch einen neuen Zeithaushalt der Gefühle – freier in seinen Bindungen in Zeit und Raum.

Reisekultur

Beim Aufbau solcher sozialen Austauschverhältnisse wie beim Ausbau des Postwesen spielen die neue Pünktlichkeit und Zuverlässigkeit eine entscheidende Rolle. Allerdings gehört zu diesem neuen Postkonzept eines noch nicht: Geschwindigkeit als Kategorie und Ziel. Das Transport- und Reisetempo hat nämlich in den vergangenen Jahrhunderten kaum Fortschritte gemacht. Um 1490 benötigte ein Eilbote von Rom nach Paris im günstigsten Fall und bei teuerstem Tarif immerhin dreizehn Tage. Und diese Beförderungszeit verkürzte sich bis 1789 nur unwesentlich auf zehn Tage. Nun allerdings besteht eine reguläre und konstante Verbindung, und diese Konstanz und die Berechenbarkeit sind das eigentlich Neue. Seit den 1750er Jahren ist so ein planbares und kalkulierbares Transportsystem entstanden, das den europäischen Kontinent in zentralen Räumen systematisch erschließt. Bereits seit dem 16. Jahrhundert hatte das Postwesen der Herren von Thurn und Taxis dafür erste Voraussetzungen in den mitteleuropäischen Regionen geschaffen, insbesondere in Oberitalien und im Deutschen Reich, dann auch in Spanien und den Niederlanden. Nach dem westfälischen Frieden von 1648 bemühten sich fast alle europäischen Territorialstaaten um die Entwicklung eigener Postorganisationen, die für die zentrale Kontrolle von Information und Kommunikation, von Verkehr und Wirtschaft unerlässlich wurden. In Deutschland hingegen führte die politisch-territoriale Zersplitterung des 17. und 18. Jahrhunderts zwangsläufig auch zu einem dezentralen Postnetz, abhängig vom Verlauf der politischen Grenzen und der Lage der Residenzen und Städte. Diese Grenzen zerrissen den Raum in kleine und kleinste Felder jenes sprichwörtlichen deutschen »Flickenteppichs«, dessen Nähte alle paar Kilometer politische Grenzen und bewachte Stadttore bildeten, an denen jeweils umständliche Passformalitäten zu erledigen waren.

Noch zu Beginn des 19. Jahrhunderts bestehen in den Grenzen des Deutschen Reichs fast 1800 Zollschranken, die den Weg der Menschen und der Güter immer wieder unterbrechen. Erst der schrittweise Aufbau des Deutschen Zollvereins bis 1834 wird die Voraussetzungen dafür schaffen, dass allmählich auch hierzulande in Konzepten und Visionen eines nationalen Verkehrs- und Wirtschaftsraumes gedacht werden kann. Europäisch und strategisch gesehen bedeutete diese Zersplitterung des Territorial- und Postsystems also zunächst gewiss einen erheblichen Nachteil. Langfristig jedoch wirkte sich dieses deutsche Handicap offenbar eher positiv aus, weil dadurch enger und dichter geknüpfte Regionalkurse der Post entstanden sind und vergleichsweise viele regionale Logistikzentren, die sich später national wie international verbinden lassen.

Unter den alten Flickenteppich-Bedingungen noch musste sich das Postsystem jedoch auch in Deutschland weiterentwickeln. Zunächst handelte es sich dabei fast ausschließlich um Reiter-Postkurse, also um Boten zu Pferde. Die Fahr-Postkurse mit Wagen und Kutschen, in denen dann auch das Publikum mitreisen konnte, bildeten sich hier wie auch in England und Frankreich erst am Ende des 17. Jahrhundert heraus. Nun explodieren jedoch Bedarf und Nachfrage. Allein in England, wo sich neue, stahlgefederte Modelle durchsetzen, erhöht sich die Jahresproduktion von Kutschen auf rund 40 000 Stück, die Hälfte davon bereits für Kontinentaleuropa bestimmt. Überall beginnt auch der am französischen Vorbild orientierte Bau von Chausseen, also von trassierten Kunststraßen, die nun planvoll angelegt werden, gepflastert sind und an beiden Seiten Wasserabzugsgräben aufweisen. Dieses dauerhafte und feste Straßensystem löst endgültig jenes mittelalterliches Wegesystem ab, das durch Wagenräder und Pferdehufe buchstäblich in die Landschaft »getreten« war, seine Spuren und Routen jahreszeitlich immer wieder veränderte und keine Garantie auf ein Durchkommen bot. Seit der Mitte des 18. Jahrhunderts ist so in Frankreich, in England und in Deutschland allmählich ein Netz von Straßen- und Verkehrsverbindungen entstanden, das zwischen allen größeren Orten einen regelmäßigen Postverkehr ermöglicht – allerdings noch mit beträchtlichen nationalen und regionalen Unterschieden.

Entscheidend ist jedoch die logistische Infrastruktur, die nun entsteht. Es entwickelt sich ein ausgefeiltes technisches wie kulturelles Know-how der Routen- und Streckenführung, der Abläufe bei Pferde- und Personalwechsel, der Organisation von »Relais«-Stationen, der Planung und Koordination von Fahrplänen, auch der Herausbildung akustischer wie optischer Signalformen. Horn und Uniform, Wegweiser und Hoheitszeichen verkörpern erste Markenzeichen des Serviceunternehmens »Post«. Nach der Kirche mit ihrem spirituellen Versorgungssystem wird die Post mit ihren Postämtern, Stationen, Beförderungsplänen und schließlich mit den in Frankreich erfundenen Briefkästen zum zweiten großen kulturellen Servicezentrum in der europäischen Geschichte. Dafür wird auch bereits geworben: Ab 1605 gibt es gedruckte Post-Wochenzeitungen, ab 1615 gedruckte Plakate, die an Poststationen auf Linien und Abfahrtszeiten hinweisen, ab 1703 regionale Kursbücher – alles zusammen eine frühe Formen der Kundeninformation und -werbung.

Aus diesem System der Routen, der Stationen und der Fahrpläne entsteht allmählich eine erste systematische Verkehrstopografie und Straßenkartografie Europas, die den Raum neu ordnet und ihn nun, zu Beginn des 19. Jahrhunderts, durch Chausseen und Stationen, durch Karten und Wegweiser auch empirisch, optisch wie symbolisch nachhaltig strukturiert. Sie macht ihn dadurch auch neu denk-bar und neu erfahr-bar. Denn die Menschen beginnen, sich Raum und Zeit stärker in Strukturen und Symbolen, in Vernetzungen und Abläufen vorzustellen. Damit entwickeln sie neue »mentale Karten« in ihren Köpfen, in denen sich der Raum in einer neuen Mischung von empirischen Eindrücken und strukturellen Merkmalen aufzeichnet. Man lernt, den Raum als Karte und die Karte als Raum zu denken.[12]

Die Ersten, die diese Postkutschen vorzugsweise besteigen, sind Kaufleute und Händler, Geistliche und Wissenschaftler, Pilger, Künstler und Beamte, also Angehörige einer durchaus bereits mobilen bürgerlichen Elite. Wer noch schneller sein will, reitet wie die Kuriere oder Soldaten. Und wer den Posttarif nicht bezahlen kann, der geht zu Fuß wie die wandernden Handwerksgesellen und die zum Markt gehenden Bauern oder wie die »Vaganten«, die noch im 18. Jahrhundert überall in Europa die große und sehr präsente Gruppe der Wohnsitzlosen bilden. Durch die neuen Reisemöglichkeiten entstehen und verbreiten sich auch neue Reisemodelle: Aus der adeligen Kavaliersreise entsteht die bürgerliche Bildungsreise des 18. Jahrhunderts, die Künstlerreise tritt hinzu. Um 1800 taucht in Wörterbüchern zum ersten Mal ein neues Wesen auf: der »Tourist«. Nun werden Geschäftsreisen immer wichtiger, auch die bürgerlichen Urlaubs- und Bäderreisen beginnen, und ein neuer Typus der Wissenschaftsreise löst die Gelehrtenreise ab. Klassisches Reiseziel aller Aufklärer und Romantiker ist und bleibt dabei nach wie vor Italien, das mit seiner Mischung aus Antikenlandschaft und Arkadien genügend sinnlichen Anschauungsstoff bietet, um insbesondere mittel- und nordeuropäische Bildungsbürger ganz in seinen Bann zu ziehen – von Goethe über Herder bis zu Lord Byron. Laurence Sternes »Sentimental Journey through France and Italy« aus dem Jahr 1768 modelliert diese romantische Reiseform zu einem besonderen ästhetischen Modell und propagiert das Reisen pathetisch als allgemeinmenschliches Bedürfnis, als ein unverzichtbares Humanum.

Zentral für diese Reiseformen ist ein Bildungsbegriff, der bereits auf Überlegungen des französischen Philosophen und Mathematikers René Descartes aus dem mittleren 17. Jahrhundert zurückgeht. Dort wird Reisen ausdrücklich als eine Praxis der Bildung empfohlen, die das kulturelle und sozial Andere aufsucht und die Selbsterfahrung mit Fremderfahrung verbindet. Später rät auch der berühmte Adolf Freiherr von Knigge in seinem nicht weniger berühmten Büchlein »Über den Umgang mit Menschen« aus dem Jahr 1788, »lieber kleine Reisen aufmerksam zu unternehmen, als große, auf denen man bis in die Hauptstädte hinein nur Postmeister und Postknechte kennen lernt. Auch mische man sich, wenn es uns ein Ernst ist, unsre Menschen- und Länderkenntniss zu erweitern, unter Personen von allerlei Ständen. Die Leute von gutem Tone sehen einander in allen europäischen Staaten und Residenzen ähnlich, aber das eigentliche Volk, oder noch mehr der Mittelstand trägt das Gepräge der Sitten des Landes. Nach ihnen muß man den Grad der Cultur und Aufklärung beurtheilen.«[13] Da verrät sich ein spezifischer Blick auf Volk und Bevölkerung, der bereits in Kategorien von »Gesellschaft« zu denken beginnt.

Dieser Grundsatz der »Reise als Quelle aller Erfahrung« kann freilich erst jetzt tatsächlich als Erfahrungsprinzip greifen, wo sich das Reisen in neuen geografischen und sozialen Räumen vollzieht. Das galt für die Kavalierreise noch nicht, die sich im engen Gefüge höfischen Lebens und adeliger Kreise abspielte, neben der Bildung oft auch die Brautschau mit einschloss, so dass der bereiste Raum sozial und kulturell gesehen eher ein vertrauter und normativ begrenzter war. Erst jetzt bewegt sich der bürgerliche Bildungsreisende relativ frei in fremden Nationen und Städten, Landschaften und Sozialmilieus. Und erst jetzt kann sich auch jene spezifische Form touristischer Erfahrung systematisch ausbilden, die man als imaginäre Vor-Erfahrung bezeichnen könnte. Mit Hilfe von Literatur und Reiseführern, Landkarten und Erkundigungen wird die Reise nämlich in einer Weise vorbereitet, die bereits vor der Abfahrt exakte Bilder und Erwartungen aufbaut. Das Reiseziel – seine Geschichte und Landschaft, seine Infrastruktur und Ästhetik – wird so genau vorgestellt, dass es sich am Ende schon erheblich anstrengen muss, um den Erwartungen des Reisenden auch gerecht zu werden. Jean Paul bereits nimmt dieses Motiv ironisch auf, wenn er in »Des Rektors Fälbels und seiner Primaner Reise nach dem Fichtelgebirge« (1795) dieses Reise-Vorwissen wahre Triumphe feiern lässt: »Als wir in Marktleuthen eintrafen, wußt' ich im Finstern, daß die Brücke, worüber wir gingen, auf sechs Bogen liegen mußte – nach Büsching; es freuet aber ungemein, gedruckte Sachen nachher als wirkliche vor sich zu sehen.«[14]

Es ist das Kognitiv-Wissensförmige, nicht mehr nur das Empirisch-Sinnliche, das hier als Modus bürgerlicher Welt-Erfahrung entsteht. Und es ist zugleich bereits der Triumph des Reisenden über die bereiste Gegend. Nicht was schließlich »dort« sein mag, erscheint entscheidend, sondern was diesem »Dort« dadurch zugeschrieben wird, dass es bereits »hier«, also in den Texten und Köpfen, zuvor entworfen und imaginiert war. Die Entdeckung der »Gesichtswelt« als einer Welt des empirischen Betrachtens und des systematischen Begreifenwollens erreicht in dieser Reisekultur zweifellos einen ersten historischen Höhepunkt. Das Sehen und Beobachten, das Lesen und Beschreiben, das enzyklopädische Einordnen der neuen Dinge und Bilder, das topografische und geografische Erfassen der Welt: All diese Erfahrungsprinzipien und Wahrnehmungstechniken machen die Reise nun zu einer regelrechten bürgerlichen Sehschule. Reisen meint damit nicht mehr nur privates Erleben, sondern es verkörpert ein neues Prinzip öffentlicher Erfahrung, eröffnet spezifische Perspektiven auf Land und Leute: »Blicke werden eingeübt: der historische Blick, der ökonomisch-bilanzierende Blick, der zivilisatorisch-technische Blick, der ethnografische Blick.«[15]

Dagegen äußert sich freilich bereits eine kritische Reflexion dieses »modernen Reisens«. Die ständige Vervollkommnung der Reisetechnik wird nämlich damals zum Anlass genommen, von einer wachsenden »Entfremdung« und von einem Verlust an »Authentizität« zu sprechen. Je komfortabler und je schneller man reise, desto mehr reise man »durch« den Raum, nicht mehr »im« Raum. Auf der einen Seite eröffnet sich damit ein kultureller Verarmungs- und Verlustdiskurs, der das jeweils ältere Reisemodell zum sinnlicheren und authentischeren erklärt und das Gehen schließlich zum Gipfel empirisch-empfindsamen Reisens verklärt – gerade bei den Intellektuellen. Auf der anderen Seite entsteht ein kultureller Bereicherungs- und Modernisierungsdiskurs, der die Bewegung durch den Raum schließlich zum eigentlichen Erlebnis erklärt, also die Schnelligkeit und die »Flug«-Erfahrung präferiert. Beides werden Grundzüge einer Reisekultur, die sich später zum modernen Massentourismus entwickelt.

Hier beginnt das Bürgertum endgültig, die Welt als Raum von Bildungspraxen und Wissensgesellschaften für sich neu zu entdecken und zu ordnen. Jene »Ars apodemica«, die alte Reisekunst des 16. Jahrhunderts, wandelt sich unter dem Eindruck von Reiseliteratur und Aufklärungsbewegung in eine soziale Bewegung der Raumerfahrung. Die Bürger werden regelrecht mobilisiert, physisch durch die Post, geistig durch ein neues Erkenntnisinteresse an Welt und Umwelt. Durch Zählen und Messen, durch Beschreiben und Vergleichen, durch Statistik und Enzyklopädik scheint es möglich, sich den Raum kognitiv wie sinnlich anzueignen, also nicht mehr nur auf lokalen Horizont und dessen »pfahlbürgerliches« Dasein verwiesen zu sein. Spätestens seit den 1720er Jahren wird dieses Bemühen in Apodemiken, Reiseberichten und wissenschaftlichen Abhandlungen bereits zum zentralen Motiv. Immer drängender will dieser »inventarisierende« Blick möglichst alles erfassen, total begreifen, exakt wissen.

Durch diese buchstäbliche Neugier jedoch auf statistische und enzyklopädische Zeichen geht wiederum der Blick fürs empirische Ganze verloren. Raum und Zeit werden in ihrer Repräsentation wie in ihrer Wahrnehmung dadurch detailliert, fragmentiert, letztlich aufgelöst. Die Fülle der Details quillt über und verdeckt das Ganze, das in diesem Sinne dann eben deutlich weniger ist als die Summe seiner Bestandteile. Niemand verkörpert dieses Prinzip des Detaillisten wohl plastischer als der reisende Aufklärer Friedrich Nicolai, der seine nur wenige Monate dauernde Deutschlandreise aus dem Jahr 1781 dann in darauf folgenden 13 Ausarbeitungsjahren und immerhin 12 Buchbänden verewigt. Nicht nur physikalisch kann Raum durch Ausdehnung auch zerstört werden.

Zugleich kommt es zu einer »Dislozierung« des Raumes, der seine alte Ordnung und Topographie verliert. In fürstlichen Raritätenkabinetten und ersten Museen, in botanischen Gärten und Tierparks, in Schlossanlagen und Denkmälern wird das zeitlich und räumlich Ferne immer ambitionierter zusammengetragen. Aus dem Raum wird es an einen »Ort« gebracht, der nun sammelt und versammelt, was ihm zuvor nicht angehörte. Insbesondere das Archaische und Exotische holt man nun nach Europa: fremde Tiere und Pflanzen, Säulen und Skulpturen, Fantasien und Märchen. Dadurch wird umgekehrt wiederum der Nahraum wichtiger, denn nun kann auch er »Welt« verkörpern. Die »Promenade« etwa ist nun beides: Spazierweg am Stadtrand wie bürgerlicher Spaziergang, also Ort und Praxis zugleich. Er wird zu einer festen Erkundungsform der Raum- und Zeitdimensionen der Nahwelt, ihrer Vergangenheit wie Gegenwart, ihrer sozialen wie kulturellen Beschaffenheit, ihrer Heimatkunde wie ihres Heiratsmarktes. Goethe lobt bereits 1770: »Die Straßburger sind leidenschaftliche Spaziergänger, und sie haben wohl Recht, es zu sein.« So werden die Dinge im Raum neu angeordnet, und der Raum wird dadurch seinerseits umgestaltet und umgedeutet.

Aber auch die Zeit wird gleichsam »disloziert«. Die neuerbaute »Ruine« im romantischen Park, die Bibliothek, das Buch, das Denkmal: All dies bedeutet ebenfalls eine Verlagerung von Gegenständen und Wissensformen aus »ihrer« Zeit heraus in eine neue Zeit hinein, ein Versammeln des Ungleichzeitigen in künstlicher Gleichzeitigkeit. Und umgekehrt beginnt hier der Gedanke des »Naturschutzes«, der in vieler Hinsicht auch ein Zeitgedanke ist: die Idee nämlich der Bewahrung historischer Naturgestalten. Sie wird nicht zufällig von adeligen Reformern und Aufklärern betrieben, die solche als Park oder Wildgehege archivierten Naturräume im »kollektiven Gedächtnis« der Gesellschaft verankern wollen. Der neuen Zeit wird also eine ursprüngliche Zeit entgegengestellt.

Letztlich mündet diese aufklärerische Dislozierung von Raum und Zeit in einer neuen räumlich-kulturellen Fassung von Geschichte und Gesellschaft: im Konzept der »Landschaft«. Seit dem Ende des 15. Jahrhunderts erhält dieses Wort über seine rechtliche Bedeutung hinaus eine zusätzliche ästhetische Dimension. Zunächst vollzieht sich das in der Malerei, in der »Landschaft« nun synonym steht für einen harmonischen Naturprospekt. Zugleich wird damit die Räumlichkeit als neue und revolutionäre Perspektive entdeckt. Die unstrukturierte und platte Fläche des Bildraumes, die bis dahin nur folienhafter Träger eines Vordergrundmotivs war, löst sich auf in Landschaftshorizonte mit räumlicher Tiefe. Der Betrachter steht nicht mehr vor, sondern in der Landschaft. Er erlebt ihre räumliche Staffelung als optische Erfahrung von Räumlichkeit und Zeitlichkeit. Später hält das Wort »Landschaft« dann Einzug in Literatur und bildende Kunst, die daraus letztlich einen Schlüsselbegriff der Aufklärung formulieren. Landschaft, landscape, paysage wird zu einem Leitkonzept europäischer Naturwahrnehmung, ideell konzipiert von Kunst und Literatur und materiell produziert von Architektur und Gartenkunst. Sie meint nun in räumliche und natürliche Formen gegossene Kultur, eine regionale Identität von Geschichte und Raum, von Mensch und Natur, von Mentalität und Geschmack. Die Flusslandschaft und der parkähnliche locus amoenus werden – von England ausgehend und feudale Traditionen aufnehmend – zu prototypischen Modellen ästhetischer Gestaltung und Wahrnehmung ausgearbeitet. Sie scheinen Zeugnis von scheinbar über Jahrhunderte »natürlich« gewachsenen Kulturlandschaften zu geben, denen doch zugleich ihre Kulissengestalt deutlich anzusehen ist.

In Deutschland verkörpert die Rheinlandschaft diesen Prototyp in vorzüglicher Weise als Raum deutscher Geschichte und zugleich als Ort ihrer Wiederentdeckung in der Romantik. Hier wird Landschaft als »Natur« baulich gestaltet, historisch begründet, künstlerisch imaginiert und ästhetisch ver- wie bedichtet. Kein Wunder,

Caspar David Friedrich, Morgen im Riesengebirge (1810/11)

dass insbesondere die englischen Reisenden und Literaten als die europäischen Tourismuspioniere diese Rheinbegeisterung zu Beginn des 19. Jahrhunderts aufnehmen, daran ihre literarischen Fingerübungen erproben und damit kräftig am künftigen Mythos von deutschem Strom, deutscher Landschaft und deutscher Loreley mitwirken. Mary Shelley trifft zumindest imaginär auf Bettina von Arnim, William Turner auf Clemens Brentano und Heinrich Heine. So wird der Rhein zum europäischen Schicksalsstrom auch deshalb, weil sich an ihm jene Mythologie deutschen Wesens entfalten lässt. Zunächst noch harmlos in romantischen Rheinsagen und Rheinliedern gepflegt, wird der Rheinmythos dann ins politische Terrain umgeschrieben und als politisch-ethnische Grenze konzipiert. Er wird zum Herzstück nationalistischer Identitätspolitik, in der »deutsches Wesen« seine Identität aus der aggressiven Abgrenzung zu »französischer Art« bezieht. »Deutscher Rhein«, »deutscher Wald«, »deutscher Boden« bilden nun Metaphern einer völkischen Mythologie, die Landschaft naturalisiert, anthropologisiert und ethnisiert. So werden Land, Volk und Raum im ästhetischen Konzept der Landschaft zu einer ersten fundamentalistischen Formel des Nationalen – nicht nur, aber vor allem in Deutschland.

Nachdrücklichen Einfluss auf diese neuen Wahrnehmungsmuster von Raum und Zeit üben am Ende des 18. Jahrhunderts die Gedanken von Johann Gottfried Herder aus, der immer wieder versucht, die Zusammenhänge von Natur und Kultur systematisch zu fassen. Dabei fragt er auch nach dem Einfluss der natürlichen und materiellen Lebensbedingungen auf die kulturellen Eigenarten und Mentalitäten der Völker. Und er sieht in geografischen, geologischen wie auch klimatischen Einflüssen eine nachhaltig auf die Menschheitsgeschichte einwirkende »natürliche« Ordnung des Raumes: »Meere, Bergketten und Ströme sind die natürlichsten Abscheidungen so der Länder, so auch der Völker, Lebensarten, Sprachen und Reiche, ja auch in den größesten Revolutionen menschlicher Dinge sind sie die Directionslinien oder die Grenzen der Weltgeschichte gewesen: Liefen die Berge, flössen die Ströme, uferte das Meer anders, wie unendlich anders hätte man sich auf diesem Tummelplatz von Nationen umhergeworfen!«[16] Aus diesen und anderen Einflüssen formt sich ihm jenes anthropogeografische

Paradigma, das eine Art länderkundliche Weltkarte entwickelt und das damit auch die entstehenden Staaten und Nationen des 19. Jahrhunderts als »natürliche« Einheiten begründen will. »Landesnatur« und »Volksseele« werden bei Herder nun oft in eins gesetzt. In der Folgezeit legitimieren dann die Grenzen der Natur – Gebirge, Flüsse, Küstenlinien – endgültig jenen politischen, kulturellen und zeitweise auch rassischen Grenzgedanken des europäischen Nationalismus: die »nationale« Natur als sakraler Raum, der stets von »Anderen« und »Fremden« bedroht scheint und daher durch Grenzen zu schützen ist.

Entscheidend bei diesen räumlichen Perspektivwechseln sind auch die neuen Zeit-Muster: Vorstellungen etwa von Ordnung, Dauer und Rhythmus dieser Umgestaltung von Welt und Lebenswelt. Dabei spielen einerseits Vorstellungen von Ursprünglichkeit und Authentizität eine Rolle, insofern sie Herkunft und Geschichte zu verbürgen scheinen. Andererseits geht es auch um mentalitäre Zuschreibungen, etwa um die so genannten Sekundärtugenden, zu denen im deutschem Falle nicht umsonst Pünktlichkeit und Zeitdisziplin zählen. Denn diese neuen Zeitschemata werden nun insbesondere auch über das staatliche Erziehungs- und Militärwesen in die Gesellschaften der beginnenden europäischen Moderne implementiert. Mit der allmählichen Einführung des Schulunterrichts eben auch als festes Zeitformat und mit dem nun beginnenden allgemeinen Wehrpflichtsystem wird vor allem die männliche Jugend bald einem einheitlichen Drill- und Disziplinierungsschema unterworfen. Schule und Kaserne werden gleichsam zu Zeit-Trainingscamps, denn sie vergesellschaften die neuen Zeitnormen und Zeitroutinen im sozialen Raum, imprägnieren damit die Lebenswelten und Alltagspraxen der heraufdämmernden Moderne.

Mit ihren vielfältigen Wirkungen erweist sich die Post hier als ein ausgesprochen komplexes »kulturelles Modell«, dessen allgemeine Zugänglichkeit auch für seine rasche Durchsetzung sorgt. Denn die Post verbreitet sich gleichsam selbst: Ihre Technik liefert die Instrumente und Medien für Mobilität wie Straßen, Wagen, Zeitungen und logistisches Wissen. Und ein Teil dieser Medien »erzählt« ihrerseits wiederum von der Technik: davon, wie Fahrpläne und Routen funktionieren, wie Stationen organisiert sind und wie man sich in der Postkutsche verhält. All dies wird popularisiert in Reisebeschreibungen, Romanen, Witzen, Bildern und Zeitschriften.

Mit dieser Verbindung von logistischer und kognitiver Infrastruktur öffnet sich die Welt als Idee wie als Praxis in neuer Weise. So gehen bereits in den 1760er Jahren von dem noch wenig weltstädtischen Berlin allein 37 Postwagen wöchentlich in alle Himmelsrichtungen ab. Damit verreisen zunächst natürlich nur wenige, doch bietet diese Anbindung an die Welt selbst den Zuhausegebliebenen neuen Stoff für Bilder, Träume und Fantasien. Europa jedenfalls wird als geografischer wie kultureller Raum durch die neue postalische Kommunikations- und Verkehrsstruktur buchstäblich überschaubarer, ja es konstituiert sich durch dieses feste Transportsystem überhaupt erst als ein empirisch zusammenhängender Raum. Bemerkenswert dabei ist, dass dieses Postsystem schon als eine frühe Form von Public-Private-Partnership entsteht, weil sich Staat und private Unternehmer verbinden. Der Staat tritt als Monopol- und Patentgeber auf, sorgt auch für Infrastrukturen wie Posten und Straßen, während die Unternehmer das Kapital geben und für die Organisation und Logistik sorgen. Beispielhaft dafür ist die Post derer von Thurn und Taxis, die wie ein Franchise-Unternehmen betrieben wird, also den Stations- und Pferdebetrieb auf lokale Pächter und Subunternehmer überträgt.

Entscheidend sind jedoch wiederum die Wahrnehmungsformen und Praxismuster, in denen die Post es den Menschen nun ermöglicht, Kommunikation und Reisen durch Zeit und Raum zu organisieren. Von der Kutsche bis zum Jet, vom Telegraf bis zum Telefon, vom Bild bis zum Reisehandbuch entstehen dabei in historischer Abfolge sich ergänzende Muster und Bausteine einer Kommunikations- und Medienkultur der Moderne. Diese Modelle sind anfangs nur sehr mühsam zu erlernen, weil dafür bis ins 18. Jahrhundert noch wesentliche Bildungs- und Erkenntnisvoraussetzungen fehlen. Um etwas verstehen, es kognitiv erfassen und verarbeiten zu können, bedarf es begrifflicher und bildlicher Instrumentarien. Das Neue muss sich sprachlich und optisch konstituieren. Alltägliche Sehhilfen und Anschauungsmodelle stehen dafür zunächst kaum zur Verfügung. Denn was Kirchenfenster, Karten, Gemälde, Kalender bislang an visuellen Erkenntniskategorien anbieten, reicht kaum über das schmale Bildangebot religiöser oder lokaler Motive hinaus. Zudem sind um 1800 keine 50 Prozent der Bevölkerung in der Lage, ein Buch oder eine Zeitung zu lesen. Deshalb können auch erst jetzt allmählich Zeitungen für ein breiteres Publikum entstehen: 1785 wird die Londoner »Times« begründet, Cottas »Augsburger Allgemeine Zeitung« startet 1798. Lediglich die Reiseliteratur bietet bereits für ein gebildetes Publikum der Höfe und der städtischen Bürgergruppen solche Informationen und Perspektiven eines »Blickes nach draußen« an, zunächst in andere europäische Städte und Nachbarländer. Bald eröffnet dieser Blick dann aber auch Aussichten auf außereuropäische Horizonte, wie sie sich bei kolonialen Unternehmungen, auf Expeditionen und Wissenschaftsreisen ergeben. Vor allem die Weltreisen von James Cook in den 1770er Jahren, die auch die Begegnung mit unbekannten Pflanzen, Tieren und Menschen wissenschaftlich wie publizistisch ausführlich dokumentieren, lenken die Aufmerksamkeit des europäischen Publikums nun auch auf diesen großen »fremden Rest« der Welt.

Allmählich entsteht – auch in Rückprojektion aus dieser Welt da »draußen« – ein übergreifendes Selbstbild Europas, das sich ganz wesentlich aus der Gegenüberstellung von »Eigen« und »Fremd« speist. Dabei verkörpert Fremdheit im europäischen Blick deutlich kulturelle Minderwertigkeit. Jenes Andere erscheint randständig, rückständig und unzivilisiert, ist dazu meist noch unchristlich, weckt daher auch eher koloniale Eroberungs- und christliche Bekehrungswünsche als interkulturelle Begegnungsbereitschaft. Doch scheint diese kulturelle Differenzkonstruktion damals in gewisser Weise nötig, um überhaupt solch ein Selbstbild des »zivilisierten« Europa zu entwickeln. Denn dem standen historische Hypotheken entgegen: »Im 16. und 17. Jahrhundert gewann die nachklassische europäische Kultur ihre eigene Stimme, die sich zum ersten Mal in der Projektion klassischer Modelle auf die Neue Welt äußerte, als die Europäer lernten, zwischen sich und anderen ›Welten‹ zu unterscheiden, die nicht nur geografisch weit entfernt waren, sondern zunehmend auch als zeitlich entfernt, als ›frühere‹ Stufen der menschlichen Entwicklung betrachtet wurden. So setzten die Entdeckungsreisen der Renaissance eine Dynamik kultureller Brechungen in Gang, die das alte Europa modernisierte und in den Europäern das Bewußtsein weckte, sich im Zentrum der Welt zu befinden und nicht mehr nur am Rande der antiken Kulturzentren.«[17] Bis dahin war der Mittelmeerraum das unbestrittene Weltzentrum von Handel und Kultur gewesen, eine Region, die durch interregionalen Handel und Transport, durch Technologie- und Wissenstransfers, aber auch durch Traditionen in Architektur wie Esskultur bereits ein spezifisches kulturelles Selbstverständnis als »Raum« entwickelt hatte – als eine »Weltregion«[18]. Von diesem geopolitisch wie kulturell dominanten Vor-Bild musste sich die frühe europäische Moderne erst mühsam emanzipieren.

Allerdings gehen diese neuen Fernhorizonte wohl erst seit dem späten 18. Jahrhundert und nur sehr allmählich in Alltagswissen und Alltagsbewusstsein ein. Ganz entscheidend dafür ist die Entwicklung wissenschaftlicher »Sehhilfen« wie Geografie und Topografie, Mikroskopie und Astronomie, die nun die Welt im Großen wie im Kleinen berechnen, kartieren und überhaupt vorstellbar machen. Voraussetzung dafür wiederum ist, dass nun schrittweise die Fachsprachen der Moderne ausgebildet werden, insbesondere die der Technik- und Naturwissenschaften.[19] Damit werden die abstrakten Zeichen- und Zahlensysteme von Text, Statistik und Karte in professionellen semantischen Codes organisiert, in Fachtermini und Paradigmen also, die in der Lage sind »Wissen« zunächst informativ zu speichern, um es dann kommunikativ der Gesellschaft zur Verfügung zu stellen.

Mechanik und Ökonomik

Es ist deutlich: Das Weltbild ändert sich nachhaltig – und zwar in seinen Erklärungsgrundlagen wie in seinen Wahrnehmungsmodi. Zwischen Gegenstand und Verstand treten neue technische Modelle als Mittel der physikalischen Erfassung und Klassifikation wie als kognitive Systeme. Dabei meint Technik bis ins 18. Jahrhundert praktisch ausschließlich Mechanik, also einfache Hebel- und Bewegungsverhältnisse vom Flaschenzug bis zum Räderwerk, deren Produktion und Funktion für den Laien weitgehend transparent sind, weil er sie aus seiner Alltagswelt kennt. Dennoch beginnt damit bereits jener große Umbruch in der europäischen Denk- und Lebensweise, den Siegfried Giedion 1948 als einer der Ersten scharfsinnig beschrieben hat. Er zeigt, wie sich diese »Herrschaft der Mechanisierung« auch als Weltanschauung bereits längst vor der Moderne durchsetzte. Wie sie – zunächst noch spielerisch in jenem 18. Jahrhundert der Spieluhren und Schachautomaten – dann im 19. Jahrhundert in Gestalt der Industrieproduktion siegt, um schließlich im 20. Jahrhundert durch die »geistige Revolution« überwunden zu werden. Wie nachdrücklich dabei jene unauffällige Technisierung des Alltags durch Rad, Maschine, Hebel, Metall über zwei Jahrhunderte hinweg alle Lebenswelten radikal verändert und wie entscheidend sie »das Entstehen unserer modernen Lebensweise« mitgeprägt hat – gerade auch die alltäglichen, »äußerlich bescheidenen Dinge«. Denn: »Auch in einem Kaffeelöffel spiegelt sich die Sonne. In ihrer Gesamtheit haben die bescheidenen Dinge [...] unsere Lebenshaltung bis in ihre Wurzeln erschüttert.«[20]

In diesem Verständnis erscheint das Uhrwerk als die vollendete Mechanik. Und es verwundert dann kaum, dass die Körpervorstellungen des 16. bis 18. Jahrhunderts zunehmend diesem »technomorphen« Modell folgten, als unterliege auch der Körper den Gesetzen der Mechanik und des Apparatebaus. Dieses mechanische Weltbild wächst sich aus zum globalen System, das alles erklären will. Es bietet eine universelle und dominante Erkenntnisperspektive, die einerseits die Natur technisch beherrschbar zu machen verspricht, andererseits aber keine Alternative neben sich duldet. Was nicht in dieses Herrschaftsdenken passt, wird ausgebürgert. So bleibt dann auch das Sinnliche der menschlichen Existenz zwangsläufig dem »Gefühligen« in der Kultur zur Verwaltung überlassen: den »schönen Künsten« eben von Musik, Literatur, Malerei und Plastik. Hier beginnt das, was David Landes in seinem »entfesselten Prometheus« als einen wesentlichen Antriebskern der »Industriellen Revolution« beschreibt und was dann zu Beginn des 19. Jahrhunderts seine ganze Dynamik entfaltet: Mechanische Anlagen und Vorrichtungen ersetzen zunehmend menschliche Hand und Geschicklichkeit, an die Stelle tierischer und menschlicher Antriebsenergie tritt die Kraft der Dampfmaschine.[21]

Karl Marx' Schlussfolgerung von der »Ökonomie der Zeit«, in der »sich schließlich alle Ökonomie« auflöse, reflektiert diese Herrschaft der Mechanisierung rückblickend als Voraussetzung für die Durchsetzung und Logik des kapitalistischen Wirtschaftsmodells. Menschliche Arbeit wird nun nach abstraktem Zeitvolumen verhandelt, damit dem Produkt einverleibt und dem Produzenten zugleich »fremd« gemacht. Denn nicht mehr das Produkt, sondern der Lohn, das materielle Zeitäquivalent muss nun das Ziel von Arbeit sein. Arbeitszeit ist damit endgültig aus ihren kulturellen Einbindungen herausgelöst, in denen sie vorher auch als Lebenszeit, als soziale und als religiöse Zeit erfahren wurde. Und dieser zeitlichen Abtrennung der Arbeit vom Leben folgt die räumliche in Gestalt der Fabrik. Erst mit diesem totalen Zeit- und Raumregime des aufkommenden Industriekapitalismus legt sich die neue Zeitfolie tatsächlich flächig über die Gesellschaft, die sich nun über ihre Zeitverhältnisse radikal neu organisiert. Denn diese Zeitverhältnisse definieren nicht nur Arbeitsformen und Lebenswelten um, sondern auch gesellschaftlichen Beziehungen und Machtverhältnisse. Max Webers klassische Metapher von der »Entzauberung der Welt« durch den industriellen Kapitalismus fängt in ganz charakteristischer Weise etwas von diesem Erfahrungswandel ein, der – jedenfalls retrospektiv – auch als fundamentale »ästhetische« Verlust- und Kontingenzerfahrung gedeutet wird. Mentalitätsgeschichtlich erklärt Weber die neue Zeitökonomie bekanntlich auch als Konsequenz einer neuen religiösen Ethik: Erwerbssinn und Askese als Tugenden christlich-bürgerlicher Selbstverwirklichung.

Das klassische Beispiel dafür, wie tief greifend puritanisches Arbeitsethos, bürgerliches Fortschrittsprogramm und industrieller Kapitalismus die europäischen Gesellschaften ab dem Ende des 18. Jahrhunderts umwälzen, bildet England. Hier beginnt die industrielle Moderne zunächst und gleichsam in globaler Antizipation – dank der Rohstoffe aus dem wachsenden Kolonialreich, aber wohl auch deshalb, weil der Rest des Kontinents in die napoleonischen Kriege verstrickt ist. Freilich vollzieht sich diese Entwicklung hin zum Industriekapitalismus keineswegs linear und flächig, sondern vielmehr ausgesprochen sektoral und regional konzentriert. Am Ende des 18. Jahrhunderts ist es zunächst die Grafschaft Lancashire und dort wiederum nur die Baumwollverarbeitung, in der industrielle Produktionsformen dominieren. Diese Baumwollproduktion, »King Cotton«, ist es dann auch, die zum dynamischen Leitsektor der ersten Industrialisierungsphase nicht nur in England, sondern in ganz Europa wird. In Lancashire aber wird zum ersten Mal sichtbar, wie die Industrialisierung und Kapitalisierung sozialer Arbeitsverhältnisse ganze Landschaften und Lebensverhältnisse dramatisch verändert.

Wie mühsam und schmerzhaft dieser Prozess der wirtschaftlichen Transformation und kapitalistischen Akkumulation auf der gesellschaftlichen Seite verläuft, wie häufig sein rigides Konzept der Zeit- und Sozialdisziplinierung auf soziale Widerstände trifft und mit welcher Gewalt er dennoch von den neuen »Herren der Zeit« durchgesetzt wird, das dokumentieren und kritisieren damals bereits die englischen und französischen Frühsozialisten. Die komplexe sozial- und erfahrungsgeschichtliche Dimension dieses Prozesses jedoch haben erst die in den 1960er Jahren unternommenen Studien des englischen Historikers Edward P. Thompson so recht verständlich gemacht. Seine Analysen dieses gewaltsamen Umbaus der englischen Wirtschaft und Gesellschaft um 1800 erklären, welche sozialen Akteure, welche ethisch-moralischen Werthorizonte und welche sozialen Politikformen damals aufeinander prallen, welche tief greifenden kulturellen Konflikte sich vor allem daraus ergeben, dass die Zeit nun buchstäblich zum »Maß aller Dinge« gemacht wird. Dabei bedeutet die Verwandlung von Bauern, Landarmen und kleinen Handwerkern in Lohnarbeiter nicht weniger, als dass die Menschen von ihren gewohnten Lebensorten, Lebensformen und Lebensentwürfen Abschied nehmen, also ihre soziale und kulturelle Identität grundlegend ändern müssen. Regionale und soziale Mobilität, die Bereitschaft zum Ortswechsel wie zum Existenzwechsel: Dieser doppelte Abschied ist wesentliche Voraussetzung für die industriekapitalistische Organisation von Produktion und Gesellschaft.

Um dies alles in Bewegung zu setzen, muss einerseits genügend Reichtum vorhanden sein, der kapitalistische Anlagemöglichkeiten sucht, und müssen andererseits Landwirtschaft und Handwerk nicht mehr genügend Existenzmöglichkeiten für eine wachsende Bevölkerung bieten. Die Krise der alten Agrargesellschaft und der alten Ökonomie ist also Voraussetzung für die Entstehung des Neuen. Doch kommt dieses Neue selbst hier nicht ganz so schnell und so umstürzend daher, wie es das Bild von der »Industriellen Revolution« assoziieren lässt. Auch die englische Frühindustrialisierung vollzieht sich vielmehr in einem eher lang gezogenen Prozess bereits seit dem mittleren 18. Jahrhundert und vielfach auch in sozialen Kompromissen und kulturellen Mischformen. Die ländliche Heimindustrie erspart den Weberfamilien lange Zeit noch den endgültigen Umzug vom Dorf in die Stadt. Und selbst wer bereits in der Fabrik angekommen ist, lebt und arbeitet dort noch lange nicht völlig angepasst an ihre Ordnung. Vielmehr wirken andere Arbeits- und Lebenserfahrungen noch nach, denn sie verkörpern eigene Herkunft und Identität. Als »Traditionen« werden sie daher hartnäckig gegen das Neue und Fremde verteidigt.

Nun jedoch sollen Zeit- und Fabrikdisziplin dafür sorgen, dass durch Pünktlichkeit und Präzision die Arbeitsschritte nacheinander gestaffelt und dadurch rationalisiert ablaufen, dass dieses abstrakte Ordnungsprinzip den Arbeitern zur »zweiten Natur« wird. Damit wird die konkrete Aufgabenorientierung der vorindustriellen Arbeit endgültig abgelöst durch die abstrakte Zeitorientierung der Fabrikarbeit. Deren gleichförmigen Arbeitsrhythmus setzen die Fabrikglocken und Uhren, der Maschinentakt und die Pausenordnungen nun akustisch, optisch und physisch in eine strenge Zeichen- und Normenwelt um. Damit trainieren sie auch die menschlichen Sinne auf eine neue Weise, passen sie an die neue Ordnung an. Kapitalismus bedeutet vor allem eine neue Ökonomie von Zeit und Raum, die Menschen und Dinge zu »Waren« macht: zu lebenden oder verfertigten Arbeitszeitspeichern, die sich konsumieren oder akkumulieren lassen, die beweglich und käuflich sind.

Thompson beschreibt nun, wie sich gegen die sozialen Zumutungen dieser neuen Wirtschaftsordnung eine »moralische Ökonomie« der Unterschichten stemmt. Die Menschen versuchen aus diesem Aufeinanderprallen von traditionellen, vormodernen und bürgerlichen, kapitalistischen Wertordnungen ihre eigenen, lebenspraktischen Schlussfolgerungen zu ziehen, basierend auf überlieferten Vorstellungen von Gerechtigkeit, Würde, Gemeinschaft. Vor allem die Idee des »gerechten Preises« und des »gerechten Lohns« wird zum Hauptmotiv einer populären Gesellschaftsethik, die aus ihren Erfahrungen des beginnenden industriellen Kapitalismus und aus den Versprechungen seiner Propagandisten eine eigene Erwartungshaltung formuliert: die Erwartung »fairer« sozialer Beziehungen als gesellschaftliches Ethos. Dieser Konflikt wird materiell wie symbolisch auf der Ebene des Kampfes um Zeit ausgetragen: »Durch all diese Methoden – Arbeitsteilung und Arbeitsüberwachung, Bußen, Glocken- und Uhrzeichen, Geldanreize, Predigten und Erziehungsmaßnahmen, Abschaffung von Jahrmärkten und Volksbelustigungen – wurden neue Arbeitsgewohnheiten und eine neue Zeitdisziplin ausgebildet. In manchen Fällen [...] dauerte dieser Prozesse mehrere Generationen, und es ist fraglich, ob er je ganz erfolgreich war: Unregelmäßige Arbeitsrhythmen wurden bis ins 20. Jahrhundert beibehalten.«[22]

Neue Technik – neue Zeit

England bricht mit der Industrialisierung und den damit verbundenen sozialen Kämpfen am Ende des 18. Jahrhunderts auf, die europäische und damit globale Leitgesellschaft des 19. Jahrhunderts zu werden. Denn hier nimmt nicht nur die industrielle Produktionsweise und die technische Moderne ihren Ausgang, hier werden auch Modelle der Klassengesellschaft und der Massenkultur entwickelt, hier wird Erfahrung über Zeitbewusstsein und Raumordnung kapitalistisch organisiert. All dies beeinflusst den großen und vor allem europäischen Rest der Welt nachhaltig, wird von ihm aufgenommen, nachgeahmt, weiterentwickelt.

Ausgelöst haben die Industrialisierung jedoch nicht zuletzt auch jene zahllosen Technik- und Aufklärer-Projekte, die bereits vor 1800 vielfach neue Sichtweisen ermöglicht haben. So bereist Friedrich Nicolai in den 1750er Jahren europäische und deutsche Länder mit einem speziellen Vermessungswagen, um geografische Räume wie gesellschaftliche Infrastrukturen exakt zu erfassen und aus diesen Daten topografische Modelle der Raumstrukturierung zu entwickeln. 1765 baut James Watt seine erste Dampfmaschine, die in den nächsten Jahren und Jahrzehnten systematisch weiterentwickelt wird. 1769 stellt der Hofrat von Kempelen in Wien einen ersten Schachautomaten und eine Sprechmaschine vor, gleichzeitig werden große Spiegelteleskope für die Astronomie entwickelt. Neben dem englischen Lancashire entstehen auch an Saar und Mosel erste Schwerindustrie-Landschaften, geprägt von Bergbau und Eisenwerken. 1782 lassen die Papierfabrikanten Montgolfier bei Paris ihren ersten unbemannten Heißluftballon starten, und 1785 bereits überquert der »Aeronaut« Blanchard mit einem Ballon den Kanal von Dover nach Calais. In den 1790er Jahren schließlich entwickelt sich die Telegrafietechnik so weit, dass die erste optische Telegrafenlinie 1794 von Paris nach Lille gebaut wird, auf die dann Napoleons großes Flügeltelegrafensystem folgt: das erste moderne Telekommunikationssystem auf optischer Basis.

In dieser Epoche beginnt vor allem auch bereits die moderne Erfindung der Bedürfnisse. Dinge werden für einen Alltag vorausgedacht, der durch dieses Denken erst entsteht. Kleine wie große Utopien greifen der Gegenwart voraus, machen dadurch »Zukunft« überhaupt erst denkbar im Sinne sozialer Imaginationen und technischer Visionen – keineswegs allein jedoch durch das Denken eines einzelnen Erfinders, sondern durch eine Form sozialen Denkens und kollektiven Erfindens, die Neues stets eingebettet in die gedankliche wie empirische Praxis von gesellschaftlichen Gruppen entwickelt. Die Taschenuhr etwa, der vor ihrer Funktionalität zunächst nur Modequalität zugeschrieben worden war, oder nun das Fliegen, das seine Realisation und Funktion erst noch erfahren wird, sind bezeichnende Beispiele für die Wirkung solcher Interaktionen zwischen der Technik und dem Bedürfnis, zwischen dem Markt und der Kultur, die meist erst durch ihre soziale Verlaufsform tatsächlich innovativen Charakter erhalten.

Am Ende des 18. Jahrhunderts und im Umfeld solcher Visionen tauchen zum ersten Mal auch die Begriffe »neue Zeit« und »Fortschritt« auf. In ihnen drückt sich die teils stolze, teils bängliche Wahrnehmung der Zeitgenossen aus, selbst Zeugen der fundamentalen Umbrüche fast aller Lebensgrundlagen zu sein. Der Historiker Reinhart Koselleck nennt diese materielle wie gedankliche Umbruchphase die »Sattelzeit der Moderne«, in der die umfassende Verzeitlichung und Vergeschichtlichung der Welt stattfindet, insbesondere auch ein grundlegender Wandel im gesellschaftlichen Zeit- und Raumbewusstsein. Damit endet jene zirkuläre Zeiterfahrung der Vormoderne, die sich aus dem Rhythmus bäuerlichen und handwerklichen Arbeitens speiste und die wenig Änderung und Wandel kannte. Erst die »Differenzbestimmung zwischen Vergangenheit und Zukunft, oder anthropologisch gewendet, zwischen Erfahrung und Erwartung«, so argumentiert Reinhart Koselleck, verändert diese Perspektive grundlegend. Ganz allmählich entsteht die Vorstellung einer komplexen, in sich verbundenen, sich schließlich technisch-industriell entwickelnden Welt, einer Welt, die sich damit insbesondere auch in einem Zustand beständiger Beschleunigung befindet. Die Vergangenheit wird damit zu etwas Entferntem, Fremdem, dessen Verständnis man sich erst neu erschließen muss, um aus dieser Differenz dann zur »neuen« Gegenwart sich ein Denken nach vorn, also »Zukunft« zu ermöglichen. So ist die zeitgenössische Rede von der »Zeitwende«, vom »Lauf der Geschichte«, dem »Rad der Geschichte« Teil jener Epochenmetaphorik, die damit auf spezifische Bilder zielt: auf Bilder des Raumes nämlich und der Bewegung, die ihrerseits auf das neue geschichtstheoretische Modell des Fortschritts verweisen.[23]

Der Erwartungshorizont ist Ausdruck einer neuen Selbstreflexion der Gesellschaft, die sich nun beständig selbst dabei beobachtet, wie sie mit ihrer Geschichte und ihrer Zukunft umgeht. Die unentwegt an wissenschaftlichen Diagnosen wie literarischen Bulletins über ihren gegenwärtigen Zustand interessiert ist. Die permanent mit den Nachbarn vergleicht, in welchem Land der Fortschritt schneller oder langsamer voranschreitet. Die emsig Selbstbild und Gegenbild entwirft, Autostereotyp und Heterostereotyp, regionale und nationale Charakterbilder. Die ihre eigene Identität schließlich nur in der permanenten Verhandlung dieser Bilder findet, im Vergleich der eigenen Gegenwart mit der eigenen Geschichte wie in der Differenzbestimmung zur europäischen

Nachbargesellschaft oder zur außereuropäischen Welt – also immer wieder in jener Konstruktion des Gegensatzes von Eigen und Fremd. Insbesondere die Reiseliteratur und die ersten Wochenzeitschriften führen diese Diskussion um Bilder, Wege und Ziele der europäischen Regionen und Gesellschaften – manchmal fast manisch, obsessiv.

Es ist ein gewaltiges Gewicht der Zukunft, das nun anwächst, das Fragen formuliert, das Hypotheken aufbürdet und die Gegenwart jeder Gesellschaft verunsichert und bedrängt. Ernst Moritz Arndt prognostiziert 1807 bereits seherisch: »Die Zeit ist auf der Flucht, die Klügeren wissen es lange. Ungeheure Dinge sind geschehen, große Verwandlungen hat die Welt still und laut, im leisen Schritt der Tage und in den Orkanen und Vulkanen der Revoluti on erlitten; Ungeheures wird geschehen, Größeres wird verwandelt werden.«[24] Andererseits jedoch fühlt man sich dieser Zukunft wiederum gewachsen, weil man darauf vertraut, dass mit exakter Beobachtung und präziser Beschreibung durch Messung des Bisherigen und Vergleich mit dem Jetzigen sich das Künftige der Gesellschaft absehen und vor allem lenken lassen muss. Friedrich Nicolais Raummodell betrachtet die Städte bereits als »Orte« im Raum, die Wegesysteme als dessen Netze und die Manufakturen und Industrien darin als dynamische, vorantreibende Kerne, an denen sich »Zukunft« ablesen lässt. Und Jean Paul wird nur wenig später das Ballonfahren zum Anlass nehmen, darüber nachzusinnen, wie Technik in Gestalt der »Aeronautik« den Menschen der Natur wieder näher bringt. Sonne und Sterne, Luft und Licht, Himmel und Gott, Panorama und Perspektive: Alles umfasst der neue Horizont, Ausblicke in die Ferne wie in die Zukunft eines ikarischen Zeitalters. Solche literarischen Fantasien und Imaginationen greifen der tatsächlichen Entwicklung von Flugapparaten zwar weit voraus, sie treiben diese Entwicklung jedoch dadurch nachhaltig mit an, tragen dazu bei, dass aus Denkbarem schließlich Machbares wird. Und wie Ballon oder Dampfmaschine in diesem Zusammenhang als Symbole für physische Kraft, Höhe, Weite, Offenheit figurieren, so nehmen sie zunehmend auch politische Symbolbedeutungen auf: Sie werden zu Vehikeln zunächst eines »Volkswillens«, dann des »Fortschritts«, schließlich der »Demokratie«.

So interpretieren dies jedenfalls die Aufklärer, die begreifen, wie entscheidend solche symbolischen Perspektiven für die Entwicklung neuer gesellschaftlicher Horizonte sind. Deren Beschaffenheit wiederum ist eng verknüpft mit der Entstehung einer »bürgerlichen Öffentlichkeit«, also eines Geflechts von Orten und Medien, an und in denen ein »raisonnierendes Publikum« (Jürgen Habermas) über Angelegenheiten des Staates wie der Lokalgesellschaft, der Kunst wie der Literatur, der Religion wie der Philosophie laut nachdenkt. Dazu bedarf es der Zeitschriften und Zeitungen, der Salons und Diskussionszirkel, der Komitees und Vereine, in denen sich bürgerliche Gesellschaft nun formiert. Aber es bedarf auch spezifischer Orte, nämlich der Kaffeehäuser und Museen, der Theater- und Konzerthäuser, der Gärten und Parks, der Bibliotheken und Vereinslokale, damit sich bürgerliche Geselligkeit und bürgerliche Politik Hand in Hand entfalten können. So wird die Stadt zum Geburtsort des modernen Bürgers. Und dadurch wird sie ihrerseits erst zur modernen Stadt, charakterisiert durch ihre spezifische »urbane« Raum- und Zeitordnung.

Diese Zäsur des Eintritts in die moderne Stadt wird in der Literatur markiert von einer neuen, die Zeit diagnostisch kommentierenden Figur: dem Flaneur. Dessen schlendernder Blick ist es, der um 1800 die Straßen und Passagen der großen Stadt erkundet und dessen Extravaganz gerade darin besteht, gegen den neuen Rhythmus von Tempo und Beschleunigung einen Snobismus zu setzen, der aufreizend und symbolträchtig daherkommt: Mit einer Schildkröte an der Leine wird die Bewegung seines Spaziergangs auf den Pariser Boulevards gleichsam statuarisch. Schlendern und Stehen, Wechsel der Gangarten und der Straßenseiten, distanzierte Haltung und interessierte Beobachtung: Nicht nur Walter Benjamin ist von dieser eigenwilligen Aneignung des öffentlichen Raumes nachträglich begeistert: »Das ›Kolportagephänomen des Raumes‹ ist die grundlegende Erfahrung des Flaneurs.«[25]

Allerdings schafft diese Horizonterweiterung nicht nur neue Wissensordnungen, sie bedarf auch neuer ästhetischer Praxen zu deren Erfahrung und Vermittlung. Die Renaissance hatte diese neue Erfahrungsdimension bereits zu erschließen begonnen, indem sie die Vorstellung des visuellen Raumes schuf und seine Wahrnehmung kognitiv wie ästhetisch durch seine Konstruktion vor allem in Kunst und Architektur organisierte. Mit erheblichen Konsequenzen für unseren sinnlichen Identitätsaufbau: Das Sehen scheint seitdem anthropologisch wichtiger als das Fühlen und Hören, die Perspektive und die Distanz sicherer als die körperliche Nähe. Ganz im Sinne dieses visuell imaginierten Raumes wird dann auch Geschichte als ästhetische Erfahrung eingeübt: Die Landschaft erscheint als Vermittlung zwischen Mensch und Natur wie zwischen Gegenwart und Geschichte. Es entsteht ein neues Gefühl der menschlichen Anwesenheit in ihr, die sich nicht mehr im Vordergrund des Prospektes abspielt, abgehoben vom Hintergrund des Naturszenarios, sondern nun in einem korrespondierenden Verhältnis zu ihr erscheint. In ihr zu sein, bedeutet seinen Platz gefunden zu haben. Dadurch dehnt sich der empirische Raum ungeheuer aus. Zeit muss daher als neue Prozess- und Ordnungskategorie das bisherige räumliche Klassifikationssystem ergänzen und entlasten. In dieser Umbauphase sind Richtungs- und Wegezeichen – also Symbole – für die gesellschaftliche Orientierung natürlich unerlässlich.

Diesbezüglich ist der semiotische Befund allerdings zunächst doch erstaunlich, denn »gänzlich neue Systeme scheinen um 1800 nicht zu entstehen«.[26] Auf den zweiten Blick freilich wird der Befund plausibel. Gerade weil damals fundamentale soziale und kulturelle Veränderungen stattfinden, muss das symbolische Leitsystem die Gesellschaft umgekehrt auch auf Kontinuität und auf allmähliche Übergänge hin orientieren, also dämpfend und abfedernd wirken. So wird die Neuzeit-Symbolik damals in klassischer Weise durch jene Uhr verkörpert, die zwar Flügel trägt, weil die Zeit nun eben »fliegt«, deren Gewichte jedoch von einem Manne festgehalten werden: »Ein kluger Mann vermag es, die fliegende Zeit festzuhalten.«[27] Die Menschen vermögen also die Umbruchsdynamik zu bändigen.

Erfahrungssysteme: Post und Eisenbahn, Lesen und Reisen

Ein Grundmotiv europäischen Denkens wird nun, nach 1800, immer stärker: Die Reise durch den Raum erscheint immer mehr auch als eine Reise durch die Zeit. Es ist die Vorstellung einer kulturellen Archäologie, die sich im Raum wie auf einer Reise durch die Menschheitsepochen verwirklichen lässt. Denn der Globus lässt sich als eine menschheitsgeschichtliche Gliederung von Zeitzonen und Zivilisationsepochen verstehen, als deren Gegenwart und Zentrum man sich natürlich Europa denkt. Von diesem Zentrum aus können dann Expeditionen zurück in die Geschichte unternommen werden, etwa in die Trümmerfelder des antiken Griechenland, in romantische Naturansichten der Alpen oder auch in die Steinzeitepoche der Menschheit, die man in Afrika erhalten glaubt. Insbesondere der außereuropäische Raum erscheint dabei als ein Raum der anthropologischen Ursprünglichkeit, als authentisch in seiner Nicht-Zivilisiertheit und Fremdheit.

Dabei werden die bisherigen Ideen der Aufklärung durch die nachdrängende Romantik am Ende des 18. Jahrhunderts keineswegs nur konterkariert, vielfach werden sie lediglich umakzentuiert und überlagert. Denn auch die romantische Weltsicht kokettiert letztlich nur mit dem Aufschein der Vormoderne, wenn sie auf Natur und vorzivilisatorische Kultur pocht. Mit dieser ästhetischen Strategie des Kulissenspiels identifiziert sie sich vielmehr selbst eindeutig als Kind der Moderne. Sie erfindet diese von ihr kritisierte »neue Welt« durchaus mit in Vorstellungen etwa einer ursprünglichen Volkspoesie und Volksseele, die dann als Kern europäischer Nationsvorstellungen ideologisiert und folklorisiert werden, oder in Bildern einer Harmonie von Natur und Menschen, in der das Innerliche und Seelische dominiert und der äußeren Kontingenz eine innere Kontinuität entgegengehalten wird – auch natürlich Werte einer behäbigen »Spießer-Ideologie« (Hermann Glaser). Zu diesem romantischen Konzept der gefühligen Versicherung gehört nun verstärkt der Rückbezug auf jene imaginären Weltkarten, in die von den Entdeckungsreisenden des 17. und 18. Jahrhunderts bereits Bilder von fernen »Wilden« eingeschrieben wurden. Vorstellungen von Indianern, Eskimos und Negerstämmen, die als archaisch-imaginäre Figuren längst in christlichen »Schöpfungsgeschichten« und abendländischen »Kosmogonien« vorhanden waren.

So wird Neues integriert, in dem es klassifiziert und ideologisiert wird, zumeist als Anderes und Fremdes – hier nicht in wissenschaftlicher, dafür in poetischer Form. Europäisches Bewusstsein entsteht so gerade auch in der Romantik als eine ästhetische Differenzkonstruktion: als autopoetische Einheit gegenüber der Welt »da draußen«.

Durch das Reisen und die Reiseliteratur wird dieses eurozentrische Weltbild teils ergänzt, teils neu erfunden. Das betrifft auch das europäische Zentrum selbst, dessen Topografie sich mittlerweile verändert hat. Nicht die Mittelmeerregion als Raum des »europäischen Ursprungs« aus Antike und Klassik bildet mehr den Mittel- und Fluchtpunkt, sondern die west- und mitteleuropäische Region, wo England, Frankreich und allmählich auch Deutschland nun den Kern der Zivilisation verkörpern. Einer Zivilisation, die sich durch ihr neues Logo »Fortschritt und Industrie« auch kulturell von der klassischen Antike emanzipiert hat.

Zugleich jedoch entfaltet sich ein überaus reflexiver Zug in dieser europäischen Reisekultur, der Reisen stärker auf das Individuum bezogen und als ein Mittel der Selbsterfahrung verstanden wissen will. Dieses Bildungsmotiv ist schon durch Johann Wolfgang von Goethe verbürgt, der 1766 auf seiner Italienischen Reise niederschrieb: »Ich mache diese wunderbare Reise nicht, um mich selbst zu betrügen, sondern um mich an den Gegenständen kennen zu lernen.« Doch wird nun fast schon im Stil der modernen Ethnologie intensiver darüber nachgedacht, ob und wie die Begegnung mit neuen und unbekannten Dingen auch eine Konfrontation mit einem neuen Ich bedeuten kann. Daraus entwickeln sich die Reisemodelle des Bürgertums, bei dem neben der Bildungs- und Bäderreise nun die Städtereisen hoch in Kurs stehen. Insbesondere nach Paris, zu den großen Massenvergnügen zwischen Varieté und Theater oder auch – etwas intellektueller – zu den Schauplätzen der Geschichte, etwa der Französischen Revolution. Umgekehrt führt die Reise in die Moderne nach London, in die erste industrielle europäische Metropole, die um 1800 mit einer Million Einwohnern bereits eine Art »Welthauptstadt« ist.

Dieses London erschlägt die Zeitgenossen schon durch seine bloße großstädtische Masse und Wucht. 1807 blickt ein englischer Besucher von Saint Pauls über die Stadt: »Es war ein Anblick, der mir Scheu einflößte und mich melancholisch machte. Ich sah hinunter auf die Einwohner, auf eine Million menschlicher Wesen; an diesem einzigen Ort waren mehr Reichtum, mehr Glanz, mehr Erfindungsgabe, mehr weltliche Weisheit, und ach! mehr weltliche Blindheit, Armut, Verderbtheit, Unredlichkeit und Erbärmlichkeit zusammengeballt als an irgendeinem anderen Ort der ganzen bewohnbaren Erde.«[28] In demselben bestürzt-faszinierten Ton etwas später Heinrich Heine: »[...] noch immer starrt in meinem Gedächtnisse dieser steinerne Wald von Häusern und dazwischen der drängende Strom lebendiger Menschengesichter mit all ihren bunten Leidenschaften, mit all ihrer grauenhaften Hast der Liebe, des Hungers und des Hasses. [...] Dieser bare Ernst aller Dinge, diese kolossale Einförmigkeit, diese maschinenhafte Bewegung, diese Verdrießlichkeit der Freude selbst, dieses übertriebene London erdrückt die Phantasie und zerreißt das Herz.«[29]

Angesichts des bürgerlichen Reisefiebers jedenfalls notiert Jean Paul 1825: »Von den Luftschiffen an bis zu den Dampfschiffen und Schnellposten beweiset es sich, daß Europa jetzo unterwegs ist und eine Völkerwanderung der anderen begegnet. Zuhause sitzen nur wenige. [...].«[30] Das ist wohl ein wenig übertrieben, drückt jedoch das zeitgenössische Aufbruchsgefühl aus. Eine Stimmung, die eine gleich doppelte Sinnlichkeit in sich trägt: zum einen die Idee der physischen Erweiterung des Körper- und Bewegungsgefühls durch das Reisen und zum andern die Vorstellung der menschlichen Begegnungsmöglichkeiten, die nun unglaublich erweitert scheinen in sozialer und kultureller, in geografischer und ästhetischer Hinsicht. Dahinter steht die Idee einer Neugestaltung des Menschen wie der Landschaft durch Bewegung und Erfahrung. Phänomene und Erfahrungen der Reise werden in ein Nacheinander geordnet, also in der Reihenfolge ihres Auftretens kognitiv verarbeitet. Und dieser Verarbeitungsmodus modelliert die Gegenstände und ihre Anordnung neu: Sie werden nun anders wahrgenommen.

Mit der modernen Reisekultur entwickelt sich so ein Wahrnehmungsschema, das Ausgangspunkt und Zielpunkt der Reise als Koordinaten nimmt, zwischen denen sich die Abfolge von Tagen und Stationen als ein eher unkonturierter Zwischen-Raum darstellen. Erst die Unterbrechung, die Pause macht diesen Zwischen-Raum zum »Ort«. Es ist also die Bewegung des Reisenden selbst, die räumliche Zusammenhänge produziert und strukturiert, nicht der amorphe Raum. Und da das Reisen eine passagenhafte Bewegung verkörpert, linear, aber nicht gleichförmig, voller Wechsel und Übergänge, produziert diese Bewegungsform nun auch eine passagenförmige Schreib- und Erinnerungskultur: die des Episodischen, des Narrativen, des Tagebuchhaften.

Nationalisierung des Raumes

Bisher waren alle Bewegungsarten wie Gehen, Reiten, Reisen per Kutsche oder auch Schiff orientiert am »menschlichen Maß« von Raum und Geschwindigkeit. Mit der Postkutsche etwa kam man so täglich rund 30–40 Kilometer voran, viel mehr war physisch wie logistisch nicht möglich. Nun beginnt sich dieses Maß zu verändern, es findet eine fast dramatische Beschleunigung des Reisens statt. Denn die Eilkutsche, die »Diligence«, kommt mittlerweile mit über zehn Stundenkilometer Durchschnittsgeschwindigkeit so rasch voran wie bisher nur Reiter. Damit nähert sie sich einer »natürlichen« Grenze der Transportgeschwindigkeit an, die ohne technische Neuerungen kaum über 15 Stundenkilometer zu steigern ist. Als »Schnellpost« wird sie ab 1821 zur Grundlage eines neuen europäischen Postsystems. Während man vorher von Frankfurt am Main nach Stuttgart noch 40 Stunden Reisezeit rechnen musste, fährt man ab 1822 im Eilwagen nur noch 25 Stunden.[31] Dieser Fortschritt wird ermöglicht durch die weiter verbesserte Chausseebautechnik, die bereits realisiert, wie wichtig künftig die

Frage der Unterlage und Fahrbahn für jedes schnellere Verkehrsmittel sein wird. Daneben wirken auch Verbesserungen im Kutschenbau und eine noch effektivere Organisation der Logistik mit: kürzere Laufzeiten der Pferde, höhere Abschnittsgeschwindigkeiten und kürzere Pausen.

Nochmals ergeben sich damit neue Vorstellungen von Pünktlichkeit und Geschwindigkeit, weil Boten- und Reisepost zusammengelegt und dem Postverkehr in vielen europäischen Ländern nun nach französischem Vorbild feste Vorgabezeiten gemacht werden. Die Postzeit wird als Transport- und Kommunikationsgeschwindigkeit damit ein internationales Zeitformat. Fast wie nebenbei ist dadurch auch eine neue Grundlage für das Zeitungswesen geschaffen. Mit der Entwicklung von Öffentlichkeit und Publikum, mit neuer Drucktechnik und mit der Möglichkeit des regelmäßigen und rascheren Postversands entstehen rasch regionale wie nationale Tageszeitungen und Leserschaften. Denn mit der Durchsetzung von Schnellpresse und Lithografie nach 1814 können hohe Auflagen von 50 000 Exemplaren und mehr in kurzer Zeit gedruckt werden.[32] Durch den sich ständig erhöhenden und beschleunigenden Informationsbedarf dieser Zeitungen wiederum kommt es bald zur Gründung der ersten Presseagenturen: 1832 Havas in Paris, 1848 Wolff in Berlin, 1851 Reuter in London. Ab 1846 beginnt dann mit der Einführung der Rotationsdruckmaschine in Frankreich, England und Deutschland das Zeitalter der modernen Massenpresse.

In dieser Zeit gehen die Industrialisierung der Produktion und die Entstehung nationaler wie internationaler Märkte und Kommunikationssysteme schon deutlich Hand in Hand. Ein Netz von Fernstraßen, schiffbaren Flüssen und neuen Kanalsystemen entsteht nach England nun auch in Frankreich und in deutschen Regionen. Um 1835 gibt es auf dem Gebiet des späteren Deutschen Reiches bereits 25 000 Kilometer Straße und 3000 Kilometer Binnenschifffahrtsweg auf Flüssen und Kanälen. In mancher Hinsicht entwickelt das deutsche Verkehrssystem sogar eigene Vorzüge, denn sein ständiger Kritiker Ludwig Börne meldet aus dem französischen Chalon empört nach Hause: »In Deutschland findet der Reisende auf jeder Post Kutschen, die ihn von Station zu Station führen. Hier aber hat die Post zu diesem Gebrauche nur zweiräderige bedeckte Wagen, die nicht in Federn hängen, uns leicht die Seele aus dem Körper schleudern und nicht einmal Platz haben, einen Koffer aufzupacken. [...] Ich war an diesem Tage ganz gewiß der verdrießlichste Mensch in ganz Europa, und war schwach genug zu überlegen, was besser sei, Preßfreiheit ohne Retourwagen, wie in Frankreich, oder Retourwagen ohne Preßfreiheit, wie in Deutschland.«[33]

Der Raum öffnet sich also in verkehrstechnischer wie in sozialer Hinsicht durch mehr, neue und durch schnellere Mobilität. Zugleich jedoch wird er durch Markt und Nationalstaat aber auch politisch wie symbolisch neu geordnet. Und dieser nationale Zuschnitt, den »die Welt« in Europa dabei erfährt, ist in seinen Auswirkungen auf die menschlichen und gesellschaftlichen Raumhorizonte jedenfalls dramatisch. Denn erst jetzt werden die nationalen Territorialgrenzen politisch-militärisch wie symbolisch tatsächlich installiert und gesichert. Vorher war es meist eine »Kontrolle im Raum«, die Reisende auf Landstraßen, an Stadttoren, in Gast- und Rathäusern erfuhren. Nun wird die Grenze tatsächlich zur fixierten und kontrollierten Linie in der Landschaft, die mittels natürlicher wie polizeilicher Hindernisse den Raum zerschneidet und trennt, Menschen ein- wie ausschließt. Sie wird nun zum permanenten »Ort im Raum«, fixiert als Kontrollerfahrung an jedem Punkt, an dem man diese Grenzlinie überqueren will. Auch die Einführung nationaler Währungen – in Deutschland bekanntlich sehr spät, erst 1871 – verstärkt diese Nationalisierung der Raumerfahrung, die begleitet wird durch jene Erfindung »nationaler« Landschaften, Baustile, Sprachräume und Atmosphären. So wird die verkehrsmäßige und ökonomische Entgrenzung des Raumes durch eine symbolische Begrenzung begleitet, die ihn nationalisiert und zugleich naturalisiert: Er sieht nunmehr regelrecht »deutsch« oder »englisch« aus, ein gleichsam biologisch wie kulturell infizierter »Mutterboden«.

Mit Schnellpost und Dampfschiff, mit Telegraf und Tageszeitung wird »Geschwindigkeit« in den 1820er Jahren nun ein neues gesellschaftliches Handlungs- und Wahrnehmungsphänomen: ein neues »Zeitportal« in den Raum. Zugleich werden mit entsprechenden Texten und Bildern in der Massenpresse auch die dazugehörigen kulturellen Modelle sehr rasch verbreitet. Ab jetzt entwickeln sich die physische Geschwindigkeit von Menschen und Waren und die mediale Geschwindigkeit von Nachrichten und Wissen im Gleichschritt, ja sie bedingen einander! Es ist eine erste Revolution der gesellschaftlichen Transport- und Kommunikationsmittel, die durch die erhöhte Präzision und Koordination der gesellschaftlichen Zeitschemata eine wesentliche Beschleunigung der gesellschaftlichen Austauschverhältnisse erreicht: von Waren und Informationen, von Ideen und Menschen. Dabei wird bereits die Wirkung des kapitalistischen Grundgesetzes spürbar, das kategorisch eine Ausdehnung der Märkte fordert, die nur durch eine erhöhte Transportgeschwindigkeit zu erreichen ist: Räumliche Ausdehnung setzt zeitliche Verkürzung voraus. Adelbert von Chamisso, Dichter und Naturforscher, hat dies bereits vorausgesehen. Sein Peter Schlemihl wandert in Siebenmeilenstiefeln von Pol zu Pol, durch eine entgrenzte und begehbare Welt, die dem Reisenden und Wissenden bereits »globalisiert« erscheint: als *eine* Welt nämlich.

Allerdings wird diese Verkehrs- und Kommunikationsrevolution auch aus der ökonomisch-sozialen Krise geboren. Nach 1800 beginnen fast alle europäischen Gesellschaften in ihren Bevölkerungszahlen rascher zu wachsen, in Deutschland von 1800 bis 1835 allein um sieben auf über 30 Millionen Menschen, in England von knapp neun auf fast 17 Millionen bis 1851. Diese »Bevölkerungsexplosion« hat ihre Ursache in einem komplizierten Zusammenwirken besserer Ernährungsbedingungen, erhöhter landwirtschaftlicher Produktivität und mentaler Veränderungen. Gleichzeitig steigen überall die Agrarpreise, kaum jedoch die Zahl der Beschäftigungsmöglichkeiten und die Löhne. Massenhafter »Pauperismus« ist eine Folge davon, insbesondere in den »protoindustriellen« Übergangsregionen zwischen Landwirtschaft und früher Industrie, wo sich chronisch arbeitslose und zunehmend landbesitzlose Familien mühsam in verlagsförmig organisiertem Textilhandwerk durchzuhungern versuchen, wie in vielen Gegenden Irlands, Deutschlands, Frankreichs oder der Schweiz. Eine andere Folge und zugleich Überlebensstrategie ist die rapide zunehmende Arbeitsmigration in die Städte und – als letzter Ausweg – auch in die Emigration. Allein aus Deutschland wandern zwischen 1815 und 1835 über 400 000 Menschen in die USA, aber auch nach Russland aus.

Eisenbahn: Ein starker Auftritt

Zu viel Neues tritt nun in zu dichter Folge auf, als dass das einzelne Ereignis überhaupt noch hinreichend wahrgenommen werden könnte. Eines jedoch ragt mit seiner ungewöhnlich durchschlagenden und nachhaltigen Wirkung auf die Zeitgenossen dennoch heraus: der Auftritt der Eisenbahn. Sie scheint nun die tatsächliche Verkörperung der »neuen Zeit«.

Freilich auch sie nicht gleich und nicht ohne Vorlauf. Bis die Dampfmaschine entwickelt und durchgesetzt war, die in ihren Anfängen an schlechter Energieumwandlung, an Rohstoffbeschaffungsproblemen und an ihrer unflexiblen Einsatzmöglichkeit krankte, waren Jahrzehnte vorübergegangen. Daher blieben Wasser-, Wind- und Pferdekräfte an vielen Standorten vorerst sinnvolle und rechenbare Alternativen. Auch war die Dampfmaschine wegen ihrer Größe und ihres Gewichts zunächst nur als Antriebsmöglichkeit für Schiffe in Betracht gezogen worden, bis die französische Regierung die neue Technologie für den Geschütztransport zu Lande nutzen wollte. Damit war endgültig eine Entwicklung in Gang gesetzt, die vor 1800 bereits zum Einsatz von Dampfmaschinen in englischen und russischen Bergwerken führte. Im Jahr 1804 befuhr ein erstes Dampfautomobil englische Straßen, um 1830 waren es bereits 100 und auch Schienen waren als eisenbeschlagene Holzbohlen längst aus dem Bergbau bekannt. 1825 nahm dann die erste Gütereisenbahnlinie von Stockton nach Darlington ihren Betrieb auf.

Nun jedoch, im Jahre 1830, wird endgültig die erste Personenbahnlinie zwischen Liverpool und Manchester in Betrieb genommen. Seit einem Jahr verkehrt bereits die erste US-amerikanische Eisenbahn in Baltimore, und 1835 folgt in Belgien die Strecke zwischen Brüssel und Mecheln. Im selben Jahr startet auch die »Ludwigsbahn« auf der Strecke von Nürnberg nach Fürth. 1839 folgt die Linie von Leipzig nach Dresden, die dann die entscheidenden Impulse gibt für die Entwicklung eines Eisenbahnnetzes im deutschen Raum.

An diesen ersten europäischen Bahnauftritten lässt sich bereits erkennen, welche ungeheuere Dynamik in Gang kommt. Manchester und Liverpool sind aufstrebende Industrie- und Handelszentren mit über 100 000 Einwohnern, nur 50 Kilometer voneinander entfernt. Auf der Mautstraße zwischen ihnen verkehrten bis dahin täglich 30 bis 40 Postkutschen mit 400 bis 700 Passagieren und einer Fahrtzeit von knapp vier Stunden. Die Eisenbahn befördert auf dieser Strecke nun bereits im ersten Jahr rund 1000 Passagiere pro Tag, zudem billiger, bequemer und in knapp der halben Fahrtzeit. Kaum anders der deutsche Fall: Nürnberg und Fürth sind zwar mit 50 000 bzw. 17 000 Einwohnern kleiner, doch ebenfalls im gewerblich-industriellen Aufschwung und in unmittelbarer Nachbarschaft. Eine frühe Verkehrszählung aus dem Jahr 1833 besagt, dass zwischen ihnen jährlich 600 000 Personen unterwegs waren, davon 400 000 zu Fuß. Nun legt die Lokomotive mit neun Wagen die Strecke in dreizehn Minuten zurück und transportiert bereits im ersten Betriebsjahr 470 000 Passagiere.[34]

Was sich da »Eisenbahn« nennt, ist in den Jahren um 1830 allerdings oft genau dies: eine Bahn auf Eisenschienen, deren Wagen vielfach auch noch von Pferden gezogen werden. Die »Eisenbahn« als ein mit Dampf- oder Elektrokraft betriebenes Verkehrsmittel, wie wir das heute selbstverständlich assoziieren, wird erst allmählich zur Regel. Denn bis dahin fallen auch noch alle Kinderkrankheiten des neuen Verkehrssystems an. Die Konstruktion der Dampfmaschinen ist im Blick auf Materialien, Mechanik und Antrieb immer noch im experimentellen Stadium, der Brennstoffverbrauch enorm hoch und die Zugleistung sehr gering. Steigungen müssen vielfach noch mit zusätzlicher Zughilfe von stationären Dampfmaschinen bewältigt werden. Und die Lokomotiven selbst, unter anderem die legendäre »Rocket« des ersten industriellen Lokomotivfabrikanten der Welt in Newcastle, George Stephenson, erreichen mit dem neuartigen Prinzip der Röhrenkessel bereits eine

Geschwindigkeit von 25–30 Stundenkilometer – wenn sie denn laufen. Deshalb werden auf vielen Strecken ergänzend Pferdebahnen weiter betrieben. Entscheidend ist nun aber auch die Entwicklung der »Eisenstraße«, des spurführenden und absolut niveaugleichen Schienenprinzips also, das der »Eisenbahn« auch in fast allen Sprachen der Welt ihren Namen gibt. Nach den zunächst nur wenig tragfähigen gusseisernen Schienen ermöglichen hier Materialverbesserungen wesentlich größere Zuglasten und höhere Geschwindigkeit. So ist der Sieg der mobilen Dampfkraft erst dann vollendet, als Maschinenprinzip und Schienenprinzip systematisch miteinander verbunden sind in der Eisenbahntechnologie.

Die ersten Vorstellungen der Eisenbahn erregen ungeheures Aufsehen in der Bevölkerung. Die Wucht und Kraft der Maschinen, die Geradlinigkeit des Schienenwegs und die Geschwindigkeit der Bewegung, dazu die dichte optische und akustische Szenerie des Dampfes, der Rotation und des Rollens schaffen völlig neue sinnliche Eindrücke. Dabei ist die Funktionsweise dieser neuen Technik dem Publikum weithin fremd. Das macht das Phänomen noch geheimnisvoller und attraktiver, so dass sich die ersten Eisenbahnauftritte wie moderne Events gestalten. Gerüchte und Presseberichte, orale und mediale Kommunikation wirken hier zusammen und lassen sie tatsächlich zu »großem Theater« geraten, zum kulturellen Ereignis und zum ästhetischen Erlebnis.

Dabei bezieht sich dieses Staunen natürlich nur auf das große Publikum. Im kleinen Kreis der Experten und Protagonisten, die in diesem Verkehrsmittel bereits seit längerem nicht nur die Zukunft des Verkehrs selbst verkörpert sehen, sondern die der Gesellschaft schlechthin, ist man sich der sensationellen Wirkungen schon vorher sicher. In Deutschland sind es Staatsbeamte, Kaufleute und frühe Unternehmer wie Joseph Ritter von Bader, Friedrich Harkort oder Friedrich List, die visionär denken und versuchen, die Königshäuser und Regierungen für ihre Fortschrittspläne zu gewinnen. Auch wenn die staatliche Unterstützung oft eher widerwillig gegeben wird, ganz selten auch nur in Form von Kapital, ist sie zumindest aus zwei Gründen dennoch wichtig: zum einen, weil es sich bei der Eisenbahninvestition im damaligen Verständnis um »Risikoinvestitionen« handelt, für die der Staat zumindest eine symbolische

Garantie übernehmen soll; zum andern wird der Eisenbahnbau in Konzept und Wirkung zunehmend auch ein politisches Projekt. Die meisten europäischen Regierungen kontrollieren bereits die Trassenführung, den Betrieb und die Tarife durch ihre Konzessionspolitik. So entstehen zunächst fast überall von Aktiengesellschaften betriebene Privatbahnen, die jedoch staatlicher Kontrolle unterliegen. Diese Kontrolle entwickelt allmählich feste Standards und Prüfverfahren, die ab den 1830er Jahren dann in nationalen Eisenbahngesetzen festgeschrieben werden.

Bei diesem Siegeszug der Bahn spielt eine entscheidende Rolle, dass mit der mobilen Dampfmaschine zugleich auch eine Technikmythologie entwickelt wird, in der die Eisenbahn das stärkste Zugpferd des Fortschritts verkörpert und der Ingenieur dessen kühnen Reiter. Populäre Bilder und Visionen werden entworfen, welche die vielfältigen Bedenken und Distanzen gegenüber der neuen Technologie allmählich beiseite räumen und damit die eigentliche Erfolgsgeschichte der Dampfkraft begründen. Fast mehr noch als das technische Prinzip wird hier das ideologische Konzept zum Schlüssel des Erfolgs. Denn zwei Umstände kommen den Technikpropagandisten hier zu Hilfe: zum einen der Übergang vom bisherigen Modus des Mechanikwissens zum neuen des Technik- und Ingenieurswissens, dessen Leistungsfähigkeit sich gerade in diesen Jahren auch in einer zielstrebigen symbolischen Konstruktivität manifestiert – etwa in den neuen, kühnen Brücken und Gebäuden aus Stein und Stahl; zum anderen werden dieses Wissen und seine materiellen Ergebnisse nun tatsächlich »nationalisiert«. Technisches Wissen und technische Produkte helfen dabei, spezifisch nationale Fortschrittsmythologien zu begründen wie jene Attribute des »Made in England« oder der »Deutschen Technik«. Oft genug wird dabei hemmungslos in Besitz genommen, was man gar nicht selbst erfunden hat. So gilt das Fahrrad zunächst als »englische Technik« und das Auto als »französische Erfindung«, weil die nationalen Medien und Reklamen dies suggerieren. Aus diesem permanenten technischen Vergleich und dem symbolischen Wettkampf entstehen wesentliche Energie- und Entwicklungspotentiale, die nun in den europäischen Gesellschaften den industriellen »Take off« auslösen. Daraus erwächst eine ungeheure Dynamik für die Politik- wie die Wirtschaftsgeschichten vor allem Englands, Frankreichs und Deutschlands, die auch in den Medien nur noch in konkurrenzhaften Komparativen beschrieben werden: besser, größer, schneller ...

In Deutschland tritt Friedrich List mit besonderem Nachdruck für die Einführung des neuen Verkehrssystems ein, weil er damit räumliche wie politische Grenzen fallen sieht. Seit langem engagiert er sich daher für den Deutschen Zollverein, den er zusammen mit der Eisenbahn nun als »siamesische Zwillinge« der nationalen Einigung betrachtet. Politisch realitätsnah stellt er sich die Eisenbahnkarte Deutschlands polyzentrisch vor, analog zur Vielfalt des deutschen Staatensystems. 1834 dann entsteht dieser Deutsche Zollverein, ab 1835 verkehrt die Eisenbahn zwischen Nürnberg und Fürth: List ist also erfolgreich – jedenfalls nach deutschen Maßstäben. England und die USA sind schon viel weiter, Frankreich wiederum bewegt sich eher im deutschen Tempo. Bis 1843 entstehen dort nur einige kleine Gütertransportlinien, erst dann werden die beiden Strecken Paris – Rouen und Paris – Orléans eröffnet. Der Ausbau der nationalen Hauptverbindungslinien zur Küste und zu den Landesgrenzen hin folgt ab 1852, auch hier und ähnlich wie in Belgien als ein radiales System um das Zentrum Paris. Nach englischem Vorbild werden eigene Lokomotiven und Wagonsysteme gebaut, dazu bald auch aufwändige Repräsentationszüge für die Präsidenten der »Grande Nation«.

Den Anschluss an diese europäische Entwicklung verlieren vor allem manche Staaten Osteuropas. Weil sich dort, behindert durch feudale Traditionen, die Reformen in der Landwirtschaft ebenso langsam in Gang setzen wie die Industrie- und Stadtentwicklung, wiegt die Entfernung zu den dynamischen westeuropäischen Märkten und Verkehrsnetzen doppelt schwer. Auch der entscheidende wirtschaftliche Effekt des Eisenbahnsystems, nämlich die rasante Senkung der Transportkosten für Massengüter, kommt dort noch kaum zum Tragen und entwickelt daher auch wenig wirtschaftliche und technologische Schubeffekte. Russland insbesondere gerät in dieser ersten Hälfte des 19. Jahrhunderts immer stärker in eine Randlage, die – geopolitisch bereits vorgegeben – nun infrastrukturell verstärkt wird. Hier stellt die Weite des

Raumes zunächst offensichtlich keine Herausforderung an die Verkehrs- und Infrastrukturentwicklung dar wie etwa in den USA, sondern scheint diese eher zu lähmen. Das spiegelt sich in der Entwicklung des russischen Eisenbahnnetzes deutlich wider, das im Jahr 1845 gerade 144 Kilometer umfasst. Um 1850 entfallen von den weltweit rund 39 000 Eisenbahnkilometern mehr als drei Viertel allein auf vier Länder: 14 500 auf die USA, 10 700 auf Großbritannien, 6000 auf Deutschland und 3000 auf Frankreich. Längst ist der Eisenbahnbau auch mit der Idee einer neuen politischen Raumordnung Europas verbunden. Denn er treibt im Resultat die Nationalisierung von Gesellschaften ebenso intensiv voran wie umgekehrt die Internationalisierung von Handels- und Marktbeziehungen. Damit verkörpert er eines der großen Vergesellschaftungsprojekte der Moderne: Er verteilt Menschen und Ideen, Nachrichten und Waren, Lebensstile und Kulturmuster über den gesamten europäischen Kontinent.

Deutschland bleibt zunächst ein Sonderfall – weil es »Deutschland« noch gar nicht gibt. Die vielen Einzelstaaten und die vielen Grenzlinien auf dem späteren Reichsgebiet sind wesentlich dafür verantwortlich, dass es in der Epoche der Entwicklung des modernen Straßen- und Eisenbahnwesens seine ganz eigene Topografie und sein eigenes Landschaftsgesicht erhält. Vielfach ist dieses Gesicht bereits vorgeprägt durch den Routenverlauf der Postlinien, die im späten 18. und frühen 19. Jahrhundert durch die Chaussierung durchaus dauerhaft gestaltende Kraft gewonnen und viele regionale Knotenpunkte in einem polyzentrischen Netz geschaffen haben. Wie diese Postlinien schmiegen sich nun auch die neuen Eisenbahnlinien eher den geografischen und politischen Grenzen an, als dass sie diese überbrücken oder durchstoßen. Ihr Verlauf ist kurvig, oft in mäandernde Schleifen gelegt, nimmt viele Umwege in Kauf – statistisch die meisten in Europa. So verstärkt ihre Streckenführung häufig noch politische oder geografische Grenzeffekte, am markantesten wohl entlang des Rheins, wo Staatsgrenze und Flussbett, Straßenführung und Eisenbahnstrecke sich manchmal zu einer vierfach markierten Grenzlinie aufbündeln. Die Lokomotiven und Wagen kommen zunächst überwiegend aus englischer und US-amerikanischer Produktion, ab 1837 entsteht mit Borsig in Berlin, mit Maffei bei München und weiteren Standorten allmählich eine eigene deutsche Wagen- und Lokomotivenproduktion. Erst nach der Jahrhundertmitte wird diese regionalistische Standort- und Netzstruktur in dem Maße national geöffnet, wie sich stärkere wirtschaftliche und politische Kooperationsformen ausbilden.

Belgien wiederum, 1831 gerade erst zum selbstständigen Königreich geworden, nutzt den Entwicklungsschub der Eisenbahn bereits zu einem nationalen Industrialisierungsprogramm. Nach englischem Vorbild werden industrielle Leitsektoren auf der Basis eigener Kohlevorkommen und deren Nutzung durch Dampfkraft entwickelt, zudem Kanal-, Straßen- und Eisenbahnbau miteinander verbunden, um moderne Infrastruktur und einen nationalen Markt herzustellen. Bereits kurz nach der Jahrhundertmitte verfügt Belgien nicht nur über das dichteste Eisenbahnnetz des Kontinents, das freilich sehr kopflastig auf Brüssel ausgerichtet ist, sondern auch über ein beachtliches industrielles Wachstumstempo, und über 60 Prozent seiner Einwohner leben bereits in Städten – ein europäischer Rekord. Nicht von ungefähr gilt das Königreich daher »als der erste Industriestaat des europäischen Kontinents«.[35]

Ikonografie des Technischen

Nirgendwo in Europa ist um diese Mitte des 19. Jahrhunderts allerdings auch die Landschaft bereits soweit »industrialisiert« wie in Belgien: in der Fläche wie der Tiefe aufgerissen durch Gruben und Schächte, zerschnitten durch Kanäle und Eisenbahntrassen, verbraucht durch Fabrikanlagen und städtische Auswucherungen. Allerdings beunruhigt dieses ökologische Schreckensszenario damals offenbar nur wenige, denn so scheint sich nun eben die moderne »industrielle Welt« zu präsentieren. Wer sie sehen will, braucht nun nicht mehr den weiten Weg nach England zu nehmen, sondern kann hier dieselben Seh- und Sinneseindrücke finden. »Unterwegs noch eine schöne Dampfmaschine auf einem Kohlberge besehen«, notiert ein Belgien-Reisender 1828 in seinem Tagebuch, ganz offensichtlich fasziniert von dieser eigenen industriellen Ästhetik der Kohlenhalde.[36]

Hier wie in zahllosen anderen Dokumenten tritt ganz das umgestaltende Moment der Industrialisierung in den Vordergrund der Wahrnehmung, jener radikale Umbau von Gesellschaft und Landschaft, der auch entsprechende Sinn-Motive prägt: die Fortschrittswucht von Maschinen und Technik, das Verbindende der Eisenbahnlinien und Brücken, das Geometrische und Dynamische der Fabrikanlagen, die Helligkeit und Lebendigkeit der neuen Stadtviertel. Und diese Faszination ergreift keineswegs nur die Wirtschaftsbürger. In der englischen wie der deutschen Malerei finden sich seit den 1820er Jahren vielmehr reichlich Beispiele dafür, wie uns düster erscheinende Eisenwerke oder Fabrikquartiere umstandslos im Genre »pittoreske Ansichten« rubriziert werden, wie also das Eiserne und Stählerne ästhetisch durchaus dem Poetischen und Auratischen zugeordnet wird.

Tatsächlich wird vieles an dieser neuen Welt auch deshalb als schön empfunden, weil es die Ästhetik der neuen Werkstoffe und eine neue Formgebung repräsentiert, weil es funktioniert und – oft – Arbeit schafft, natürlich auch weil es Besitz und Ertrag bedeutet. Unternehmer lassen sich vor dem Hintergrund ihrer Fabrik porträtieren, über der Schulter die rauchenden Fabrikschornsteine als Ausweis von Prosperität und in den Augen den Stolz des »unternehmenden« Bürgers. Alfred Krupp schreibt 1867 anlässlich der gehabten Pariser Weltausstellung über neue Werbefotografien seiner Werke: »Ich denke nämlich, dass die kleinen Photographien vollkommen im Allgemeinen ausreichen, daneben wünschte ich aber in größtem Maßstabe eine oder besser zwei Ansichten mit Staffage und Leben auf den Plätzen, Höfen und Eisenbahnen. [...] Es ist nachtheilig, wenn zu viel Dampf die Umgebung unklar macht, es wird aber sehr hübsch sein, wenn an möglichst vielen Stellen etwas weniger Dampf ausströmt.«[37]

Längst gibt es eine eigene Ikonografie des Industriellen, die sich an dessen Leitsymbolen von der Lokomotive bis zur Fabrikhalle festmacht und eine deutliche Tendenz zur Überhöhung und Pathetisierung des Technischen entwickelt. Maschinen und Geräte werden in ihrer skulpturhaften Gestalt wahrgenommen, und der

Kathedralenstil von Fabrik- und Bahnhofsbauten zitiert sakrale Traditionen. Durch Anleihen bei Kunst und Religion und durch deren auratische Wirkung wird beim Publikum ein andächtiges Staunen erzeugt, das bewusster Effekt der frühen industriellen Repräsentationsstrategie wird. Denn Repräsentation meint hier vor allem auch ein ästhetisches Konzept sozialer Selbstdarstellung, dessen Bilder Ökonomie und Kultur, Kapital und Persönlichkeit in einer Weise zu verbinden suchen, wie es in der vorindustriellen Gesellschaft selten möglich war. Dort verhinderten beschränkte Wirtschaftsformen und religiöse Grundeinstellungen lange Zeit solche Formen unternehmerischer Selbst-Repräsentation. Nun sind Vorhaben, Leistung und Figur des kapitalistischen Unternehmers präsentabel – wie seine Werke und durch seine Werke.

Für den Auftritt der Eisenbahn gelten etwas andere Regeln, denn sie verkörpert etwas Neues. Zwar knüpft auch sie ästhetisch wie argumentativ an Bildern und Erfahrungen älterer Verkehrsmittel wie der Kutsche an, um den Menschen mit vertrauten Modellen den Übergang zu erleichtern. Doch muss sie zugleich auch den Unterschied und ihre neue Qualität dadurch deutlich machen, dass sie von Anfang an nicht als ein sozial exklusives Reise- und Bewegungsmodell daherkommt, sondern vielmehr als ein Transportmittel, das fast demokratische Charakterzüge zu besitzen scheint: Die Eisenbahn will für alle da sein. Das versprechen allein schon ihr Preisniveau, das im Streckenvergleich immerhin um 10 bis 30 Prozent billiger ist als Postkutsche oder Schiff, und ihre gewaltige Transportkapazität. Zudem ist das Zugfahren bequemer, berechenbarer, sicherer und vor allem natürlich schneller als alle anderen Transportsysteme. Sein Tempo und seine Reisezeiten werden nun zum Standard von Verkehr und Mobilität überhaupt. Damit verdrängt die Eisenbahn in relativ kurzer Zeit das europäische Postkutschensystem als Massenverkehrsmittel. Und sie löst auch andere neue Verkehrssysteme bereits wieder ab: »Die Postdampferlinie zwischen Stettin und Sankt Petersburg, noch in den fünfziger Jahren bei weitem die beste Verbindung zwischen der preußischen und der russischen Metropole, ist nach Vollendung der Bahnlinie Eydtkuhnen–Sankt Petersburg eingegangen.«[38]

Angesichts dieser rasanten Karriere finden sich lediglich anfangs einige mokante Kommentare, die das neue Verkehrsmittel zu einer Spielerei betuchter Bürger erklären wollen. Auch sind geistvolle Sätze deutscher Adeliger und Landesfürsten überliefert, die bereits ahnen, dass damit bald »jeder Schuster und Schneider« so rasch reisen könne wie sie selbst. Aus Prag meldet die »Rheinische Zeitung« 1842, Teile des dortigen Adels entrüsteten sich darüber, dass sich das Volk nun in einen eleganten Wagon setzen und damit schneller fahren könne »als sie, die ehemaligen Alleinfahrberechtigten mit ihren Vierspännern«.[39] Danach jedoch und mit dem Ausbau der Strecken versäumen es zeitgenössische Kommentatoren kaum mehr, immer wieder darauf hinzuweisen, dass das Zugabteil die Gesellschaftsgruppen noch stärker vermische als das Postkutschenabteil, trotz trennender Tarifklassen.

In Deutschland, wo eine ganze Reihe von Bahnlinien in den Jahren vor und während der Revolution von 1848/49 gebaut wird, erhält das neue Verkehrsmittel in einigen Regionen nicht zufällig den Beinamen »Demokratenexpress«. In Württemberg etwa, wo die erste Strecke eigentlich dem rascheren Truppentransport zwischen den beiden wichtigsten Garnisonsstädten Ludwigsburg und Ulm dienen sollte, wird die Eisenbahn stattdessen zu einem Vehikel »sozialer Bewegung«. Entlang ihrer Trasse finden 1848 zahlreiche Volksversammlung mit 10 000 und mehr Teilnehmern statt und Delegierte der politischen Vereine pendeln per Bahn zwischen den Städten hin und her. Wenn in Stuttgart das neue Parlament tagt, warten auf den umliegenden Bahnhöfen abends große Menschenmengen auf die Rückkehr ihrer Beobachter, die dann auf dem Bahnhofsvorplatz das Neueste aus den Landtagsdebatten berichten.[40]

Diese »revolutionäre« Tendenz der Eisenbahn hängt also mit der symbolischen Deutung wie der praktischen Nutzung des neuen Verkehrsmittels zusammen. Aber sie hat noch eine dritte Ursache: Der Bau der Eisenbahnstrecken führt nämlich überall in Europa zum ersten Mal wirklich große Massen von Arbeitskräften zusammen, die räumlich und örtlich konzentriert sind. An schwierigen Bauabschnitten sind auf wenigen Kilometern oft Tausende Arbeiter versammelt, weil die immensen Erdbewegungen für die Trassierung der Strecken noch fast ausschließlich in Handarbeit geleistet werden müssen. So werden diese Arbeitergruppen selbst oft Träger »sozialer Bewegung«, da ihre Arbeits- und Lebenssituation ständig verändert und neu organisiert wird, denn mit den Baustellen und den Streckenabschnitten »wandern« auch die Arbeiter durch immer neue gesellschaftliche Landschaften. Das schafft eine neue soziale und politische Organisationsfähigkeit.

Entscheidender freilich als alle unmittelbaren Erfahrungen und statistischen Zahlen sind die medialen Bilder und Deutungen, die das Auftreten der Eisenbahn begleiten. Um sich des neuen technischen Phänomens auch sprachlich und kognitiv bemächtigen zu können, wird die Eisenbahn anfangs als »Dampfross« beschrieben, ganz in der Metaphorik der traditionellen Verkehrsmittel. Auch die Eisenbahnwagen nennt Franz Grillparzer in seinem englischen Tagebuch 1836 noch »Kutschen«, die, eng »aneinandergedrängt«, den »Dampfwagen« erwarten.[41] Noch sind es technisch tatsächlich auch Kutschen, aber noch gibt es eben auch nicht das neue Wort »Wagon«. Nur allmählich entstehen neue Bilder, in denen die Eisenbahn als »Pfeil« oder »Projektil« im Raum beschrieben wird, gefasst also in einer Flug- und Tempometapher. Beides deutet an, wie sehr nun das Dynamische und Schnelle der Eisenbahn im Vordergrund der Wahrnehmung steht, zeigt freilich auch, wie dieses »Neue« immer noch der Begriffe des »Alten« bedarf. Doch dies aus gutem Grund, denn dadurch ermöglicht die Sprache »Anschlüsse« an vergangenes Wissen und Übergänge zu einem »Verstehen« des Neuen. Dass der junge Theodor Fontane 1845 sein Gedicht über die neue Maschinenkraft »Junker Dampf« betitelt, damit also auf die »edle« Herkunft und das elegante Auftreten der neuen Technologie anspielt, gehört ebenso dazu wie das Bild vom »schönen Ungeheuer mit dem Eingeweide voller Flammen und den Adern voll siedenden Wassers«[42], welches das eher archaische Wahrnehmungsmoment von Feuer und Dampf assoziiert. So fügen sich Dampfmaschine und Eisenbahn in vieler Hinsicht in jene Bewegungstopik ein, die vormodern längst besteht und in älteren Symbolen wie Wagen, Pferd, Schiff gefasst ist.

Geschwindigkeit als Transition

Dabei sind es die Zeitgenossen selbst, die nun von Geschwindigkeitsrausch und Wahrnehmungsrevolution sprechen. Wie Heinrich Heine, der 1843 als Augenzeuge über die Eröffnung der ersten französischen Eisenbahnlinien berichtet und damit einen der zentralen Texte zu einer Wahrnehmungsgeschichte der Moderne beisteuert: »Die Eröffnung der beiden neuen Eisenbahnen, wovon die eine nach Orléans, die andere nach Rouen führt, verursacht hier eine Erschütterung, die jeder mitempfindet, wenn er nicht etwa auf einem sozialen Isolierschemel steht. Die ganze Bevölkerung von Paris bildet in diesem Augenblick gleichsam eine Kette, wo einer dem andern den elektrischen Schlag mitteilt. Während aber die große Menge verdutzt und betäubt die äußere Erscheinung der großen Bewegungsmächte anstarrt, erfaßt den Denker ein unheimliches Grauen, wie wir es immer empfinden, wenn das Ungeheuerste, das Unerhörteste geschieht, dessen Folgen unabsehbar und unberechenbar sind. [...] So muß unsern Vätern zumute gewesen sein, als Amerika entdeckt wurde, als die Erfindung des Pulvers sich durch ihre ersten Schüsse ankündigte, als die Buchdruckerei die ersten Aushängebogen des göttlichen Wortes in die Welt schickte. Die Eisenbahnen sind wieder solch ein providentielles Ereignis, das der Menschheit einen neuen Umschwung gibt, das die Farbe und Gestalt des Lebens verändert; es beginnt ein neuer Abschnitt in der Weltgeschichte, und unsre Generation darf sich rühmen, daß sie dabei gewesen. Welche Veränderungen müssen jetzt eintreten in unserer Anschauungsweise und in unseren Vorstellungen! Sogar die Elementarbegriffe von Zeit und Raum sind schwankend geworden. Durch die Eisenbahnen wird der Raum getötet, und es bleibt uns nur noch die Zeit übrig. [...] Was wird das erst geben, wenn die Linien nach Belgien und Deutschland ausgeführt und mit den dortigen Bahnen verbunden sein werden! Mir ist, als kämen die Berge und Wälder aller Länder auf Paris angerückt. Ich rieche schon den Duft der deutschen Linden; vor meiner Tür brandet die Nordsee.«[43]

Heines Text ordnet die kognitiven wie mentalen Wirkungen der neuen Mobilität in einen weiten kulturgeschichtlichen Horizont ein, denn er begreift vollkommen die dramatischen Folgen dieser Entwicklung. Daher ordnet er ihr auch dramatische Metaphern zu: die »Erschütterung«, der »elektrische (!) Schlag«, das »Grauen«, die »Erfindung«, schwankende »Elementarbegriffe«, schließlich die »Tötung« des Raumes. Für ihn bedarf die Dramatik des Geschehens dieser dramatischen Bilder, um in ihrer Tragweite überhaupt begreifbar zu werden.

Allerdings ist die Metapher von der Tötung oder Vernichtung des Raumes keineswegs erst eine Erfindung Heines. Vielmehr steht dieses Bild in der Tradition einer Diskussion, die im Raum gewissermaßen einen Kontrahenten, einen Widerstand des Fortschritts sieht. Denn Raum bedeutet Weite und Dauer, Hindernis und Trennung. Um menschliche wie wirtschaftliche Entwicklung zu erreichen, muss dieser Raum daher domestiziert und strukturiert, er muss zum »Ort« werden. Im Zusammenhang der Erörterung elektromagnetischer Telegrafiesysteme führt Carl August Steinheit 1838 vor der Bayerischen Akademie der Wissenschaften als Zweck dieses Nachrichtensystems aus: »Denn so wie die Schrift den Laut des Moments fesselt, und der flüchtigen Zeit entzieht, so soll auch die größte Entfernung vernichtet werden, und der Gedanke im Moment den Fernen treffen können.«[44] Auch er benutzt also diese Vernichtungsmetapher bereits recht selbstverständlich, und er denkt sie ganz offensichtlich im Sinne der zeitlich-technischen Überwindung, nicht einer räumlich-kulturellen Zerstörung. Dies jedoch scheint bei Heine durchaus mitzuschwingen: die Sorge um den Verlust symbolischer wie sinnlicher Raumerfahrung.

Auf verblüffende Weise ähneln sich die Eindrücke, die Sprache, die Bilder. Die Varianzbreite scheint relativ gering. Hans Christian Andersen, der dänische Dichter, schreibt 1840 über die Fahrt mit der Eisenbahn zwischen Nürnberg und Fürth: »Man fühlt sich so mächtig wie ein Zauberer der alten Zeit! Wir spannen unser magisches Pferd vor den Wagen, und der Raum entschwindet; wir fliegen wie die Wolken im Sturm, tun es den Zugvögeln nach!«[45] Und Christian Friedrich Scherenberg reimt 1845: »Zusammen eng geschmiedet wird der Raum, / Gebrochen seine Rechte an die Zeit; / Die Wirklichkeit, sie wird zum Traum, / Und unser Traum stirbt an der Wirklichkeit. / O Eisenbahn, was bist du kommen, / Hast unsre Erde uns genommen!«[46] All diese Reaktionen zeigen letztlich, dass der Auftritt der Eisenbahn zwar etwas Neues und zutiefst Beeindruckendes ist, dass seine gedankliche Fassung und sprachliche Verarbeitung aber keineswegs nur unmittelbarem und individuellem Erleben entspringen. Wohl hat man das zuvor noch nie gesehen, dennoch ist man darauf in gewisser Weise doch sprachlich und bildlich vorbereitet: durch ältere Diskussionen über Post und Draisine in der Literatur wie durch neuere, vorbereitende Debatten über das Eisenbahnwesen in den Zeitungen. Der Eisenbahn-Diskurs hat also bereits Elemente einer Kollektivsymbolik bereitgestellt, die zur sinnlichen wie kognitiven Verarbeitung der neuen Erfahrung herangezogen werden können. Die Sache ist neu, die Rede darüber nicht mehr.

Auch die Eisenbahnbetreiber selbst versprechen nun, »eineinhalb Stunden in zehn Minuten« zurückzulegen. Bisher meinten diese »eineinhalb Stunden« die Strecke und die Wegezeit zugleich, ein in beiden Dimensionen identisches Erfahrungsmaß. Nun jedoch trennen sich Entfernungsmaß und Zeitmaß an der Geschwindigkeit. Der Raum und seine Durchquerung verlieren ihre Synchronität, weil Bewegung vom routinehaft-unbewussten Zustand zum reflexiv-bestaunten Erlebnis wird. Eben dieses unmittelbare Geschwindigkeitserlebnis der Eisenbahnfahrt spricht der französische Schriftsteller Victor Hugo in unnachahmlicher Weise an, wenn er 1837 schreibt: »Die Blumen am Feldrain sind keine Blumen mehr, sondern Farbflecken, oder vielmehr rote oder weiße Streifen; es gibt keinen Punkt mehr, alles wird Streifen; die Getreidefelder werden zu langen gelben Strähnen; die Kleefelder erscheinen wie lange grüne Zöpfe; die Städte, die Kirchtürme und die Bäume führen einen Tanz auf und vermischen sich auf eine verrückte Weise mit dem Horizont; ab und zu taucht ein Schatten, eine Figur, ein Gespenst an der Tür auf und verschwindet wie der Blitz, das ist der Zugschaffner.«[47] Und in Adelbert von Chamissos bekanntem Gedicht »Das Dampfroß« vollzieht sich die Überwindung der Zeit nach rückwärts wie nach vorn und lässt damit die Gegenwart letztlich nur noch als einen Treffpunkt sich überholenden »Zeiten« erscheinen: »Mein Dampfroß, Meister der Schnelligkeit, / Läßt hinter sich die laufende Zeit, / Und nimmts zur Stunde nach Westen den Lauf, / Kommts Gestern von Osten schon wieder herauf.«[48] Dabei erweist sich der Dichter als ein ebenso poetischer wie potenter Fortschrittsanhänger: 1837 kaufte er für immerhin 10 000 Taler selbst Aktien der Halle-Rhein-Weser-Eisenbahngesellschaft an.

Das Bild des Pferdes und des Vogels, die Vorstellung zu fliegen, die Verengung des Raumes, sein Entschwinden, ja sein Tod, die Verdichtung und Kontraktion der Zeit, das Zerfließen des Vordergrunds in Streifen: All dies sind nun gängige Metaphern, unzählige Male wiederholt und unzählige Male gelesen, wenn die Zeitgenossen versuchen, ihr Erleben des neuen Verkehrsmittels sprachlich möglichst »authentisch« zu fassen. Menschliches Erfahrungsmaß scheint nicht mehr auszureichen, um diesen Übergang in eine neue Dimension von Bewegung und Geschwindigkeit ausdrücken zu können. Es fehlen noch eigene Begriffe des Technischen, deshalb die Anleihen im Tier- und Mythenreich, deshalb der Überschwang und die Dramatisierung.

Jedenfalls wird »Welt« im Sinne der weiten Räume und Horizonte erst mit der Eisenbahn in einem wirklich modernen Sinne »erfahrbar«. Erst deren neue Reisegeschwindigkeit macht große Entfernungen zu einem Erlebnis, bei dem nicht nur die unmittelbare empirische Anschauung dominiert, die bislang reine Anstrengung war: durch den Staub, das Rütteln, den Lärm, das Wetter, die Gerüche und die quälende Endlosigkeit des Kutschenreisens. Nun, mit dem bequemen Sitzen im Eisenbahncoupé, tritt eine ganz andere Sinnlichkeit in ihr Recht: die des bequemen Dahingleitens und Beschauens, der souveränen Aneignung des Raumes. Dabei tritt die Erfahrung der ebenen Beschaffenheit der Eisenbahngleise, die in überaus scharfem Kontrast steht zu allen bisherigen Bewegungserfahrungen, mindestens gleichrangig neben die der Geschwindigkeit. Nur dadurch wird auch die Metapher des Rasens oder Fliegens vollends verständlich, die den Eisenbahnreisenden in den Sinn kommt. Die Schienenunterlage ist so eben, dass sie gar nicht mehr vorhanden, dass ein wirklicher Zustand des Schwebens erreicht zu sein scheint, der das Bewegungsgefühl als körperlich-sinnliches Erlebnis wesentlich prägt. Man meint nun durch die Landschaft zu gleiten, in ihr gar nicht mehr selbst präsent zu sein. In diesem doppelten Hochgefühl des schnellen und zugleich schwebenden Reisens kann ein Werner von Siemens bald von Moskau nach Madrid fahren, quer durch ganz Europa »über Petersburg, Berlin und Paris fast ohne Unterbrechung in fünf Tagen«.[49]

So erscheint das Transitorische nun als zentrale Ambivalenz: Einerseits ermöglichen die neue Reisegeschwindigkeit des Zuges und die damit erweiterten Reiseradien erst die Wahrnehmung des Raumes in großen Zusammenhängen und kontinentalen Dimensionen. Andererseits verunmöglicht dieselbe Reisegeschwindigkeit die Erfahrung des Raumes in der alten Weise, nämlich als psychophysische Speicherung von Körpererfahrungen und Sinneseindrücken entlang einer linearen Raum- und Zeitschiene. Durch die neue Perspektive der Geschwindigkeit wird der Raum beides zugleich: kleiner und größer. In ihm bilden sich neue und markante Punkte der Wahrnehmung aus: Horizonte und Landschaften, Stätten und Städte, die sich als Zielpunkte von Reise und Verkehr herauskristallisieren. Und diese Punkte wiederum verbinden sich zu nationalen oder kontinentalen Zeit- und Raumnetzwerken, in denen sich gesellschaftliche Wahrnehmungshorizonte neu konstituieren. Dabei entstehen freilich sozial sehr unterschiedliche mentale Welt-Karten, deutlich abhängig von den medialen Praxen und der individuellen Mobilität in den gesellschaftlichen Gruppen.

Die kulturgeschichtlichen Studien von Wolfgang Schivelbusch haben diese Revolutionierung der Reise- und Raumwahrnehmung durch die Eisenbahn in eindrucksvoller Weise herausgearbeitet. Sie machen begreiflich, wie hier, im Übergang von der Postkutschen- zur Eisenbahnzeit, buchstäblich eine neue Welt-Anschauung entsteht, wie ein neues Sehen erlernt wird, weil mit der neuen Geschwindigkeit die Auflösung und Verflüchtigung der gegenständlichen Welt wie ihrer Wahrnehmungsmöglichkeiten verbunden scheint. Das gilt für die Außenperspektive wie für die Innenperspektive: Von außen ist der Zug selbst nur mehr aus einem deutlichen Abstand zu den Schienen, der quasi verlangsamend wirkt, überhaupt noch gegenständlich wahrzunehmen. Wer unmittelbar an der Bahnlinie steht, erhält lediglich fragmentarische Bild- und Bewegungseindrücke, sinnlich angereichert durch Dampffetzen und Luftturbulenzen, die in der Landschaft zurückbleiben. Wer innen sitzt, rast umgekehrt durch eine Landschaft, die sich im Vordergrund schemenhaft auflöst und sich erst im Hintergrund wieder optisch fassbar staffelt und aufbaut. Die Augen des Reisenden pendeln dazwischen hin und her. Und der unmittelbare Nahraum vor dem Abteilfenster, an dem sich unsere Sinne eigentlich zunächst versichern wollen, indem sie ihn fixieren und damit identifizieren, wird uns durch die Geschwindigkeit un-fassbar.

Die eigene Position als fester Punkt in der Landschaft, von dem aus man noch in der Renaissance-Perspektive die Welt zu sehen und zu verstehen können glaubte, dieser Punkt wird nun zum Streifen, zu einer Bewegung im Raum, die wir vor uns sehen und die wir zugleich selbst sind.[50] Jene exakte Wahrnehmung des konkreten Ortes und Moments des Reisens, die sich zuvor in gleichmäßiger Intensität aufbaute, gibt es mit der Eisenbahn nicht mehr. »Die Geschwindigkeit und mathematische Geradlinigkeit, mit der sie durch die Landschaft schießt, zerstören das innige Verhältnis zwischen Reisendem und durchreistem Raum. Der Landschaftsraum wird [...] zum geografischen Raum.« Die Reise findet *durch* die Landschaft, nicht mehr *in* der Landschaft statt. »Dieser Verlust der Landschaft betrifft alle Sinne«, da nun jene »Gerüche, Geräusche, Synästhesien gar, wie sie für die Reisenden der Goethezeit zum Weg gehörten, entfallen.«[51]

Schivelbusch macht dann auch deutlich, wie dieser gesellschaftliche Erfahrungswandel zugleich auch in unterschiedliche Modi eines Wahrnehmungswandels umgesetzt wird. So wird die neue Gleichförmigkeit der Zugreise nicht mehr nur als ein aufregendes Geschwindigkeitserlebnis beschrieben, sondern bald umgekehrt auch als eine Permanenz der Langeweile. Gustave Flaubert etwa beklagt sich 1864 darüber, dass er in der Eisenbahn »nach fünf Minuten vor Stumpfsinn zu heulen beginne«.[52] Und diese Klage bleibt nicht die einzige. Denn der Zugreisende scheint in seiner Langeweile doppelt allein gelassen: von der Landschaft wie von seinen Mitreisenden. Umgekehrt jedoch entwickelt sich gleichzeitig »eine Wahrnehmung, die sich nicht gegen die Effekte der neuen Reisetechnik sträubt, sondern diese ganz in sich aufnimmt. Für diesen Blick aus dem Abteilfenster wird all das zur Bereicherung, was dem am alten Reisen hängenden Bewußtsein als Verlust erscheint. [...] Hier erscheint nicht eine malerische Landschaft durch die

Eisenbahn zerstört, sondern umgekehrt, eine an sich eintönige Landschaft wird durch die Eisenbahn erst in eine ästhetisch ansprechende Perspektive gebracht. Die Eisenbahn inszeniert eine neue Landschaft.« Es entsteht – in Anlehnung an Dolf Sternbergers klassische Formulierung – der »panoramatische Blick« aus dem Abteilfenster, der die Weite in neuer Weise erfasst.[53]

Hinter diesem dramatischen Auftritt der neuen Bewegungstechnologie Eisenbahn verschwinden allerdings ihre Vorgeschichten und historischen Kontexte. Auch Schivelbusch scheint in seiner Argumentation dieser Selbstdramatisierung des historischen Augenblicks etwas erlegen zu sein, wenn er die wahrnehmungsgeschichtliche Zäsur so scharf setzt. Gewiss zeigt sich das zeitgenössische Publikum damals verblüfft, ja betäubt in seinen Reaktionen und Kommentaren. Doch ist dies eben in der Tat auch dem eventhaften Auftritt geschuldet. Die ersten Bahnstrecken und Bahnhöfe sind in den Landschaften und Städten fast wie Theaterbühnen inszeniert, um die herum sich das staunende Publikum sammelt. Dazu liefern die Medien gleich die nötigen Superlative und Metaphern. Und schließlich ist das Bewegungs- und Reisegefühl im Zug mit 100 oder 200 Mitpassagieren auch ein massenhaft kommunizierbares Erlebnis. Kurz: Die Reisekultur der Eisenbahn wird als ein zentrales gemeinsames und öffentliches Kulturmuster der Moderne erfahren – und propagiert.

Über diesem historischen Wahrnehmungseffekt mag man daher leicht vergessen, dass jenes neue Geschwindigkeitsempfinden, das nun so exklusiv der Eisenbahn zugeschrieben wird, auch zuvor bereits artikuliert wurde und zwar im Zusammenhang mit dem neuen System der Schnellpost. Metaphern wie »pfeilschnell«, »vorbeifliegen« oder »rasen«, die fast rauschhafte Zustände ausdrücken sollen, auch das Verschwinden der Landschaft und das Schockerlebnis finden sich bereits hier, wenn auch nicht in so kompakter Form. Selbst das Gefühl, sich nicht mehr nur *in* der, sondern vielmehr *durch* die Landschaft zu bewegen, wurde vielfältig mitgeteilt, insbesondere wenn man auf den neuen englischen Highways in den nicht umsonst so genannten Flying coaches unterwegs war. Karl Philipp Moritz berichtete schon 1782 aus England darüber: »Und nun flogen die herrlichsten Landschaften, worauf mein Auge so gern verweilt hätte, mit Pfeilschnelle vor uns vorbei. [...] So kamen wir bei dieser schnellen Abwechselung höchst mannigfaltiger Gegenstände beinahe in einer Art von Betäubung bis nahe vor Greenwich.«[54] Später formulierte Friedrich Rückert in seinem Gedicht »Die Eilfahrt« etwas holprig: »Durch die in unseren Eilfahrtstagen / Erfundnen Eildampfschiff und Wagen. / Die Zwischenräume sind verschlungen, / Wie schnell ein Blitz zum Ziel gedrungen.«[55] Und Annette von Droste-Hülshoff notierte 1825 nach der ersten Probefahrt eines Dampfschiffs auf dem Rhein, dies bewege sich mit einer »Schnelligkeit, die einen schwindeln macht«[56].

Dass diese Schnelligkeit dennoch weniger dramatisch daherkommt, hängt wohl zum einen damit zusammen, dass in den 1820er Jahren noch kein wirkliches »Massenpublikum« mit der Schnellpost reiste und diese Erfahrung daher sozial wie regional begrenzt blieb. Zum Zweiten war diese neue Geschwindigkeit technisch wie kulturell noch »alt« verpackt: Das Postkutschenabteil mit vorgespanntem Pferd nahm sich einfach vertrauter, weniger sensationell und daher auch weniger »schnell« aus als später das schicke Eisenbahncoupé hinter dem neuen Dampfross. Für die sinnliche Wahrnehmungsorganisation blieb Kutsche so doch Kutsche. Zum Dritten aber und vor allem gab es bei der Schnellpost noch nicht jene breite öffentliche Debatte über Schnelligkeit und Geschwindigkeit wie bei der Eisenbahn, die nun die eigene Erfahrung des Zugfahrens noch durch die kommunikativ-mediale Verdichtung zu intensivieren vermag: Man liest gleichsam während der Zugfahrt, wie wahrnehmungsrevolutionierend das Zugfahren doch ist. Ganz entscheidend wird der dramatische Effekt des Eisenbahnauftritts aber natürlich auch dadurch erzielt, dass um ihn herum ein Vorher-nachher-Modell aufgebaut wird. Darin wird die Postkutsche noch der alten Zeit und »natürlichen« Welt zugeordnet, die jetzt verloren gehe, die Eisenbahn hingegen einer neuen, »künstlich-technischen« Zivilisation. Die Zeitgenossen selbst setzen hier also eine Epochenzäsur.

So entsteht die viel beschworene Kompression der Wahrnehmung eben nicht nur durch das Eisenbahnreisen selbst, also durch technische Innovation plus empirischen Eindruck, sondern auch

Paul Cézanne, Der Bahndurchstich (1869–1870)

durch ästhetisch-kulturelle Deutungsmuster, die bereits in den zeitgenössischen Blicken und Quellen angelegt sind.

Besonders eindrucksvoll werden diese Wahrnehmungseffekte durch den Wandel der zeitgenössischen Raumdarstellungen in der Kunst erzielt. Bislang waren dort überwiegend statische Anordnungen von Raum und Landschaft vorherrschend wie etwa in der Vedutenmalerei mit ihren klassischen Stadtansichten, konzentriert um geschichtliche Bauten und geometrische Blickachsen, oder in der Landschaftsmalerei mit ihrer romantischen Motivverklärung und harmonischen Raumgliederung. Nun tauchen neue Darstellungsformen in der Bildgestaltung auf, die Geschwindigkeit und Dynamik vermitteln sollen. Die Raumperspektive setzt Nähe und Ferne in neue Verhältnisse zueinander, und die Gegenstandsauflösung verleiht den Bewegungen in der Landschaft nunmehr Tempo und Dramatik. Namentlich William Turners Bild »Regen, Dampf und Geschwindigkeit« aus dem Jahr 1844 spielt hier eine Vorreiterrolle und erregt großes Aufsehen, weil das zeitgenössische Publikum sich darin einig ist, »hier erstmals in der Geschichte der Malerei einen Eisenbahnzug mit der unglaublichen Geschwindigkeit von fünfzig Meilen dargestellt zu sehen.« Dies gelingt Turner durch eine teilweise Auflösung der Konturen und durch ein oszillierendes »Farbengemisch, das Wasser, Land und Luft miteinander verschmilzt und alle Bildgegenstände in eine gemeinsame Atmosphäre taucht.«[57] Hinzu kommt die extreme Horizontalperspektive, die dadurch entsteht, dass der Blick auf den Horizont gerichtet wird bzw. auf den Raum dahinter, die Unendlichkeit, weil die Eisenbahngleise *in* diesen Horizont hineinzuführen scheinen, ihn durchbrechen, seine Linie kreuzen und ihr dadurch ihre Absolutheit nehmen.

In ähnlicher Weise wie die Geschwindigkeit wird bald auch der Eingriff in die Landschaft dramatisiert und inszeniert, den der Bau von Eisenbahntrassen nun bedeutet. Paul Cézanne etwa versucht das in seinem Bild »Bahndurchstich«. Wie eine Schlucht zieht er die Bahntrasse durch die Landschaft, mit Wänden glatt wie die Schnittflächen eines Axthiebes, düster in ihrem Schattenwurf und bedrohlich für das einst in der Landschaft geborgene Haus, das nun hart am Abgrund steht. Brutal erscheint die Landschaft durchtrennt durch eine exakte Kerbe, die umso schärfer wirkt, als sie absichtsvoll gesetzt ist. So wird der Raum nun als industriell beherrscht und niedergehalten dargestellt. Und in der Tat haben die Bahntrassen die europäischen Landschaften längst in großem Stil verändert.

Unter diesen Vorzeichen der fortschreitenden Industrialisierung des Raumes wird noch etwas später dann auch die moderne Stadt zu einem Experimentierfeld neuer Linien- und Horizontentwürfe der Malerei. Vor allem die Verwandlung des Stadtraumes, seine innere Fragmentierung wie die Auflösung seiner Ränder, wird am Ende des Jahrhunderts eindrucksvoll eingefangen in expressionistischen Bildern, die den unspektakulären und unpathetischen urbanen Alltag zu ihrem »Topos« machen. Auch hier zeigt sich dieses Motiv des Schnittes, des Bruchs, wenn an der Stadt ganz ähnlich wie zuvor an der Landschaft vorgeführt wird, wie schroff neue Straßen und Eisenbahn- oder Hochbahngleise die städtische Häuserlandschaft zerschneiden, die damit bedrohlich auf den Betrachter einzustürzen scheint. Kritische Blicke kommentieren auch die Veränderung der Stadtansichten durch Fabriken und deren rauchende Schlote oder durch die immer dichtere Besetzung einst »natürlicher« Flussufer mit Industrieanlagen. Adolph Menzel wird mit seinen Maschinenwelt-Bildern in Berlin zu einem besonders kunstvoll-kritischen Protokollanten dieses neuen industriellen Zugriffs auf die Menschen und die Dinge.

In gewisser Weise scheint Joseph von Eichendorff, nicht gerade ein Technikfreund, all diese Dimensionen mitzureflektieren, das Dramatische der Eisenbahn wie das Dramatisierende der Eisenbahnästhetik, wenn er im Jahr 1850 mit leiser Ironie schreibt: »An einem schönen warmen Herbstmorgen kam ich auf der Eisenbahn vom andern Ende Deutschlands mit einer Vehemenz dahergefahren, als käme es bei Lebensstrafe darauf an, dem Reisen, das doch mein alleiniger Zweck war, auf das allerschleunigste ein Ende zu machen. Diese Dampffahrten rütteln die Welt, die eigentlich nur noch aus Bahnhöfen besteht, unermüdlich durcheinander wie ein Kaleidoskop, wo die vorüberjagenden Landschaften, ehe man noch irgend eine Physiognomie erfasst, immer neue Gesichter schneiden, der fliegende Salon immer andere Sozietäten bildet, bevor man noch die alten recht überwunden [...]. In den Bahnhöfen ist eine so große Eilfertigkeit, dass man vor lauter Eile mit nichts fertig werden kann.«[58]

Bereits in der textlichen wie bildlichen Überlieferung also ist jener dramatische Wandel- und Wahrnehmungseffekt angelegt, den der spätere Betrachter dieser Zeit bereitwillig bestätigen und am Verkehrsmittel Eisenbahn auch ästhetisch identifizieren wird. Man kann fast von einer Art »Wahrnehmungsindustrie« sprechen, die damals bereits den technischen Industrialisierungsschub der Eisenbahn entsprechend ästhetisch rahmt und moderierend begleitet. Neben der Malerei spielen dabei die Literatur, der Journalismus oder auch die Statistik eine ganz wesentliche Rolle, weil sie in der Lage sind, einen regelrechten »Rausch« der Formen und Farben, der Metaphern und Worte, auch der Zahlen und Indikatoren zu entfalten. Man »betrachtet«, man »liest«, man »misst«, man »berechnet« sich selbst beim Zugfahren, ist somit stets in der Lage, sich selbst begleitend zu kommentieren und zu identifizieren. Konversation in der Eisenbahn ist sehr häufig auch Konversation über die Eisenbahn. Zum ersten Mal wohl in der Geschichte ist damit eine in hohem Maße selbstreflexive Bewegungsform entstanden, die ihre eigene Erfahrungsproduktion bereits medial organisiert hat. So ergänzen der historische Schaueffekt und der diagnostische Betrachtungseffekt einander offenbar in ganz vorzüglicher Weise: Beiden gilt die Eisenbahn als materieller wie symbolischer Träger der neuen Zeit – gewiss zu Recht, freilich in dramaturgischer Überhöhung.

Fort-Schritte: Mobilität als Modernität

Zweifellos wird die Eisenbahnreise als das fundamentale Modernitätserlebnis des Jahrhunderts aufgefasst, das ihm als epochaler Übergangszeit seinen prägenden Stempel aufdrückt. Damit rückt das Eisenbahnmotiv in den Mittelpunkt der gesellschaftlichen »Kollektivssymbolik«, alltagskulturell mit so hohen Bedeutungsüberschüssen ausgestattet, wie das ansonsten erst sehr viel später moderner Produktwerbung gelingt. Literatur und Malerei, Karikatur und Witz, Werbung und Volkslied liefern zahllose Belege dafür, wie dieser mentale Eisenbahnvirus systematisch verbreitet wird. Insofern wird man Schivelbuschs These von der jähen und zäsurhaften Wahrnehmungsrevolution durch die Eisenbahnreise einerseits wohl etwas abschwächen müssen zugunsten einer Vorstellung doch eher prozesshafter, wenngleich dramatisierter Erfahrungsverläufe. Andererseits erscheint seine darauf aufbauende Überlegung zur Kontingenz moderner Erfahrungsproduktion durch diese Modifikation sogar noch plausibler: Nach der Eisenbahn kommen alle folgenden Technikinnovationen tatsächlich eher »im Windschatten dieses ersten Schocks«[59] daher. Ob elektrischer Telegraf oder Telefon, ob Auto oder Flugzeug: Alles erregt nicht mehr so viel Aufsehen, nimmt nicht mehr in dieser Weise den Atem. Es hat nicht mehr jene symbolische und imaginative Kraft, die den Eisenbahnauftritt zu einem derart »totalen«, alle Sinne fesselnden Eindruck und Topos werden ließ und Millionen von Zeitgenossen auch durch die mediale »Erfahrung aus zweiter Hand« faszinierte. So scheint das Beispiel der Eisenbahn zu bestätigen, dass die Erfahrung der Moderne generell nicht kontinuierlich verläuft, sondern eher passagen- und bruchhaft, deutlich abhängig auch von kulturellen Repräsentationen wie von ästhetischen Dispositionen.

Die Postschnecke gegen das Dampfross, das Gemächliche gegen das Dynamische, die alte gegen die neue Zeit: Assoziativ einleuchtend und symbolkräftig scheint dieser Kontrast bis heute. Diese

Repräsentationstechnik des Gegensatzes von »einst und jetzt« wird damals als Übergangs- und Fortschrittsmetapher beständig traktiert. Dabei drückt sich in dieser kontrastiven Überzeichnung ein symbolischer Gestus aus, der das Neue in ein helleres Licht des Fortschritts rücken will, indem das Alte verschattet wird. Aber es gibt auch die gegenteilige Strategie: Die Eisenbahn wird als Verdrängerin der Postkutsche dargestellt – »O Eisenbahn, was bist du kommen / Hast unser Posthorn uns genommen!« – und damit als Bedrohung des Althergebrachten. In diese Stellvertreterfunktion für die Moderne insgesamt kommt sie nun häufig. Vor allem die Romantiker sehen in ihr das Symbol einer Fortschrittsbewegung, die das Technische und Rationalistische der Zivilisation nach oben spült und das Wertvolle und Authentische darunter begräbt: die Poesie des Volkes wie die Authentizität des Individuums.

Weit folgenreicher für die gesellschaftliche Erfahrung ist freilich ein ganz anderer Effekt. Heinrich Heine spricht ihn als einer der Ersten an, wenn er in jener pathetischen Formulierung vom »providentiellen Ereignis« schreibt, welches die Eisenbahn verkörpere, also von einem Vorgang, der die Zukunft bereits in die Gegenwart hereinhole. Damit meint er nicht einfach nur die technische Vision der Eisenbahn. Ihm geht es vielmehr um die kognitive und ideelle Seite dieser Erfahrung, um jenes »Denken in die Zukunft hinein«, das mit der Eisenbahn als einem neuen Raum-Zeit-Projekt verbunden ist. Denn dieses Projekt verkörpert nun Erfahrungen, in die bereits Zukunftserwartungen fest eingelagert sind: Erwartungen einer neuen Geschwindigkeit auch von Entwicklung und Fortschritt, die vorwegnehmen, was möglich sein wird. Auch deshalb wird die Eisenbahn damals so euphorisch als Fortschrittssymbol gezeichnet, weil sich in ihr technisch wie kognitiv wie ästhetisch ein zutiefst teleologisches Prinzip zu verkörpern scheint: die Zukunfts- und Wegegewissheit der Moderne, die über den Zweifel triumphiert.

Damit verändert die Eisenbahnreise den Außenraum nachhaltig, materiell wie empirisch. Zugleich jedoch schafft sie auch einen neuen Innenraum: das Zugabteil als einen Ort von neuer Qualität. Verglichen mit den bislang gewohnten Bewegungen des Gehens, des Reitens oder des Fahrens in der Kutsche erweist sich die Fahrgastzelle des Coupés als träge, sparsam in ihren Bewegungen, stabil und gleichförmig in der Fahrt, beim Beschleunigen wie beim Abbremsen, also fast hermetisch in ihrer sinnlichen Isolation. Ironischerweise verhalten sich Außenwelt und Innenraum somit in ihrer kognitiven Organisationsform eher konträr zueinander: Während die Eisenbahn als Verkehrsmittel den Wahrnehmungshorizont unglaublich erweitert, scheint das Zugabteil als Ort ihn wesentlich zu verengen und zu reduzieren.

So wirkt das Abteil als ein Ort mit ganz eigenen physikalischen Eigenschaften, die sich aus seiner technologischen wie aus seiner erfahrungsgeschichtlichen Entwicklung ergeben. Zwar sind die ersten Personenwagen der Eisenbahn nichts anderes als auf Achsenpaare und Schienen gesetzte Kutschwagen, aus Holz und offen gebaut, gegen Wind und Regen kaum geschützt, unkomfortabel bei jedem anderen als warmem Sommerwetter. Doch die nächste Generation der Wagons kommt nach 1850 bereits luxuriöser daher, nachdem sich erste Kutschenwerkstätten technisch neu orientieren und allmählich zu einer industriellen Produktion von Eisenbahnwagen übergehen. Die Abteile der ersten Klasse sind nun mit gläsernen Fensterscheiben, gepolsterten Sitzen und Kerzenleuchtern versehen, erhalten bald auch eine Art Wagenheizung in Form von Wärmflaschen, die mit heißem Wasser oder erhitztem Sand aufgefüllt werden, und allmählich auch Toiletten. Für Damen werden bereits Sonderabteile eingerichtet, und in der ersten und zweiten Wagenklasse finden sich auch Nichtraucherabteile. Ab 1860 wird die Beleuchtung dann auf Gasbetrieb umgestellt.

In Anordnung und Ausstattung ähneln die Wagons also allmählich kleinbürgerlichen Wohnzimmern. Zusätzliche Bequemlichkeit sollen entsprechende Reiseausrüstungen garantieren, die von den unterschiedlichsten Koffer- und Korbformen des Reisegepäcks über zweckmäßige Reisekleidung bis zu speziellen Accessoires für die Toilette, die Mahlzeit oder die Nachtruhe reichen. In der ersten Klasse reist man ohnehin stets gut gekleidet. Der Pullman-Komfort freilich des Salonwagens – dann auch des Schlaf- und Speisewagens – mit Plüschsitzen, Holztäfelung und Teppichbelag entwickelt sich erst mit den schnellen Fernreisezügen. Der erste europäische Luxuszug dieser Art verkehrt ab 1881 in England, 1883 findet dann die Eröffnungsfahrt des legendären »Orient-Expresses« statt. Damit verliert sich dann auch ein letzter Kontakt zum »Unterwegs«: Vorher war es bei Fernzügen durchaus noch üblich, um die Mittagszeit in einem Bahnhof unterwegs zwanzig Minuten oder länger zu halten, um den Reisenden dort Gelegenheit zum Mittagstisch zu geben.

Die Wagen der dritten Klasse hingegen sind um die Jahrhundertmitte in ihrer Ausstattung hart und hölzern, eng und voll und lange Zeit auch noch unbeheizt. In einer sechzehnteiligen Serie »Les Chemins de fer« hat der französische Maler Honoré Daumier das Leben in dieser dritten Klasse auf den Linien von Paris nach Orléans und Rouen gleich nach ihrer Öffnung im Jahr 1843 beobachtet, gezeichnet und in der französischen satirischen Zeitschrift »Charivari« veröffentlicht, um karikierend zu verdeutlichen, wie »das Volk« in dieser Holzklasse des Fortschritts reist. Zwanzig Jahre später greift Daumier das Thema wieder auf, mit demselben Befund: »Vom Reisen, also einer individuell gewählten und genossenen Route, kann hier weiterhin keine Rede sein. Rücken an Rücken sitzt man auf Holzbänken, welche die ganze Breite des Waggons einnehmen, der auch in der Länge nicht abgeteilt ist, um möglichst viele Passagiere zu fassen. Lärm, schlechte Luft und Tabaksgestank sind weiterhin die Regel, auch die Öffnungen lassen nach wie vor Rauch ein. In diesen Gelassen reist man nicht, man wird verfrachtet, ergeben vor sich hinstarrend, denn die Fahrten dauern lange und beginnen häufig mit Verspätung.«[60]

Bei aller Unterschiedlichkeit jedoch gilt generell für das Zugabteil, dass es auch zu einem neuen sozialen Ort im Raum wird. Menschen treffen hier auf Zeit aufeinander, in enger körperlicher Nähe, beobachtend und beobachtet zugleich, betroffen von Blickwechseln und Gesprächen in einer räumlichen Situation, die gerade das nicht zulässt, was zu ihrer sozialen und kulturellen Bewältigung eigentlich unabdingbar erscheint: die räumliche Möglichkeit des Ausweichens und der Distanz. Solange die Wagons nur aus voneinander getrennten Abteilen bestehen – die modernen »Durchgangswagen« gibt es erst ab 1873 –, bleibt nur die Möglichkeit des Wechsels zwischen dem abwesenden oder abweisenden Blick aus dem Fenster und dem Blickkontakte nach innen, denn mindestens bis zur nächsten Station ist man zusammengesperrt. So sind Zwangskommunikationsgemeinschaften die unausweichliche Folge – wie auf »Gutmanns Reisen« von Wilhelm Raabe: »Es ist auf der Fahrt von Immelborn nach Koburg in der Tat nicht mehr die Rede von Politik gewesen; aber Fräulein Klotilde wäre es anfangs doch lieb gewesen, wenn dem nicht so gewesen wäre, sondern die Herren nach erwiesenen ersten Höflichkeiten sich doch noch ruhig weiter mit der Neugründung des deutschen Volkes beschäftigt hätten und nicht so viel mit ihr.«[61]

Natürlich kommt es aber auch zu kommunikativen Wahlverwandtschaften und emotionalen Entdeckungen. Nicht umsonst haben Literatur und Kunst den sozialen Ort des Eisenbahnabteils als eine symbolische Konstellation aufgegriffen, in der sich die Gesellschaft als eine Innenwelt von Beziehungen wie in einem Brennglas einfangen, studieren und typisieren lässt. Die Alleinreisenden, die Liebes- und anderen Paare, die Familien, Mutter und Tochter, Baronesse und Gouvernante, Kavalier und Verführer, Dienstmädchen und Soldat, der sekundenlang flirtende Blickwechsel durch die Scheiben zweier sich begegnender Züge, das intime Gespräch mit einem wildfremden Menschen, der Abschiedschmerz bei der Ausfahrt aus dem Bahnhof, die Abenteuer- wie die Angstgefühle bei der Einfahrt in einen neuen: All dies sind uns aus Lektüre und Kino wie aus eigener Erfahrung vertraute Situationen und Konfigurationen, zumeist eine unauflösliche Mischung von beidem, bei der wir gar nicht mehr genau sagen können, wo Humphrey Bogart und Lauren Bacall aufhören und unsere eigenen Erinnerungen anfangen.

Es gibt sogar Versuche, eine eigene Eisenbahnlektüre zu kreieren, die sich in Motiv und Format der Zugsituation anpassen will, also Geschichten des Reisens und von Begegnungen unterwegs in handlichem Umfang zusammenstellt, möglichst leicht konsumierbar im Rhythmus der Schienen und Stationen. Der Leipziger Verlag C. B. Lorck beginnt 1855 eine »Conversations- und Reisebibliothek«, in der Reiseberichte, Lebensgeschichten, Frauenromane und andere populäre Lesestoffe erscheinen. Aus Frankreich wird in den 1860er Jahren berichtet, das Lesen sei »nahezu zur allgemeinen Beschäftigung auf der Eisenbahn« geworden. Bald mokiert man sich darüber auch, sogar lyrisch: »Im Rauchcoupé mit überwachten Mienen / Zieht man den neuesten Auerbach hervor, / Und eben will das Herz sympathisch bluten, / Da tönt der Ruf: ›Krähwinkel! Fünf Minuten!‹«[62]

Zu den Menschen im Zug gehören natürlich auch die Eisenbahnbeamten. Der Lokomotivführer etwa besitzt als Herr über die Maschine von Anfang an besondere Ausstrahlung – keineswegs nur auf kindliche Berufswünsche. Der Schaffner wiederum ist eine Kontroll- und Respektsperson, die allein schon durch ihre Uniform fast militärische Autorität ausstrahlt. Viele Eisenbahnbeamte sind ohnehin ehemalige Soldaten, also an »hoheitlichen« Diensthabitus gewöhnt. In der Holzklasse gibt man sich daher gern herrisch, in der Herrenklasse hingegen devot. Noch mehr Autorität verkörpert freilich der Bahnhofsvorsteher, dessen statuarische Rolle bei den Zugein- und -abfahrten beeindruckt, wenn allein auf Pfiff und knappe Geste hin sich ein ganzer Zug fauchend in Bewegung setzt. Der fahrende Lokführer und der stehende Stationsvorsteher: In diesen beiden Figuren verkörpert sich ein Gegensatz, der auch der Eisenbahn zugeschrieben wird – Dynamik und Statik zugleich. Denn neben Geschwindigkeit und Mobilität assoziiert der Zug bald auch Eigenschaften wie Pünktlichkeit, Ordnung, Routine. Für viele wird er zum Fahrplan und Ort ihres Lebens, zum Symbol für alltägliche Beständigkeit, Routine und Sicherheit.

So stellt uns die symbolische Codierung der Eisenbahnreise auch eine breite Skala von Gefühlseindrücken und Erinnerungsmöglichkeiten zur Verfügung, die für alle Generationen und quer durch die europäischen Gesellschaften gilt und die das Zugabteil zu einem transitorischen Ort macht. Denn es ist gerade seine Flüchtigkeit, die Begegnungen, Beziehungen, Abenteuer zu ermöglichen scheint. Ganz wesentlich sind dabei symbolische Gesten, Blicke und körpersprachliche Signale, welche die Begegnung auf engstem Raume gleichsam kommentierend begleiten: etwa Techniken des Platz-Belegens oder des Platz-Räumens, die andere stets unmittelbar tangieren, oder Zeichen des Mitgefühls und der Zurückhaltung, wenn die Situation Persönliches oder Intimes preiszugeben droht durch Nähe, Dauer oder Schlaf. Für viele Menschen haben diese Situationen etwas besonders Reizvolles an sich, weil sie ihnen ein

Moment der Überraschung versprechen, einer möglichen Nähe und Begegnung. Damit produziert die Reisemoderne ihre ganz eigene Romantik: Allein die Vorstellung einer Eisenbahnreise steckt für die Menschen bereits voller Erwartungen.

Freilich nicht für alle. Denn auch die gegenteilige Wirkung kann eintreten, jenes Klaustrophobe, das von dieser Abteilsituation ebenfalls ausgeht, von Enge und unerwünschter Nähe. Es ist das Gefühl, in einer Technikzelle eingesperrt zu sein, die innen kapselhaft und hermetisch bleibt, während sie durch den äußeren Raum rast. Später hat Hermann Hesse dieses Unbehagen in extremer Weise zum Ausdruck gebracht: »Für mich aber, für den Unzivilisierten, den Wilden und Nomaden, der die Freiheit liebt und auf die Technik pfeift – für mich ist diese Zone der Eisenbahn, der Großstädte, der großen Hotels, der Büros, der Ämter, der Fabriken tödlich wie der Aufenthalt im luftleeren Raume.«[63] Es wächst aber auch die Angst vor dem leeren Abteil, das Gefühl etwa bei einer nächtlichen Zugfahrt, an diesem einsamen Ort, der durch das Dunkel fährt, einer unsichtbaren Gefahr ausgesetzt zu sein, die von außen wie von innen kommen kann. Das Licht im Abteil erscheint dabei ambivalent. Einerseits wärmt und versichert es gegen die Nacht da draußen, andererseits macht es den Reisenden sichtbar und verletzlich, behindert auch seinen Blick nach draußen. Wiederum sind es Literatur und später Film, die dieses Szenario des bedrohlich leeren, nächtlichen Zugabteils als markanten Topos in ihr Bildrepertoire aufnehmen.

Räume, Märkte, Regionen

Dieses leicht und elegant anmutende moderne Reisen per Bahn findet freilich vor einem unruhigen Hintergrund statt. Denn überall gestaltet die industriekapitalistische Neuorganisation von Produktion und Markt die gesellschaftlichen Landschaften radikal um, die Lebenswelten wie die Umwelten. Nicht das Reisen als Vergnügen dominiert, vielmehr sind die meisten Menschen in Bewegung, weil die nun einsetzende Arbeits- und Stadtwanderung in Europa zu einer zweiten »Völkerwanderung« führt. Durch Frühindustrialisierung, Eisenbahn und Städtewachstum formen sich neue soziale Räume und Topografien, während alte von der Landkarte verschwinden. In den Städten und besonders an ihren Rändern, dort, wo die Eisenbahn neue Transportsysteme und Produktionsstätten schafft, entstehen eigene Fabrikviertel, in denen sich der Rauch der Schornsteine mit dem der Lokomotiven mischt. Im Schatten dieser Schornsteine werden die Menschen angesiedelt, um hier – räumlich konzentriert und sozial kontrolliert – die Anforderungen der Industrieproduktion zu erfüllen. Noch dient die Eisenbahn der frühen Industrie vorwiegend dazu, die Produkte der Arbeit auf die Reise zu schicken. Noch sind es nicht die Arbeiter selbst, die zur Fabrikarbeit täglich an- und abreisen. Doch all diese Wirkungsdimensionen deuten sich bereits an und sind auch gemeint, wenn Walter Benjamin im Rückblick davon spricht, dass die Eisenbahn das erste und wohl auch einzige Verkehrsmittel sei, welches in der Geschichte »Massen formiert«.

Durch die räumliche Expansion des Industriellen, also durch den enorm anwachsenden Bodenbedarf von Industrieanlagen, Verkehrssystemen und Wohngebieten, ist die europäische Frühindustrialisierung durchweg verbunden mit steigenden Boden- und Agrarpreisen. Wo er industriell verwertbaren Grundbesitz bildet, wird der Raum noch wertvoller. Damit wird er zugleich knapper, ermöglicht also häufig kein örtliches Nebeneinander mehr von Landwirtschaft und früher Industrie, sondern erzwingt auch räumlich neue gesellschaftliche Funktions- und Arbeitsteilungen. Betroffen sind davon keineswegs nur Unternehmer und Bauern, sondern vor allem auch jene sozialen Gruppen, die sich auf dem Weg in die Stadt und in die Fabrik befinden, um dort künftig als Tagelöhner und Arbeiter zu leben. Denn sie sind nach wie vor auf Kleinlandwirtschaft angewiesen, weil der Lohn nicht ausreicht. Sie finden in den Städten aber oft kein Pacht- oder Gemeindeland zum Kartoffelanbau mehr, weil der Boden mittlerweile zu teuer ist. Daher entstehen in den europäischen Regionen vielfältige ländlich-protoindustrielle Modelle, die unterschiedliche Mischungsverhältnisse von landwirtschaftlicher und gewerblicher Produktion ermöglichen in Gestalt von bäuerlicher Heimarbeit oder arbeiterbäuerlicher Existenz.

Dieser komplexe Umgestaltungsprozess vollzieht sich bekanntlich nicht als geordneter Übergang, sondern in Form einer tief greifenden wirtschaftlichen und sozialen Krise, die schließlich in die Revolution von 1848/49 mündet. Der dramatisch erfahrene ökonomische und soziale Umbau der Lebenswelten fragt also auch nach neuen gesellschaftlichen und politischen Horizonten, erhält darauf aber nach dem Scheitern der Revolution in Deutschland wie in Europa letztlich keine hinreichende Antwort. So suchen die Menschen sich ihre Antworten und Auswege selbst. Ab 1849 setzen fast überall erneute Auswanderungsschübe ein, insbesondere in die USA. Nicht allein die wirtschaftliche Krise, auch die politisch und kulturell als bedrückend empfundene Atmosphäre der Reaktionszeit veranlasst Millionen Menschen dazu, ihren bisherigen Heimatländern den Rücken zu kehren. Dabei sind es ironischerweise gerade die modernen Verkehrsmittel, vor allem Eisenbahn und Dampfschiff, die den Auswanderern die massenhafte Anreise zu den Sammelpunkten für die Überseefahrt und damit die Flucht aus Europa ermöglichen.

Entscheidend stößt die Eisenbahn nun aber den Infrastrukturaufbau der industriellen Moderne an. Dabei kommt ihr besonders zugute, dass sie hohe Netzbildungsfähigkeit besitzt. Sie erschließt den Transport von Menschen und Gütern, vernetzt Regionen und Märkte, verschränkt Rohstoff- und Produktionsbereiche ineinander, installiert Informations- und Kompetenzstrukturen und ist in ihrer Mikrostruktur fast beliebig verästelbar bis tief hinein in die Lebenswelten. Durch den Zuganschluss als tägliches Mobilitätsangebot, den Bahnhof als sozialen Ort, den Kiosk als Treffpunkt oder den Fahrplan als Alltags-»Timer« strukturiert sie das Leben. Wirtschaftsgeschichtlich wiederum beginnt erst mit ihr der Aufbau von Schwerindustrie und Maschinenbau, der dann der europäischen Industrialisierung ihre eigentliche Dynamik und ihr tatsächliches industriekapitalistisches Gesicht verleiht mit ihren riesigen Fabrikhallen und Antriebssystemen, ihren rauchenden Schornsteinen und Hochöfen. Die Steigerung der Transportkapazitäten wie des Konsums erweitert schließlich die Märkte insbesondere für Getreide und Textilprodukte. Vor allem landwirtschaftliche Erzeugnisse können technisch wie kalkulatorisch erst jetzt über größere

Strecken transportiert und vermarktet werden. Eine Folge davon ist, dass sich die bis dahin überaus regionalistische Preisstruktur des Weizens in Europa immer stärker ausgleicht. Mit dem Eisenbahnnetz entsteht letztlich also auch eine neue Qualität der Produktion und Distribution von Information und Wissen.

Höchst aufschlussreich ist dabei, wie hier technische Entwicklung und wirtschaftliche Bedeutung wiederum mit besonderen symbolischen Ausrufezeichen versehen werden. So gehören die weiterentwickelten Dampflokomotiven um die Mitte des 19. Jahrhunderts zu den Technikprodukten, die allein schon durch ihre Größe beeindrucken. Nicht nur im ökonomischen, sondern auch in symbolischem Sinne verkörpern sie damit das entscheidende Leitfossil der Schwerindustrialisierung: Wer Lokomotiven baut, fährt voraus! Allein Borsig in Berlin hat in den Jahren von 1840 bis 1858 bereits 1000 Eisenbahnlokomotiven gebaut und zu einem nicht geringen Teil auch exportiert. Als eine der weltgrößten Lokomotivenfabriken sichert sich der Betrieb dafür sukzessive die ganze Rohstoff- und Produktionsstrecke von der Roheisen- und Kohlegewinnung in Oberschlesien über die Eisen- und Stahlproduktion bis zum Maschinenbau. Wie andere auch, wird sich dieser Konzern bald als eine »Werkstatt der Nation« feiern lassen, denn durch den rasanten wirtschaftlichen Aufstieg Deutschlands in der zweiten Hälfte des 19. Jahrhunderts und durch die hohe symbolische Besetzung ihrer Produkte werden gerade die »Eisenbahnkönige« zu Leitfiguren des industriellen wie des nationalen Aufstiegs. Es sind »öffentliche« Personen wie Carl Friedrich August Borsig in Berlin, Georg Alexander Henschel in Kassel, Joseph Anton von Maffei in München, vor allem aber Bethel Henry Strousberg, jener legendäre »Eisenbahnbaron«, der gleich mehrere Maschinenfabriken und komplette Eisenbahnlinien erwirbt.

Auch der Raum erfährt mit diesen symbolischen Zuschreibungen eine weitere Veränderung. Regions- und Landschaftstypen werden nun bestimmt, die unmittelbar auf ihren Zweck verweisen: Agrarregion und Industrierevier, urbaner Raum und Tourismusregion, auch nationaler Raum und Ort. Entsprechende Strukturen bilden sich heraus, aber eben auch entsprechende Images, die vielfach bereits Folge einer gezielten Identitätspolitik sind. So ist es nicht nur ein Prozess der industriellen Raumveränderung, der neue Bilder schafft, sondern auch eine Neuinterpretation von Bildern, die räumliche Folgen nach sich zieht. Ganz wesentlich daran beteiligt sind wiederum Literatur und Malerei. Es sind Zuschreibungen einer Landschaft, die aus einem symbolischen Überschuss an Deutungen gespeist werden, aus historischen wie wirtschaftlichen, mentalitären wie ästhetischen Beständen. John Constable wird so zum »portraitist of England«, indem seine stilllebenhaften Bilder von Wolken und Flüssen, von Cottages und Parks das Gefühl vermitteln, inmitten dieser scheinbar unverwechselbaren englischen Landschaft zu sein.[64] Caspar David Friedrich modelliert in ähnlicher Weise deutsche Landschaftsblicke von Rügen bis zu den Alpen mit. Und die Wirkung dieser ästhetischen wie emotionalen Erziehung ist nachhaltig. Man »sieht« nicht nur das Loire- oder das Rheintal, das schottische Hochland oder das Ruhrgebiet, sondern man »erkennt« es auch. Man »sieht« diesen vermeintlich authentischen Charakter der Landschaft in sie hinein. So wird die Region letztlich zu dem, was sie schon ist – weil sie lernt, sich nach diesem Bild zu gestalten.

Technik: Furcht und Euphorie

Für die Zeit vor Dampfmaschine und Eisenbahn galt, dass die Bestandteile und Funktionen der zumeist mechanischen Technik auch vielen Laien vertraut oder doch zumindest verständlich waren. Denn die technischen Verhältnisse hatten sich so wenig entwickelt, dass »zentrale Begriffskategorien« des Technischen über viele Jahrhunderte erhalten geblieben waren wie etwa das Boot, das sprachlich die gesamte historische Entwicklung vom Einbaum bis zum modernen Luftkissenboot umschreiben kann, oder in ähnlicher Weise eben auch der Wagen und die Waffe.[65]

Dies beginnt sich nun zu ändern, denn das neue Technikwissen tendiert zum exklusiven Spezialisten- und Expertenwissen. Immer mehr Gegenstände des Alltags werden benutzt, immer mehr Handlungen verrichtet, ohne deren Bau- und Funktionsweise wirklich zu kennen. Wie die Dampfmaschine funktioniert, wie und weshalb die Eisenbahn fährt, wird damals (wie heute) von den meisten Zeitgenossen nicht verstanden. Nicht umsonst entsteht daraus ein neues Genre von Geschichten, Liedern und Witzen, die dieses technische Nichtwissen und die entsprechenden Missverständnisse im Umgang mit dem neuen Verkehrsmittel ironisch aufspießen. Dabei sind es vorzugsweise die Landbevölkerung und die Frauen, die als Technikignoranten herhalten müssen – wie jene Bauersfrau, die auf dem fränkischen Dorfbahnhof in die Eisenbahn einsteigt und meint, ihre individuelle Sitzrichtung im Abteil entscheide jeweils darüber, ob der Zug sie nun nach Fürth oder nach Nürnberg bringt. Doch entwickeln sich natürlich auch seriösere Formen der technischen Aufklärung, seit 1800 vor allem erste fachwissenschaftliche Zeitschriften, in denen systematisch mit der Popularisierung von technischem Wissen begonnen wird. Das setzt sich in Wochenzeitschriften wie in Tageszeitungen fort: Artikel über technische Neuerungen werden veröffentlicht und vielfach auch begierig gelesen.

Aus dem vielfältigen Nicht-Wissen entsteht aber auch eine neue, spürbare Form der Technikfurcht. Denn die Dampfmaschine verkörpert optisch wie akustisch eben ein ausgesprochen dramatisches Technikungetüm, dessen Funktionsweise man für unverständlich und unberechenbar hält. Hinzu kommt Sorge angesichts der menschlichen Hybris, deren unzulässigen Eingriff in natur- und gottgegebene Verhältnisse. Vielen erscheint die neue Geschwindigkeit als eine Herausforderung der Schöpfung wie dem katholischen Publizisten Joseph Görres: »Wäre ganz Deutschland mit Ringelbahnen von einem Ende zum andern in alle Richtungen belegt und flögen Dampfwagen zu Tausenden in ihm über Berg und Tal, würden alle seine Flüsse von den Dampfschiffen bis zum tiefsten Grunde durchforscht, arbeiteten die Hebel sich müde in allen Winkeln, und wendeten sich um und um in allen seinen Straßen die Räder der Maschinen: was hülfe ihm alles, hätte es in dem klappernden Mechanismus die innewohnende Seele verloren?«[66]

Solche Befürchtungen werden noch lange erhalten bleiben, wenngleich insgesamt die Euphorie überwiegt. Friedrich List sieht den Menschen 1837 bereits durch die Eisenbahn ein »unendlich glücklicheres, vermögenderes, vollkommeneres Wesen« werden.

Ohnehin bleibt das Hauptproblem zunächst nicht die rein technisch-technologische Aufklärung, sondern vielmehr die Frage, wie die Eisenbahn und damit technische Großprojekte generell in einen bürgerlichen Gesellschaftshorizont integriert werden, in dem kulturelle und ästhetische Werte zumeist die materiellen überstrahlen, in dem Neuhumanismus und Idealismus einem eher schwärmerischen Gesellschafts- und Menschenbild des Guten, Wahren und Schönen nachhängen.

Immerhin: Bilder von den »neuen Dingen« bestehen damals längst. Erste Berichte über Dampfmaschinen finden sich bereits aus dem Jahr 1725: »Und auf solche Weise gehet die Machine Tag und Nacht, ohne Anlegung einiges Menschen Hand, nur daß beständig ein Mann die Feuerung unterhalten muß [...] und daß mit solcher Krafft und Schnelligkeit selbige so viel arbeitet, daß hundert Pferde solches nicht prästieren können [...].«[67] Dabei sind diese ersten Dampfmaschinen in ihren Abmessungen riesengroß, bis zu unglaublichen fünf Meter hoch mit einer Bodenfläche von fast 50 Quadratmetern. Dieses Ungeschlachte bleibt als Vorstellung offenbar zunächst an ihnen haften, aber eben auch die verblüffende Beobachtung, dass ihr Leistungsvermögen nicht schwankt und nicht abbricht, wie das bislang für alle tierische und menschliche Arbeitskraft als Grundgesetz galt. Denn verstehen lässt sich die Technik zunächst nur in den alten Begriffen von Biologie und Physik, und in denen verkörpert eine Maschine eine Art Lebewesen. So entwickelt sich streckenweise eine rührende »Poesie des Dampfes«, die mit allem arbeitet: mit Metaphern, Aphorismen, Alliterationen, Lautmalerei wie beim schönen lyrischen Beginn von Karl Isidor Beck: »Rasend rauschen rings die Räder/Rollend, grollend, stürmisch sausend ...«[68]

Nun geht es aber auch darum, die mit entstehende technische Sprache der Konstrukteure und Ingenieure in verständliche Sprachformeln und Bilder zu übersetzen. Auch hier gilt, dass Sprache und Kultur der Technik gleichsam »hinterherhinken«, weil erst der Gebrauch der neuen Dinge sie sprachlich und kognitiv fassbar macht. Umgekehrt baut diese Verspätung aber auch wiederum Verständnisbrücken, weil sie alte und neue Zeit, alte und neue Begriffswelt wechselseitig anschlussfähig hält. Bezeichnenderweise werden Dampfmaschine und Eisenbahn daher immer wieder in Tiermetaphern oder organologischen Darstellungen beschrieben, denn das lässt das Fremde durch sprachliche Anverwandlung vertrauter werden. Dann bedarf es freilich noch sehr viel genauerer Spezifizierungen, um Technik und Industrie in einer neuen Systematik des Wissens zu erklären. So muss zunächst das komplexe Prinzip Dampfkraft in die beiden Vorstellungen eines Antriebsmoments und eines Bewegungsmoments differenziert werden, um einerseits die stationäre Dampfmaschine und andererseits die mobile Lokomotive getrennt denkbar zu machen. Die Lokomotive wiederum ist dann noch weiter in die beiden Varianten der schienengebundenen Eisenbahnlokomotive wie des straßengebundenen Dampfwagens zu zerlegen, um kognitiv wie sprachlich in den getrennten Kategorien von Straßen- und Schienenfahrzeugen fassbar zu werden. Hinter dieser trennenden Sprachkonvention verbergen sich um 1850 auch bereits zwei getrennte technische Systeme: die erfolgreiche Eisenbahnlokomotive einerseits, andererseits der Straßendampfwagen, der als Dampfwalze oder -pflug ein Randphänomen bleibt.

Doch brauchen die Menschen nicht nur sprachliche, sondern auch tatsächlich sichtbare Bilder. Daher entwirft das Bildprogramm der Industrialisierung konsequent neue soziale Wahrnehmungskonventionen, die über Zeichnung, Gemälde, Modell und Fotografie zu einer generellen Visualisierung und Ästhetisierung des Technischen führen und neue Blicke auf Maschinen und Fabriken ermöglichen.

Immer wichtiger für diese anschauliche Vermittlung von Technikwissen in der Alltagswelt wird auch das Kinderspielzeug. Bereits für die Zeit um 1800 finden sich in adeligen wie bürgerlichen Autobiografien zahlreiche Hinweise darauf, wie erste Baukästen, Fernrohre, Elektrisiergeräte oder Kinderdraisinen Einzug ins Kinderzimmer halten. Bald entsteht eine Spielwarenindustrie, die in Blechspielzeugen auch Eisenbahnen und Maschinenwelten nachbildet und den »Umgang mit Technik« einübt. Hinzu kommen die panoramatischen »Guckkästen«, in denen sich kolorierte und beleuchtete Perspektivdarstellungen von Städten oder Schlachten betrachten lassen. Als frühe »Fernseher« holen sie Motive einer fernen Welt ins Kinderzimmer und schulen dabei zugleich ein neues Sehen in topografischen, historischen und ästhetischen Perspektiven. Theodor Fontane erinnert sich lebhaft an diese »augenblendenden« Guckkastenbildchen seiner Kinderzeit, welche ihm damals »die geschichtlichen Ereignisse der zwanziger Jahre« wie den griechischen Freiheitskampf einprägten.[69] Und der Wissenschaftler Ernst Münch lädt in seinen Kinderjahren nach und nach »die ganze Schule« zu sich nach Hause ein, um im väterlichen Guckkasten Merians Kupferstiche bewundern zulassen. Ihm selber habe sich aus diesen Bildern eine eigene »Art Weltansicht von Altem und Neuem in dem kleinen Kopfe« geformt.[70] Nach der Jahrhundertmitte wird dafür auch die Stereofotografie genutzt, deren Wirkung darauf basiert, dass der jeweilige optische Eindruck eines Gegenstandes auf der Netzhaut unserer beiden Augen geringfügig voneinander abweicht. Daher werden zwei leicht differierende Fotos im Guckkasten so angebracht, dass sie ein noch stärker räumlich wirkendes, dreidimensionales Bild ergeben. Die so genannten »Kaiserpanoramen« machen sich diesen Effekte zunutze und bieten kunstvoll inszenierte Aus- und Einsichten in ferne Welten an.

Wesentlich für die Veränderung des Sehens ist also bereits auch die Daguerrotypie, jene Vorform der Fotografie, die der Maler Jacques Daguerre entwickelt. Es ist eine visuelle Revolution, denn die neue Technik verspricht, das Leben selbst nun festhalten zu können. Zwar immer noch arrangiert durch den Fotografen, der die Haltungen und Posen ordnet, doch tritt ansonsten eben nichts mehr zwischen Auge und Motiv. Es scheint fixierte Wirklichkeit: Menschen, Gesichter, Blicke. Anfangs traut man sich freilich nicht, diese Bilder länger anzuschauen, weil man glaubt, »daß die kleinen, winzigen Gesichter der Personen, die auf dem Bilde waren, einen selbst sehen könnten, so verblüffend wirkte die ungewohnte Deutlichkeit und die ungewohnte Naturtreue der ersten Daguerrotypbilder auf jeden.«[71] Auch wird der Fotografie zunächst vorgeworfen, dass sie alles gleich mache: Sie zeige jedes Detail völlig gleichberechtigt und ohne die interpretierende Deutung der Malerei. Dadurch werde die Warze schließlich genauso wichtig wie die Nase, auf der sie sitzt.

Diese Scheu und Reserviertheit verliert sich jedoch in dem Maße, in dem klar wird, dass die Fotografie etwas kann, was dem Menschen zunehmend entgleitet: die sich ausdehnende und zerfließende Wirklichkeit in ihren Fragmenten und Partikeln optisch fest zu halten. Das Foto vermag nun Lebenswelten und Horizonte zu integrieren, die im wirklichen Leben fern und unübersichtlich erscheinen. Es hält Details fest und bietet sie zur ruhigen Anschauung an, die dem Auge ansonsten entgehen. Und es macht auch die Anwesenheit von Vergangenheiten möglich, die sich nun in die Gegenwart hereindrängen.

Mit dieser dokumentarischen Präzision scheint »Wirklichkeit« verbürgt: fixiert als Gegenwart und dokumentiert als Vergangenheit, die adäquate technische Abbildung einer zunehmend mechanisierten Welt. Damit werden bald neue Effekte möglich werden wie der »Schnappschuss«, der Szenen aus dem Leben »herausreißt«, oder die Bildserie, die Bewegungen und Entwicklungen zu verdeutlichen vermag. Fotografieren ist damit auf den Weg zu einem Alltagsmotiv und zu einer Alltagspraxis. Dabei spielt die Zeit wiederum eine ganz entscheidende Rolle. Die Heliografie benötigte im Jahr 1826 noch Belichtungszeiten von sechs bis acht Stunden für eine Aufnahme, die Daguerrotypie ab 1837 dann nur noch 15 Minuten, bald sind es lediglich Zehntel- und Hundertstelsekunden. Heutige Hochgeschwindigkeitskameras »schießen« sogar mehrere tausend Fotos pro Sekunde.

Neue Ansichten von Raum und Zeit liefert auch die Architektur. Einerseits sind es die Gebäude selbst, die technische Einrichtungen beherbergen wie Bahnhof und Wasserwerk, Mühle und Fabrik und die durch ihre bauliche Gestaltung zugleich integrieren wie repräsentieren sollen. Dies geschieht, indem das Neue durch das Alte gerahmt, überhöht und auratisiert wird. Die Wiederentdeckung der ebenso lichtvollen wie machtbewussten Gotik etwa, die Romantiker und Rationalisten gleichermaßen fasziniert, weil sie Nüchternheit und Pathos in sich zu vereinigen und dem technischen Fortschritt anzuverwandeln scheint, schafft solche auratischen Rahmungen und Codierungen: die Fabrikhallen und Bahnhöfe als Backsteinkathedralen, die Brücken und Viadukte als Triumphbögen der Technik. Damit wird den Menschen ein respektvolles Betrachten beigebracht, das sie als ästhetischen Code aus der sakralen Tradition längst kennen. Und dieser Respekt wird nun auf die neuen, unbekannten Dinge übertragen. Die Ehrfurcht gilt also beidem: dem bekannten Gehäuse wie dem unbekannten Inhalt. Es ist eine Architektur der historischen »Einkleidung«, die durch das ganze 19. Jahrhundert hindurch den technischen Objekten eine doppelte Aura verschaffen soll: die der Geschichte wie die der Zukunft.

Daneben sind es vor allem die Visionen und Konzepte einer modernen Stadt, in denen die Gegenwart neu mit Vergangenheit und Zukunft verbunden wird. Gottfried Semper etwa schafft in Dresden und Wien die »Emanzipation der Oberfläche von der tragenden Struktur«, verleiht also dem »Raumkleid« der Gebäude eine eigene Bedeutung und Sprache, die sich nicht einfach aus Statik und Funktion ergibt. Damit löst er den romantischen Klassizismus eines Karl Friedrich Schinkel in gewisser Weise ab, macht seinerseits zwar auch Anleihen beim italienischen Renaissancestil, entwickelt aber an herausragenden Bauten wie Hoftheater und Oper in Dresden oder Züricher Polytechnikum und Neubau der Wiener Hofburg einen prägenden nüchternen Stil. Einen Stil, der zugleich den hohen Anspruch stellt, öffentlichen Raum neu zu gestalten und einzuschließen.[72]

Dominant wird damit in den deutschen Ländern wie längst auch in England, Frankreich, Italien oder Österreich nun das Konzept eines Ästhetizismus, in dem die Kunst als konstitutiver Bestandteil der Selbstdarstellung von Gesellschaft betrachtet wird. Dieser Ästhetizismus hat mehrere Gesichter: Zum einen ist er die Fortführung und Variation der Traditionen des Klassizismus Wiener und Berliner Prägung. Zum zweiten verkörpert er sich in der Gestaltungsvielfalt einer nun dominanten bürgerlich-liberalen Kultur, die sich architektonisch fast beliebige Anleihen erlaubt und im Stil selbstbewusst eklektisch bleibt. Zum dritten sind es die sich ankündigenden Raumprofile einer städtischen Massengesellschaft: Verkehrsbauten wie Mietskasernen, aber bereits auch Stadt- und Volksparks zur ästhetischen Durchgrünung der Stadt wie zur Erholung ihrer Einwohner. Und zum Vierten entstehen die neuen Funktionsbauten der Bahnhöfe und Postämter, der Industriebauten und

Banken, für die es keine unmittelbaren Vorbilder gibt, für die eine eigene Gestalt also erst entwickelt werden muss. Dies geschieht in unterschiedlicher Richtung, teils rückwärts gewandt und in Form von historischen Zitaten wie der Schlossgestalt für Fabriken, teils aber auch im Vorgriff auf eine Moderne jener fragilen Stahlkonstruktionen, Glasfronten und Hochbauten, wie sie dann die Weltausstellungen ab 1851 in Paris und London präsentieren.

Heroische Aussichten: Das Panorama

Neu ist diese industrielle Moderne bereits in ihren Anfängen aber auch im Blick auf die Zumutungen, die sie an die menschlichen Sinne stellt. Lärm und Schmutz, Rauch und Staub, Tempo und Hektik werden in einer Intensität produziert, die vorher weithin unbekannt war, weil es eine vergleichbare räumlich-organisatorische Konzentration von Menschen und Häusern, von Maschinen und Energie nicht gab. Deren Geräusch- und Schmutzglocke hüllt die Menschen nun regelrecht ein und betäubt sie. »Ich bin noch schwindlig, benommen vom Hämmern der Pressen, vom Klappern der Maschinen und vom Wirbeln der Räder; mein Kopf schmerzt von der Unmenge infernalischer Geräusche und meine Augen vom Licht infernalischer Feuer – ich darf hinzufügen, mein Herz auch, beim Anblick so vieler infernalische Tätigkeiten ausübender menschlicher Wesen. [...] So schmutzig einige unserer eigenen alten Städte sein mögen, ihr Dreck ist unschädlich, er liegt in trägen Haufen, die niemanden ärgern als diejenigen, die gerade durch den kleinen Bereich ihrer Ausdünstungen gehen. Hier aber ist der Schmutz aktiv und bewegt sich, ein lebendiges Unheil, das die ganze Atmosphäre erfüllt und überall durchdringt, alles sprenkelt und befleckt und in die Poren und Nasenlöcher gelangt.« So schildert der Dichter Robert Southey 1807 Birmingham, ein Zentrum der englischen Frühindustrialisierung.[73] Und der junge Georg Weerth formuliert um 1843 ähnlich entsetzt und drastisch: »Jede andere Fabrikstadt Englands ist ein Paradies gegen dieses Nest; die Luft in Manchester liegt einem wie Blei auf dem Kopfe; in Birmingham ist es nicht anders, als säße man mit der Nase in einer Ofenröhre; in Leeds muß man vor Staub und Gestank husten, als hätte man mit einem Male ein Pfund Cayenne-Pfeffer verschluckt – aber alles das läßt sich noch ertragen! In Bradford glaubt man aber nirgendsonstwo als beim leibhaftigen Teufel eingekehrt zu sein.«[74]

England wird so zum europäischen Modell nicht nur der frühen Industrialisierung, sondern auch von Industrieliteratur und Industriekritik. Ihm folgt der Kontinent auch in dieser Hinsicht allmählich nach. So entsteht in Deutschland der so genannte Fabrikroman, der Stoffe und Motive dieser neuen Industriewelt aufnimmt und als deren erster »Die Epigonen« von Karl Immermann aus dem Jahr 1836 gilt. Es ist ein kritisch-realistischer Roman, in dem mittlerweile bereits die zweite Generation der bürgerlichen Aufsteiger an die Hebel von Wirtschaft und Politik kommt, sich dabei allerdings als oberflächlich und schwach erweist, eben als epigonal. In weitem Bogen werden Orte und Charaktere vorgeführt, die der Bremer Senatorensohn Hermann auf seinem Weg durch die deutschen Regionen trifft. Und es wird deutlich gemacht, wie tief dieser Wandlungsprozess in die Poren der Gesellschaft eindringt, in die der Menschen wie die der Landschaften. »Abermals sah Hermann das tiefe gewundene Tal vor sich liegen, aus welchem die weißen Fabrikgebäude des Oheims hervorleuchteten. Die Maschinen klapperten, der Dampf der Steinkohlen stieg aus engen Schloten und verfinsterte die Luft, Lastwagen und Packenträger begegnete ihm. [...] Fast alle Zweige dieser Art menschlicher Tätigkeiten hatten sich hier im Umkreise weniger Stunden abgelagert. Man mußte wirklich über den Geist des Mannes erstaunen, der in verhältnismäßig kurzer Zeit eine ganze Gegend umzuformen verstanden hatte. Aus einfachen Landbauern waren Garnspinner, Weber, Bleicher, Messer- und Sägenschmiede, Glasbläser, Töpfer, Vergolder, ja sogar Zeichner und Maler gemacht worden.«[75] In vielen dieser literarischen wie journalistischen Texte ist neben dem Staunen und der Bewunderung angesichts dieser Industrie- und Maschinenwelt bereits auch deutliche Sozialkritik enthalten. Eine Kritik an äußeren Lebensumständen dieser Industrialisierung und Urbanisierung, aber auch an den inneren Einstellungen, die

Adolph Menzel, Selbstbildnis mit Arbeiter am Dampfhammer (1872)

der industrielle Kapitalismus nun freisetzt und die mit den Idealen der europäischen Aufklärung oft nur schwer vereinbar erscheinen.

Eine ganz wesentliche Rolle dabei spielen die »Panoramatexte« von Heinrich Heine, Ludwig Börne und Georg Weerth. In ihnen wird vor allem Großstadtleben in seinem Facettenreichtum, seiner Hektik, seiner Härte, seiner Massenhaftigkeit tatsächlich panoramatisch ausgebreitet, oft ausschnitthaft und collageartig komponiert, um die Komplexität des Neuen zu vermitteln. Oft wird auch die Briefform gewählt oder die der Skizze, des Tagebuchs, des Gesprächs, um gleichsam in impressionistischer oder dialogischer Annäherung dem komplizierten Gegenstand besser gerecht werden zu können. Literatur soll auch Wissen verbreiten, will Welt-Anschauung bewirken durch öffnende Ausblicke. Heine vor allem treibt diese Funktionsbestimmung von Literatur und Kunst weiter voran, indem er sich gegen die lähmende »Kunstbehaglichkeit« eines Goethe und der Klassikrezeption stellt, die nur dem »Schein des Lebens« galt, nicht dem Leben selbst: »Die neue Zeit wird auch eine neue Kunst gebären, die mit ihr selbst in begeistertem Einklang sein wird, die nicht aus der verblichenen Vergangenheit ihrer Symbolik zu borgen braucht, und die sogar eine neue Technik, die von der seitherigen verschieden, hervorbringen muß.«

Begriff und Gegenstand des Panoramas beschreiben den Versuch, mit künstlerischen wie künstlichen Mittel möglichst viel »Welt« in einer Perspektive einzufangen, die Fragmentierung und Zerrissenheit der Wirklichkeitslandschaften also wieder in eine Gesamtübersicht zu integrieren. Dolf Sternberger hat diesen Gedanken vor fast 50 Jahren zu einer bereits klassischen Erklärungsperspektive der modernen Wahrnehmungsgeschichte entwickelt. So versuchen die Panoramabilder seit dem Ende des 18. Jahrhunderts genau dies: die Vielfalt, die Geschwindigkeit und die Prozesshaftigkeit des frühindustriellen Wandels von Landschaft und Raum in kaleidoskopartigen Momentaufnahmen zu erfassen. Natur wird als plastische Ansicht von Bergen und Tälern, von Sonnenuntergängen und Stadtsilhouetten dadurch ganz unmittelbar an den Betrachter herangerückt, dass zum einen die Gegenstände und

Details möglichst naturalistisch gemalt sind und zum andern der Vordergrund des Prospekts von wirklichen Steinen, Wegrändern oder Sträuchern gebildet wird. Physische und gemalte Gegenstände sind also kaum mehr zu unterscheiden, die Grenze verschwimmt. Und die Illusion der Wirklichkeit wird gerade dadurch erreicht, dass jedes Illusionistische von Malerei und Montage strikt verleugnet und diese Täuschung durch die Nutzung von Lichteffekten gar noch verstärkt wird. Raum wird dabei zur kognitiven Dimension, Landschaft hingegen zur sinnlichen.

Mit dem zitierten Bild von der Nordsee, die mit dem Bau der Eisenbahn nun vor den Toren von Paris brandet, hat Heine aber auch eine andere ästhetische Erfahrungsdimension angesprochen, in der sich die bürgerliche Kultur nun einrichtet. Es ist die Entdeckung bzw. Neuentdeckung der Natur. Nach der Aufklärung, die darin noch das Ursprüngliche und Einsame, die Distanz zur Gesellschaft aufgefunden hatte, geht nun die Gesellschaft gleichsam selbst in die Natur hinein, indem sie sich ihrer mit neuen industriellen wie kulturellen Mitteln bemächtigt. Zwei europäische Landschaftstypen werden in dieser Zeit endgültig zum Ziel eines Tourismus, der mit ihrer Entdeckung zugleich unaufhaltsam in den Massentourismus übergehen wird: zum einen die Alpen, zum andern die west- und nordeuropäischen Küsten.

Im Falle der Alpen ist es die Herausforderung einer durch Mensch und Wissen nun zu bewältigenden und zu erobernden mächtigen Natur, die bestiegen sein will, um sich zu beweisen, aber auch um ihr jene sehnsuchtsvolle Weite der panoramatischen Sicht abzuringen. Die ersten englischen Gentlemen-Bergsteiger in den Alpen haben diesen Weg in der Mitte des 18. Jahrhunderts gewiesen. Und die Wanderer, unter ihnen Meister Goethe auf dem Berner Rigi, sind ihnen auf gemäßigteren Touren und Routen gefolgt. Freilich scheinen nicht alle von diesem Panorama gleichermaßen beeindruckt. So empfindet Hegel schon 1796 die »ewig todten Massen« der Bergwelt im Berner Oberland als ausgesprochen »einförmig« und eine »in die Länge langweilige Vorstellung: es ist so.« Und Victor von Scheffel spricht 1851 mit sarkastischen Unterton davon, dass das »Schauspiel des Sonnenaufgangs« auf dem Rigi schon regelrecht »handwerksmäßig betrieben« werde.

In der Tat übt der Blick der Reisenden aus dem Zugfenster auf die vorbeifliegenden Berglandschaften diese Perspektive bereits massenhaft ein. Und umgekehrt wird auch die Landschaft längst als Kulisse so aufgebaut und inszeniert, dass sie in Gestalt von Parks, Alleen oder Flussufern dem Beobachterblick ihr Panorama bereits selbst anbietet, ja aufnötigt. Der ästhetisierende Blick dringt also gleichsam in die Landschaft selbst ein, gestaltet sie um und imprägniert sie, damit sie eine Form erhält, wie sie das geschulte und erwartungsvolle Auge sich erhofft. So wird letztlich der Landschaftspark mit seinem programmatischen Einsichten und Ausblicken zur Verkörperung dessen, was wir uns in Europa am liebsten unter »Natur« vorstellen mögen: heroische Ausblicke auf Landschaften, deren ästhetische Inszenierung und Codierung uns anrühren, weil sie unseren Erwartungen entsprechen. Sternberger hat diese Panoramatisierung der Landschaft wesentlich der Eisenbahnerfahrung zugeschrieben: »Die Eisenbahn bildete die neu erfahrbare Welt der Länder und Meere selber zum Panorama aus. Sie verband nicht bloß zuvor entfernte Orte miteinander, indem sie den überwundenen Weg von allem Widerstand, Unterschied und Abenteuer befreite, sie wendete vielmehr die Blicke der Reisenden, da das Reisen selbst so bequem und allgemein wurde, nach außen und bot ihnen die reiche Nahrung wechselnder Bilder dar, welche während der Fahrt die einzig mögliche Erfahrung ausmachten.«[76]

Diese Panoramatisierung gilt erst recht für die Erschließung der europäischen Küstenlandschaften. Vor allem die französische Atlantikküste, aber auch die deutsche Nord- und Ostseeküste inszenieren sich zwar mitunter auch als archaische Naturgewalt. Ansonsten aber soll hier doch eher die menschliche Natur durch den äußeren Naturgenuss verbessert werden: durch den Strandspaziergang, die Seeluft, das Seebad. Längst ist die Badereise der adeligen und großbürgerlichen Familie nicht mehr nur auf die mondänen Kur- und Badeorte des Inlandes beschränkt, vielmehr sind auch die Seebäder mit ihrer wilderen Natur in Mode gekommen. Kalte Bäder, Salzwasser, Seeluft und Wellen stehen hoch im Kurs eines neuen bürgerlichen Natur- und Körperbewusstseins. Und die Eisenbahn macht diese Seebäderlandschaften nun leichter erreichbar und fördert zugleich deren Ausbau. Borkum, Norderney, Helgoland und Westerland kommen bei den Bürgern allmählich ebenso in Mode wie Ostende, Scheveningen und Blankenberghe oder die englischen und französischen Badeorte. Der »Sommer an der See« wird für bürgerliche Familien zu einem festen Topos in Kindheitserinnerungen, Lebensläufen und Weltanschauungen und zu einer festen Station in den Rites de Passage europäischer Bürgerkultur. Nicht umsonst nimmt die bürgerliche Literatur von William Makepeace Thackeray über Tomasi di Lampedusa bis zu Thomas Mann dieses Sommerreisemotiv immer wieder auf, verfeinert es und verbreitet es damit weiter.

So wird beides, das Berg- und das Seepanorama mit ihren himmelhohen Weiten, allmählich zu prototypischen Sehnsuchtskulissen bürgerlicher Ferien- und Fernwehträume. Und mit ihnen entsteht in Europa nun eine völlige neue Reise- und Ferieninfrastruktur, die unserer heutigen Urlaubswelt. Die Anreise mit Zug, Dampfschiff und Kutsche lässt sich bald ebenso planen, kombinieren und vorbuchen wie Hotelaufenthalte, Badekuren, Bergtouren und Strandkörbe. Es entsteht ein breites Dienstleistungsangebot, das die Räume und die Landschaften systematisch auf ihre touristische Bestimmung vorbereitet und damit beides marktförmig erschließt: die Tourismusregionen wie das touristische Publikum.

Informationsnetze: Welt- und Stadtlandschaften

Im Jahr 1851 findet die erste Weltausstellung in London statt, eine erste große Schau der industriellen Moderne. 17 000 Aussteller zeigen den über sechs Millionen Besuchern und weiteren Millionen Zeitungslesern in aller Welt das Neueste aus Handwerk und Industrie, aus Wissenschaft und Kunst – Dinge, die noch niemals nebeneinander und gleichzeitig zu sehen waren. Dies, die »Erfahrung aus erster Hand«, ist das eigentlich Sensationelle dieser Ausstellung in einer Zeit, in der Text- und Bildtechniken gerade erst die massenhafte optische Verbreitung von Ansichten zu gestalten beginnen. Um dieses Sehen optimal zu ermöglichen und zugleich dramatisch zu inszenieren, wird in London der »Crystal Palace« erbaut, ein gewaltiger und dabei doch zierlicher Pavillon aus Gusseisen und dünnem Glas, der das Publikum weltweit fasziniert und zu einem festen utopischen Fortschrittssymbol wird.

Auf den folgenden Weltausstellungen wird noch eindrücklicher ein Fortschrittsoptimismus inszeniert, der hier endgültig seine europäische Handschrift zeigt. Denn die ausgestellten »Weltlandschaften« aus Technik, Ästhetik und Folklore wirken nachhaltig auch als große, einübende Schulen der Darstellung wie der Wahrnehmung der industriellen Moderne. Walter Benjamin wird diese Großveranstaltungen später sarkastisch als »Wallfahrtstätten zum Fetisch Ware« klassifizieren und damit vor allem diese symbolische und ästhetische Prägekraft ansprechen. Insbesondere die dritte Pariser Weltausstellung von 1889 zum 100. Jahrestag der Französischen Revolution gerät zum Versuch einer umfassenden europäischen Standortbestimmung. Nicht allein der neue stählerne Eiffelturm und neue Maschinen und Erfindungen locken unglaubliche 32 Millionen Besucher an die Seine, sondern vor allem auch die neuen Inszenierungen kolonialer Weltbilder, die den Europäern das exotische Fremde vorführen. So tritt eine »Kolonialarmee« von einhundert Soldaten eindrucksvoll an, fünf »ethnografische Dörfer« und eine »Straße von Kairo« bilden die afrikanische bzw. orientalische Kulisse für »Völkerschauen«, bei denen man arabische Karawanen, Eskimofamilien oder javanische Tänzerinnen bewundern kann.[77] Dabei sind die kulturellen Brücken dann unerwartet und rasch geschlagen. Vom afrikanischen oder javanischen Tanz und von den Tableaux vivants, den »lebenden Bildern« mit eindrucksvollen Szenen aus dem Leben der »Wilden«, führt der Weg schnell und geradewegs ins Pariser Nachtleben. Dessen Revuen und Theater nehmen solche exotischen Motive gerne auf: das »Fremde« als Objekt und Vorwand für Schaulust wie Lust. Ganz nebenbei feiert damit auch die Ethnologie als Völker- und Folklorewissenschaft Urständ, weil sie damit zu einem wichtigen Motivlieferanten der neuen Bild- und Textmedien wird. Sie hilft dabei, die »ferne Welt« in die Nähe zu holen.

In stählernen Netzen

Für diese Annäherung und Verdichtung der Welt hat die optische Telegrafie technisch wie kommunikativ bereits besondere Vorreiterdienste geleistet. Sie begann mit dem Balkentelegrafen, wie er seit 1794 in Frankreich entwickelt wurde. An hohen Masten in der Landschaft wurden drehbare Balken oder Flügel angebracht, an deren Stellung wiederum die Telegrafisten per Fernrohr die Nachrichten ablesen konnten. Ab 1803 dauerte ein militärisch-telegrafischer Dialog von Paris nach Straßburg und zurück nur fünf Stunden, die Pferdepost brauchte dafür noch zwei Tage. Damit war das erste wirklich »schnelle« europäische Telekommunikationssystem entstanden. Auch Preußen errichtete 1834 eine Zeigertelegrafenlinie von Berlin über Magdeburg und Köln nach Koblenz mit 61 Zwischenstationen, die bei gutem Wetter ein Signal in knapp acht Minuten übermittelte. Ein Jahr später wurde zwischen Sankt Petersburg und Odessa auch eine russische Fernlinie aufgebaut, in der 450 Teleskope stationiert waren, um die Räume zwischen den Stationen möglichst weit auseinander ziehen zu können. All dies sind die Anfänge einer neuen Informationstechnologie, die auf der beschleunigten Zerlegung von Botschaften und auf deren beschleunigter Wiederzusammensetzung als Prinzip medialer Entwicklung baut. Ein informationstechnologisches Grundprinzip, das uns bis heute geblieben ist.

Ab 1809 war auch die elektrische Telegrafie entwickelt worden. 1833 gelingt in Göttingen die erste elektromagnetische Nachrichtenübermittlung auf einer Probestrecke, und im Jahr 1844 nimmt die erste Telegrafenleitung zwischen Washington und Baltimore tatsächlich ihren Dienst auf. Die erste elektrische Telegrafenlinie in Deutschland ist 1848 die von Berlin nach Köln, konzipiert als ein »schneller Draht« militärischer Verständigung mit der Rheinprovinz. Und Österreich verfügt bereits 1851 über 3500 Kilometer militärisches Telegrafennetz, das Wien mit Prag, Budapest, Triest, Innsbruck und Mailand verbindet. Ab 1855 dann werden Netz und Netzzugänge auch der privaten Nutzung geöffnet – bald europaweit.[78] Das einfache »Strom an – Strom aus« der Telegrafie im Morse-Alphabet wird zur Grundlage des binären Codes auch der späteren Computer.

Zum ersten Mal in der Geschichte ist damit eine differenzierte Telekommunikation fast in »Echtzeit« möglich. Nur mit vergleichsweise geringer Zeitverzögerung – beim optischen Telegrafen noch Stunden, beim elektrischen lediglich Minuten – erreicht die Mitteilung den Empfänger, der unmittelbar darauf antworten kann. Dieser schnelle Reaktionsbogen bedeutet eine tatsächliche Kommunikationsrevolution, weil bis dahin jede Nachrichtenkommunikation, also eine einfache Sequenz von Nachricht und Antwort, nicht schneller sein konnte als eine Reiterstafette. Für jeweils hundert Kilometer waren mindestens vier Stunden zu rechnen gewesen, und das hatte Europa bis dahin zu einem ungeheuer weitläufigen Nachrichtenraum gemacht. Nun rechnet die kontinentale Beförderungszeit faktisch gar nicht mehr, Europa rückt in einer engen Nachrichten-Zelle zusammen.

Telekommunikation bedeutet aber nicht nur hohe Kommunikationsgeschwindigkeit, sondern auch hohe Frequenz und Dichte. Die Reiterstafette konnte in ihrer Wegezeit nur eine Nachricht hin- und eine zweite zurücktransportieren, während das Telegrafensystem nun den schnellen zweiseitigen Informationsaustausch ermöglicht und damit Nachrichten, Informationen und Entscheidungen endgültig dialogisch strukturierbar macht. Das ist ein unglaublicher Fortschritt auch in der Kommunikationsqualität.

Diese neue Technik funktioniert freilich zunächst nur kontinental, denn die ersten Telegrafenkabel können nur ober- oder unterirdisch verlegt werden. Erst die Entwicklung eines neuartigen Isolierverfahrens, bei dem die Kabel mit dem gummiähnlichen Guttaperchta ummantelt werden, macht dann auch die Durchquerung von Wasserstraßen und Ozeanen möglich. 1851 wird das erste funktionierende Kabel durch den Ärmelkanal von Dover nach Calais verlegt. 1866 folgt dann – nach vielen Fehlversuchen – die erste transatlantische Kabelverbindung von Europa nach Amerika, dann bald andere nach Indien, China, Australien und Afrika. Führend auf dem Gebiet der Kabeltechnologien und damit Weltnachrichtenzentrale ist bis 1900 Großbritannien. Erst danach bauen Frankreich, die USA und Deutschland eigene globale Kabellinien auf. Die damit verbundenen Zeitersparnisse in der interkontinentalen Kommunikation sind nun revolutionär: Bis 1866 benötigte ein Brief von Europa in die USA mit dem Postdampfer im günstigsten Falle sieben Tage, jetzt wird die Nachricht in vier Minuten übermittelt.[79]

Bis nach 1850 sind also bereits wesentliche technische Erfindungen der industriellen Moderne gemacht. Ihre Durchsetzungsgeschwindigkeit ist jedoch eher langsam. So setzt sich die Dampfmaschine, deren Funktionsweise seit 1753 bekannt war, in Kontinentaleuropa erst nach 1800 durch, und die Dampflokomotive benötigte dafür ebenso mehrere Jahrzehnte wie nun die Telegrafie. Ähnlich verhält es sich mit anderen Entwicklungen im Bereich von Technologie und Technikwissen, aber auch mit der Durchsetzung von Prinzipien etwa der Lesefähigkeit, der Ausbildung oder der Ästhetik. Offenbar spielen die jeweiligen Umstände, Kontexte und Erfahrungen, also die sozialen und kulturellen Faktoren bei der Um- und Durchsetzung von Innovationen eine große, wenn nicht die entscheidende Rolle. Erfindungen müssen erst sozial akzeptiert, Fähigkeiten erst kognitiv identifiziert, Bedürfnisse erst kulturell geweckt, Gesellschaften erst mental wie symbolisch auf »Neues« vorbereitet werden. Reclams »Universalbibliothek«

tut dies in idealtypischer Weise: Goethes »Faust« wird mit Hilfe neuer Drucktechnik und Vertriebsorganisation seit 1896 massenhaft verfügbar gemacht.

Nach 1850 nun scheint diese Vorbereitung gelungen, denn die Durchsetzungsgeschwindigkeit von Innovationen erhöht sich entscheidend. Materielle Technik dringt schneller in den Alltag ein, setzt sich in rascherem Tempo und auf breiterer Front auch in Alltagserfahrung und Alltagswissen um. Die massenhafte Verbreitung über gesellschaftliche Orte wie die Industriestädte und über kulturelle Medien wie die Zeitungen verändert die Kontextbedingungen offenbar mindestens ebenso nachdrücklich wie die Marktkräfte, die nun allmählich in alle Poren der Lebenswelten eindringen und dort nicht nur Arbeits- und Konsumverhältnisse verändern, sondern die Lebensverhältnisse insgesamt. Damit erweist sich die Moderne in erster Linie auch als eine Epoche erhöhter *kultureller* Aufnahme- und Innovationsbereitschaft in der Gesellschaft.

Mit dieser veränderten Einstellung wiederum festigt sich jene Fortschrittsvision, in der sich vom europäischen Zentrum aus »stählerne Netze« um die Welt schlingen, Kontinente und Länder verbindend und damit neue Nähen schaffend. Netze, deren Maschen durch jene stählernen Fäden der Eisenbahnlinien, der telegrafischen Überseekabel, bald der Elektrizitätsleitungen, auch der architektonischen Stahlkonstruktionen nach dem Vorbild des »Crystal Palace« oder der weltweiten Routen der stählernen Dampfschiffe zu Wasser oder der Zeppeline am Himmel verbunden werden. Die zeitgenössischen Landkarten befördern genau diese Perspektive, wenn sie den Globus als Netzkarte abbilden oder immer neue Rekordtabellen von gebauten Eisenbahnstrecken oder verlegten Telegrafenkabeln veröffentlichen. Und diese Perspektive ist überaus Europa-lastig, weil diese Fäden vom europäischen Zentrum aus wie ein Spinnennetz um den »Rest der Welt« gewoben werden, den globalen Raum organisierend und zugleich beherrschend. Noch kann dieser Eurozentrismus im Rahmen der herrschenden Fortschrittssicherheit kaum kritisch oder gar selbstkritisch reflektiert werden, weil der missionarische Grundgedanke der Aufklärung auch das Sendungsbewusstsein der Moderne prägt: der Welt Humanität zu bringen – die der europäischen Werte wie Werke. Und diese Werte nehmen immer deutlicher die Gestalt der technischen Zivilisation an. So benutzt auch Walther Rathenau später dieses Bild der Netze, wenn er rückblickend in der Mitte des 19. Jahrhunderts einen tiefen »Schnitt« in der gesellschaftlichen Entwicklung sieht, der von den Entwicklungen der Städte und ihrer Technik ausgeht: »Im Mittelpunkt eines Spinnwebes von Schienen gelagert, schießen sie ihre versteinerten Straßenfäden über das Land. Sichtbare und unsichtbare Netze rollenden Verkehrs durchziehen und unterwühlen die Schluchten und pumpen zweimal täglich Menschenkörper von den Gliedern zum Herzen. Ein zweites, drittes, viertes Netz verteilt Feuchtigkeit, Wärme und Kraft, ein elektrisches Nervensystem trägt die Schwingungen des Geistes.«[80]

Zu Beginn des Eisenbahnzeitalters deutet sich diese neue Aufnahmebereitschaft in den europäischen Gesellschaften schon an. Ohne recht zu wissen, wie das neue Verkehrsmittel funktioniert, setzt man sich hinein und benutzt es: 1850 zählt man in Preußen bereits 9 Millionen Eisenbahnpassagiere, gegenüber nur noch 2 Millionen Postkutschenreisenden. Zeit und Raum scheinen fürs Erste überwältigt und gebändigt – jedenfalls technologisch. Auch wenn gerade die Eisenbahntechnologie noch völlig neu ist in Bezug auf Material wie Streckenführung, auf Signalorganisation wie Logistik, scheint das vorhandene Techniker- und Ingenieurswissen brillant genug, alle Probleme zu lösen. Denn gerade diese Berechenbarkeit aller Probleme meint letztlich »Fortschritt«: die Sicherheit, dass sich alles Unsichere letztlich mathematisch auflösen und technisch sichern lasse. Diese Sicherheit scheint durch die Kühnheit des Eisenbahnprojektes mit seiner oft atemberaubenden Streckenführung und Geschwindigkeit immer wieder bestätigt. Und dies, obwohl es bald zu einer ersten großen Katastrophe kommt: 1842 verbrennen in einem Eisenbahnzug bei Versailles 50 Menschen, weil sich bei der Entgleisung die hölzernen Wagons ineinander verkeilen und entzünden. Ansonsten wirken die ersten Eisenbahnunfälle bei niedriger Geschwindigkeit und einfacher Infrastruktur zunächst eher harmlos, meist verursachen sie nur leichte Materialschäden.

Eine ganz besondere Herausforderung wird dann die Überquerung der Alpen. Dort werden zunächst vor allem zahllose Viadukte und Hochbrücken errichtet, um den Hauptkamm des Gebirges überwinden zu können. Eine logistisch wie ingenieurstechnisch hoch anspruchsvolle Aufgabe, für deren Lösung es kaum Vorerfahrungen gibt. Bei den Brücken handelt es sich zumeist um außergewöhnliche Stein- und Eisenkonstruktionen, weil hier bereits in schwerindustriellen Konstruktions- wie Transportkategorien gedacht wird. Industrielle Produktionsorte sollen verbunden, schwere Lasten befördert, allseitige Transportlogistik ermöglicht werden. In den 1880er Jahren macht dann jedoch eine Serie schwerer Eisenbahnunglücke deutlich, dass für die ständig wachsenden Anforderungen an Transportkapazität und Geschwindigkeit noch keine angemessene Sicherheitstechnik existiert. Gehäuft kommt es zu Unfällen, beginnend mit dem Einsturz der damals mit 3552 Metern längsten Eisenbahnbrücke Europas über den Firth of Tay in Schottland, die einen Zug mit 76 Reisenden in den Tod reißt. Dabei ist hier keineswegs mangelhafte Ingenieurskunst die Ursache, sondern das risikohafte Gesetz der neuen Ökonomie: Die ursprünglich viel stärker ausgelegte Statik der Brücke war reduziert worden, um die Baukosten niedrig zu halten.

Auch diese Information bleibt im kollektiven Gedächtnis haften, weil sie wiederum klar macht, dass auch die Technik nicht nur rein physikalischen Gesetzen folgt, sondern auch wirtschaftlichen und gesellschaftlichen. So ist dieses Unglück Anlass für Theodor Fontanes berühmte Ballade »Die Brück' am Tai«, in der die Schicksalshexen das Urteil über die Brücke mit den Worten fällen: »Tand, Tand, / Ist das Gebilde von Menschenhand!« Die Hybris menschlicher Technikvisionen wird im Angesicht der verlorenen Sicherheit nun stärker empfunden.

Von Anfang an unsicher und abenteuerlich erscheinen jedoch die Eisenbahntunnel. Als erster Alpentunnel wird 1871 der durch den Mont Cenis in Frankreich eröffnet, für den zwölf Kilometer Berg in 14 Jahren Bauzeit zu durchstoßen waren. Ihm folgt 1881 der schweizerische St.Gotthard-Tunnel, 15 Kilometer lang, nach nur mehr neun Jahren Bauzeit. Mit jedem neuen Bau lernt man hinzu, kann Risiko und Gefahr jedoch nie ausschalten. Abenteuerlich und unsicher erscheinen vielen Reisenden aber selbst die bloßen Tunneldurchfahrten. Bei der Vorstellung, durch eine geschlossene dunkle Röhre im Berg zu rasen, schwingen die Urangst, das Klaustrophobe, die Furcht vor dem Dunkel da draußen stets mit. Gleichzeitig ist das Gefühl, wie in einem Projektil durch den Raum zu fliegen, gerade hier wohl am stärksten, wo Landschaft zwar fehlt, aber durch den Effekt der vorbeirasenden Tunnelwand der optische und akustische Eindruck von Geschwindigkeit am bedrängendsten ist.

Auch wahrnehmungstechnisch durchtrennt der Tunnel das Kontinuum der Reisebewegung auf abrupte und radikale Weise. Er teilt Strecke und Zeit in Segmente auf, gliedert sie so in Perspektivwechsel und Erlebnisabschnitte, die bestimmten Eisenbahnstrecken dadurch ihren eigenen Reiz verleihen. So werden insbesondere italienische Küstenstrecken schon sehr früh und gerne auch als ein geradezu passagenhafter Erlebnisraum beschrieben, der sich eigentlich nur über die Bahnfahrt so richtig erschließe, weil dann der ständige Wechsel von lichtdurchfluteter Meeressicht und rabenschwarzem Tunnelblick dem Auge des Reisenden einen eigenen Rhythmus optischer Reize und Sensationen aufzwinge. Ähnlich eindrucksvoll umschreibt man das Überfahren der Alpen. Und dabei ist nun weniger die reine Schnelligkeit der Eisenbahn das zentrale Motiv als vielmehr jenes der ingenieurtechnischen Bewältigung der Natur. Die Eisenbahn, die allmählich selbst die hochalpine Bergwelt erobert, weil Ingenieurskunst inzwischen Schluchten, Steigungen und Kurven zu bewältigen vermag, verkörpert hier eher Kontinuität und Konstanz: ein zähes, Meter um Meter erkämpftes Vorankommen und schrittweises Erklimmen. Hier ziehen sich die Reisezeiten nach wie vor recht lange hin. Von Rom fährt man über den Brenner nach Berlin noch immer in 38 beschwerlichen Stunden.

Ähnliches gilt damals auch für das Dampfschiff, weil es zwar weite Entfernungen bewältigt, bald auch schon vergleichsweise sicheres interkontinentales Reisen ermöglicht, dies jedoch gleichsam im Tempo einer Postkutsche auf dem Wasser. Kontinental ist im Passagierverkehr mit der Eisenbahn nicht ernsthaft zu konkurrieren: »Der einzige unserer herrlichen großen Ströme, auf welchem Dampfschiffe neben den Eisenbahnen mit Erfolg kursiren, ist der Rhein«, resümiert ein Reisebeobachter im Jahr 1895 die nachfolgende Entwicklung.[81] So bleibt hier auch jenes Bild der gemächlichen, sich buchstäblich »im Raum« vollziehenden Schiffsreisen erhalten, das bis heute die moderne Kreuzfahrtwerbung prägt.

Neben Dampfschiff und Eisenbahn zeichnet sich die Entwicklung einer weiteren modernen Fortbewegungstechnik ab, deren Durchsetzung noch einige Zeit dauern wird: die des Fahrrads. Nachdem der badische Freiherr von Drais 1817 sein Laufrad, die berühmte Draisine, zunächst auf der Basis der traditionellen Leiterwagenkonstruktion entwickelt hatte und damit immerhin etwas schneller fuhr als die Pferdepost, musste der technische Übergang zum Hochrad gefunden werden. Dazu bedurfte es eines neuen Lenk- und vor allem des Pedalprinzips, die zusammen mit dem Materialwechsel vom Holz zum Metall die schwerfällige Laufradkonstruktion ablösten.

So wird das Fahrrad seit den 1870er Jahren allmählich vom Exotikum zu einem alltäglich werdenden Verkehrsmittel. 1869 findet das erste Straßenrennen der Welt von Paris nach Rouen über 123 Kilometer statt, der organisierte Radsport verbreitet sich insbesondere in Frankreich, Italien und Deutschland. Und auch die weitere technische Entwicklung hin zu Metallrädern mit Vollgummi-, dann mit Luftreifen und Kettenantrieb geht nun rasch vonstatten. Ab 1879 setzt sich das Niederrad endgültig durch, in seinen Grundzügen das heutige Modell. Allmählich sinken auch die Preise, so dass bald ein wirkliches europäisches »Volksvehikel« daraus wird. Vor allem auch die Kinder und die Frauen steigen aufs Rad. In Berlin heißt es: »Indessen wird geradelt. Die Gattinnen radeln, und die Töchter radeln hinterher. Das geschieht jetzt in auffallendem Umfange auf dem Kurfürstendamm, jener breiten Zukunftsstraße, die nach dem Grunewald führt.«[82] Nachdem 1900 dann noch der Freilauf entwickelt ist, hat das Fahrrad im Grunde genommen seinen modernen Stand erreicht, und es wird jetzt durch industrielle Massenproduktion auch entschieden billiger.[83] Vor allem werden nun Fahrradausflüge bei den jungen Leuten modern, die – angeregt durch ähnliche Ausflugsformen der Wandervogel- und Pfadfinderbewegung – das Umland der großen Städte erkunden. Auch dies scheint ein »Weg ins Freie«, wie Arthur Schnitzler seine Erzählung aus dem Jahr 1908 übertitelt: »Und so geht es durch Städte, die man niemals gesehen hat und vielleicht nie wieder sehen wird, an lauter unbekannten Gesichtern vorüber, die gleich wieder für alle Ewigkeit verschwinden, [...] und dann saust man weiter auf heller Straße zwischen Strom und Weingeländen. Wahrhaft reinigend sind solche Stimmungen.«[84]

Stadtwelten – Weltstädte

Die Eisenbahn eröffnet also zunächst neue und spektakuläre Reiseerfahrungen in der Weite der Landschaft. Mit dem Bau von Stadt-Bahnen jedoch wird das Zugfahren für viele Stadtbewohner bald auch ein Stück lokaler Alltaglichkeit. 1863 wird in London die »Metropolitan Railway« als erste Dampf-Stadtbahn der Welt eröffnet, die ab 1890 auch als U-Bahn verkehrt. 1900 zieht Paris nach, Berlin 1902 und New York 1904. Damit wird das Bahnfahren zu einer charakteristischen »Er-fahrung« der Großstädte, ober- wie unterirdisch, in Straßen- wie U-Bahnform. Die urbanen Welten sind nun Zentren des Verkehrs nach innen wie nach außen: als dichte Infrastruktur von Verkehrsmitteln ebensowie als Knotenpunkt internationaler Verkehrsnetze. Durch dieses immer weiter auswuchernde System der Straßen, Schienen und Plätze werden sie auch in ihrer Topografie klar gegliedert und wie eine Informationsarchitektur aufgebaut, die als »Text« wirkt und für (fast) alle lesbar ist: Stadt als Raum für öffentlichen Verkehr und Gebrauch.

Zu den Verkehrsadern kommt nun aber auch die oberirdische wie unterirdische »Durchaderung« des städtischen Raumes hinzu: durch Kanalisation, Wasser- und Gasleitungen sowie elektrische Leitungssysteme. Zum Teil sind das Einweg-Leitungssysteme wie das elektrische, zum Teil jedoch auch komplizierte Doppelsysteme wie im Falle des Wassers, das als Trinkwasser zugeleitet und auf getrenntem Wege als Abwasser abgeleitet werden muss. Seit den 1870er Jahren entstehen so endlose Labyrinthe städtischer Unterwelten, weil Häuser und Haushalte an die großen Versorgungs- und Entsorgungssysteme angeschlossen werden müssen, an ein verwirrendes Geflecht von Kanälen und Röhren, von Leitungen und Netzen. Darauf wiederum sind Haushaltseinrichtungen und Geräte abzustimmen, die zu erschwinglichen Preisen angeboten werden sollen, um ihren Massenkonsum auch als »Lebensstil« voranzutreiben. Bestimmte Hygiene- und Ausrüstungsstandards der Wohnungen müssen als unverzichtbares Bedürfnis erscheinen, um massenhaft nachgefragt und verkäuflich zu sein. Vor allem dieses Funktionieren von Versorgungsleistungen und vor allem die selbstverständliche Annahme ihres Funktionierens unterscheidet die urbanen Lebenswelten nun vielleicht am stärksten vom (ländlichen) Rest der Gesellschaft. Toilette auf der Etage, Wasserhahn oder gar Badezimmer in der Wohnung, Gasversorgung, bald elektrisches Licht – statt Eimer am Brunnen, Holzofen, Petroleumlampe und Abtritt auf dem Hof: Das ist die private Moderne.

Auch oberirdisch finden diese neuen urbanen Versorgungssysteme ihren eigenen optischen und architektonischen Ausdruck. Eine neue Generation städtischer Turmbauten entsteht, die der Wassertürme und Gasometer. Der Stolz auf die Modernität urbaner Infrastruktur drückt sich auch in deren architektonischer Gestaltung aus, gleichgültig ob in historisierender oder modernistischer Ästhetik. Sie entwerfen neue städtische Silhouetten, die dem Zugreisenden bereits bei der Einfahrt in den Bahnhof seine Ankunft in der Moderne signalisieren. Dann jedoch, in der großen Stadt, scheint ihm diese Moderne eher wieder zu entgleiten. »Vor Ort« wirkt sie oft zu komplex und zu bruchstückhaft zugleich, um sie in ihrer überwältigenden Totalität noch erfassen zu können. So dominieren das Massenhafte und Fragmentarische, das Zeichenhafte und Sich-Überlagernde dieser Großstadtwelt, die deshalb neuer Wahrnehmungskonventionen bedarf. Allerdings möglichst anknüpfend an Altes: daher auch die Suche nach Naturanalogien und die Benutzung der »Schemata des Urwaldes und des Meeres« zur Beschreibung der modernen Metropolen.[85]

Die wirklichen Weltzentren dieser Zeit sind eindeutig Paris und London. Paris als Ort von Geschichte und Kunst, von Aufklärung und Revolution erfährt den Umbau von der alten Residenz- und Kunststadt zum neuen Bildungs- und Touristenzentrum. Über der Erde konzipiert Baron Haussmann die neuen Boulevards als ein System von Fahrstraßen und Flaniermeilen, von öffentlichen Sichtachsen und sozialen Kontrollräumen, welche die innere Stadtlandschaft zerschneiden und sie dadurch völlig neu ordnen. Im Untergrund wird gleichzeitig die Kanalisation vorangetrieben zur flächigen Ver- und Entsorgung der Stadt nach modernen hygienischen Gesichtspunkten.

Dabei enthüllt dieser Übergang zahllose soziale Gegensätze und kulturelle Spannungsmomente, von denen zunehmend auch die Literatur erzählt. Victor Hugos »Die Elenden« ist eine Mischung aus Historien- und Stadtroman, der aus dem räumlichen wie sozialen Umbruch seine Atmosphäre bezieht. Etwa wenn es in die Unterwelt der Kloaken von Paris geht: »Auch hierin gleicht Paris dem Meer: Wie im Ozean, so kann auch in ihm ein Taucher verschwinden. Der Übergang war unerhört. Mitten in der Stadt hatte Jean Valjean die Stadt verlassen und war im Handumdrehen in der Zeit, da man einen Deckel auf- und zutut, aus dem hellen Tag in die völlige Finsternis hinübergewechselt, aus dem Mittag in die Mitternacht, aus den Tosen in die Stille, aus dem Wirbel des Donners in die Reglosigkeit des Grabes. [...] Es war schwierig, eine bestimmte Richtung beizubehalten. Das Kanalisationsnetz ist gleichsam eine Nachbildung des über ihm gelagerten Straßennetzes. Es gab im damaligen Paris zweitausendzweihundert Straßen. Nun stelle man sich unter diesen den Wald von dunklen Ästen des Kanalisationsnetzes vor.«[86] Genau dies tun viele Bürger nun gerne: ihre Fantasien in großstädtische Welten und Abgründe abschweifen zu lassen. Eugène Sue nimmt diese Fantasien auf, wenn er 1842 in seinen »Geheimnissen von Paris« die Helden und Schurken hinter den Kulissen bürgerlicher Wohlanständigkeit wie im Untergrund der städtischen Gesellschaft agieren lässt, in jenem mysteriösen »Bauch von Paris«.

London wiederum, mehr denn je inzwischen die wirtschaftlich-technische Weltmetropole des 19. Jahrhunderts, fasziniert schon durch seine schiere Größe. Von 1800 bis 1900 vervierfacht sich seine Einwohnerzahl auf vier Millionen Menschen. Theodor Fontane schreibt 1852: »Die überschwängliche Fülle, die unerschöpfliche Masse – das ist die eigentliche Wesenheit, der Charakter Londons.«[87]

Berlin schließlich ist ein gutes Beispiel dafür, mit welch dramatisch raumgestaltender Dynamik die Eisenbahn auf die Großstädte einwirkt. Bis zur Mitte des 19. Jahrhunderts nimmt die Bevölkerung zwar bereits deutlich zu, doch führt dieser Anstieg zunächst eher zu einer Verdichtung von Bebauung und Wohnen innerhalb der städtischen Grenzen. Nur zögernd wird die Linie der alten Stadtmauer überschritten. Diese lange Konzentration »nach innen« hat einen wesentlichen Grund darin, dass Arbeitsplätze und Wohnorte bei einem Arbeitstag von bis zu zwölf Stunden in vernünftiger Entfernung zueinander liegen müssen. Als 1838 dann die erste Eisenbahnlinie von Berlin nach Potsdam eröffnet wird, die täglich gleich bis zu 4000 Fahrgäste befördert, 1841 noch die Anhalter Bahn, 1842 die Strecke nach Frankfurt/Oder und 1843 die nach Stettin, entsteht daraus ein gleich dreifacher Effekt: Zum einen wird der Radius wesentlich erweitert, der zwischen Arbeits- und Wohnort liegen kann. Zum zweiten entstehen Industrieansiedlungen an den Rändern des städtischen Raums, womit der eigentliche historische Prozess der Suburbanisierung beginnt. Und zum dritten beschleunigt sich die Arbeitskräftemigration in die Stadt.

Noch deutlicher lässt sich dieser Effekt zur selben Zeit am Beispiel Wiens beobachten, das zum zentralen »nationalen« Verkehrsknotenpunkt der Donaumonarchie wird, verstärkt nach der Niederlage Österreichs gegen Preußen 1867. In beiden Städten werden nun in rascher Folge zentrale Kopfbahnhöfe errichtet, meist in der Übergangszone zwischen den Vorstädten und der Innenstadt. Um sie herum entstehen neue stadtarchitektonische wie öffentliche Räume, die als Dienstleistungsinfrastruktur gestaltet werden: durch Hotels und Restaurants, Einzelhandelsgeschäfte und Kutschbetriebe. Im Berliner Fall siedeln sich dann auch rasch Metall- und Maschinenbauindustrie an, die sich in der Oranienburger Vorstadt konzentrieren. So verschränken sich die Wirkungen von wirtschaftlichem Aufschwung und wachsender Zuwanderung zu einem ökonomischen und demografischen Pull-and-Push-Effekt, der die Stadt nun in dramatischem Tempo über ihre alten Grenzen hinaus drängt. Damit fallen die alten Stadtmauern, der städtischen Raum öffnet sich nach außen. Doch er gliedert sich zugleich im Inneren neu. Eine radiale Topografie entsteht durch sternförmige Trassen und Straßen, die in die Stadt hineinführen, sich im Zentrum treffen und kompromisslos ältere Straßenverkehrsführungen, Siedlungsgebiete und öffentliche Räume zerschneiden. Nur wenige Übergänge und Straßen überbrücken diese Schneisen, so dass hier städtische Raumsegmente entstehen, die eine Art Niemandsland verkörpern.

1871 wird in Berlin dann mit dem Bau der Ringbahn begonnen, die zunächst als Pferdeeisenbahn die Fernbahnhöfe ringförmig um die Innenstadt herum verbinden soll. 1882 entsteht die Stadtbahn als weitere verkehrsmäßige Erschließung. Doch beide, Ringbahn wie Stadtbahn, folgen ursprünglich einer militärisch-strategischen und keiner urbanen Logik: Sie sollen vor allem Kasernen und Bahnhöfe effektiv untereinander verbinden. Als alltägliches Verkehrsmittel für weite Kreise der Bevölkerung sind sie zunächst noch zu teuer. Dennoch ergibt sich nun aus dieser inneren Verbundstruktur der entscheidende Impuls für die weitere städtische Entwicklung: Die Ringbahn umfährt die städtischen Zentren, die Stadtbahn durchfährt sie. So entsteht ein dichtes Netz von Transportangeboten, dem ab 1891 auch der beginnende S-Bahnverkehr und eine neue Tarifpolitik besser Rechnung tragen.[88]

In alldem zeigt sich, wie sehr in den europäischen Großstädten der Gedanke der aktiven urbanen Raumgestaltung dominiert. Das Wachstum der Städte soll auch unter industriekapitalistischen Bedingungen keineswegs dem freien Spiel der Kräfte überlassen bleiben, sondern unter wirtschaftlichen wie sozialpolitischen Gesichtspunkten politisch gelenkt werden. Einerseits wird weitere Verdichtung angestrebt angesichts des immer enger werdenden Immobilienmarktes, andererseits versucht man bald auch Öffnungen der Stadtlandschaft bis hin zu Konzepten der Gartenstadt, die letztlich eine Auflösung der Stadt in das Land anstreben. Alles hat aber nachdrücklichen Einfluss auf die räumliche Mobilität der Menschen, die über dieses urbane Lenkungssystem und seine drei Instrumente gesteuert wird: über die Verkehrs-, die Arbeitsplatz- und die Wohnraumpolitik.

Bahnhöfe: Orte im Raum

Die Bahnhöfe sind nun in ganz auffälliger Weise neue »Orte« im städtischen Raum. Denn sie bilden Ziel- und Kreuzungspunkte wirklicher Menschenmassen, die sich hier in völlig neuer Weise verdichten, weil es derartige Kommunikations- und Verkehrsknotenpunkte in den alten Städten gar nicht gab. Dabei rücken sie von den Stadträndern in die Zentren vor bzw. die Zentren gliedern sich ihnen an, ordnen sich entlang neuer architektonischer wie funktionaler Achsen zwischen Rathaus und Marktplatz, Kirche und Bahnhof.

Dieser gewachsenen funktionalen wie symbolischen Bedeutung tragen auch die Bahnhofsbauten selbst Rechnung. Zunächst nur schlichte Langbauten, die lediglich die Gleise zu umrahmen scheinen, werden daraus in den größeren Städten bald kompakte Kopfbauten, welche die Gleise bündeln und sie zugleich stoppen, dadurch ihre ordnende und verteilende Funktion deutlich betonend. Die Aussicht aus den überdachten Bahnsteigen hinaus auf die Gleise, die in die Ferne führen, wirkt fast wie der Blick durch ein Fernrohr, der den Horizont aufbricht. Auch die Architektur wird aufwändig und repräsentativ, verbindet historisches Bauen und Stilempfinden mit den neuen Gestaltungsmöglichkeiten, die Stahl und Glas eröffnen. Nicht selten übernehmen die Bahnhöfe so eine örtliche Kathedralenfunktion. Sie avancieren zum markantesten Bauwerk eines städtischen Ensembles, das sich historisch aus eher funktional orientierten und hermetisch konzipierten Gebäuden zusammengesetzt hat, mehr auf Schutz hin orientiert als auf Zugang. Selbst viele Kirchen können daher mit diesem »einladenden« Charakter der Bahnhöfe nicht konkurrieren, der durch die neue Repräsentativität und Offenheit von Arkaden, portalhaften Eingangstoren, riesigen Rosetten oder domförmigen Gleishallen bewirkt wird.

Bahnhöfe werden damit in hervorragende Weise zu urbanen Gebäuden, die »Öffentlichkeit« verkörpern. Denn sie sind ausgesprochen soziale Orte: zugänglich für alle, Funktionsraum und Schauort zugleich, Kommunikationsfigur und Treffpunkt. Sie repräsentieren Neues und Neuigkeiten, Ankunft und Abschied,

Bewegung und Stillstand. Nicht umsonst wird der Bahnhof später zum Schauplatz »großer« Roman- und Filmszenen, weil er auch Ort des Alltags ist, ein Schnittpunkt von Arbeits- und Heimwegen, von Morgen und Tag oder Tag und Abend – auch mit eigener Poetik. Denn der städtische Bahnhof wirkt fast wie der Hafen einer Insel: An dieser einen Stelle »landen« alle Reisenden, die den stadtischen Raum betreten, bevor sie sich dann in ihm verteilen.

So wird diese Stelle mehr noch und massenhafter, als es die Poststationen zuvor waren, zum Ausgangspunkt einer neuen urbanen Topografie: als Warteraum und Passage, als Zubringer für Straßen und Fußwege, als Zulieferer für Kutschen und Droschken, als Ort für Treffen und Verabredungen, als Platz für Restauration und Gepäckaufbewahrung. Immer aber als ein Ort unter dem Diktat von Zeit und Pünktlichkeit und als ein transitorischer Raum, in dem der Reisende von einem Bewegungszustand und Bewegungsraum in einen ganz anderen überführt wird: vom Eisenbahnabteil in den Stadtraum hinein oder umgekehrt von der Stadt in das Verkehrsmittel. Daher prägt seinen Innenraum eine regelrechte »Verteilungsarchitektur« der Ein- und Ausgänge, der Schalterräume und Vorhallen, der Treppenhäuser und Bahnsteige.

Die Eisenbahn schafft aber natürlich auch ländliche »Orte«. 1862 lässt Berthold Auerbach den Bauern in seiner Geschichte »Auf einem Acker an der Eisenbahn« voll Bewunderung sagen: »Die Eisenbahn ist jetzt unsre beste Uhr, und es hat doch was Prächtiges, daß man ganz genau weiß, wie viel es an der Zeit ist; die Genauigkeit und Pünktlichkeit, an die man sich durch die Eisenbahn gewöhnen muß, ist in allen Dingen von großem Nutzen.« Hier tritt die Universalzeit als Eisenbahnzeit in die lokale Zeitordnung ein, wird Teil von ihr und umgesetzt in kulturelle Zeitmuster. Auerbach schildert das Leben in einem Bahnwärterhaus als ländliches und familiäres Idyll samt Pachtland und Kuh, in dem im Laufe der Jahre neun Kinder zur Welt kommen, »allemal abends zwischen dem Güterzug und dem Pariser Eilzug« geboren. Kleine Idylle und große Welt sind sich hier sehr nahe: »Auf der Strecke Jakobs ist noch kein Unglück geschehen. Sechzehn Züge sausen täglich an ihm vorüber; siebentausend Fuß sind täglich siebenmal zu begehen, und des zum Zeichen mit dem Nachbar die numerierte Tafel zu wechseln, daneben nicht zu vergessen, daß kein Gras einwachse, wodurch die Schwellen anfaulen, die Bolzen anziehen und auf alles acht haben.«[89] Hier ist die große Welt damit auch als Technik präsent, als anfällige Maschinerie, als mögliche Katastrophe, die nur dann nicht eintritt, wenn die Idylle sie verhindert: wenn der Bahnwärter Jakob mit der Nummer 374 zuverlässig seinen Dienst tut. Die beiden Welten berühren sich also nicht nur im Vorüberfahren, sondern sie werden in ihrer wechselseitigen Abhängigkeit sichtbar.

Gerhart Hauptmanns »Bahnwärter Thiel« hingegen aus dem Jahr 1892 verwandelt das Bahnwärterhaus aus einer Idylle in einen Ort des Dramas. Eine quälende Familiensituation mündet in den Tod eines Kindes, das unter den Zug gerät, und endet schließlich mit dem Totschlag eines zweiten und von dessen Mutter durch den Bahnwärter. Hier besitzen Eisenbahn und Horizont eine ganz andere symbolische Bedeutung, wirken bedrohlich und beängstigend. »Ein dunkler Punkt am Horizonte, da wo die Geleise sich trafen, vergrößerte sich. Von Sekunde zu Sekunde wachsend, schien er doch auf einer Stelle zu stehen. Plötzlich bekam er Bewegung und näherte sich. Durch die Geleise ging ein Vibrieren und Summen. [...] Dann plötzlich zerriss die Stille. Eine rasendes Tosen und Toben erfüllte den Raum, die Geleise bogen sich, die Erde zitterte – ein starker Luftdruck – eine Wolke von Staub, Dampf und Qualm, und das schwarze, schnaubende Ungetüm war vorüber.«[90] Nun wird die Eisenbahn immer öfter auch zum Ort des Tragischen, zum Schauplatz von Schmerz, von Erinnerung und Gefühlen. Etwa wenn in den Werken von Emile Zola auch das Gewaltsame von Technik und Zeit aufscheint oder Leo Tolstois »Anna Karenina« die Eisenbahn zum Ort der Abschiede und des Schicksals selbst macht.

Vor allem das Abschiedsmotiv tritt immer häufiger auf, seitdem Verreisen immer öfter auch Verlassen bedeuten kann, seitdem nicht nur einige wenige vorübergehend Abschied nehmen, sondern viele für immer. Dabei spielen die Bahnhöfe und die Bahnschienen eine große und keineswegs nur symbolische Rolle – besonders als zentrales Transportmittel der Auswanderung aus Europa. Millionen Menschen sammeln sich in den englischen, französischen oder portugiesischen Atlantikhäfen, aber auch in Hamburg, Bremen oder

Stockholm, um mit Segel- und Dampfschiffen in die Neue Welt zu fahren. Allein aus Deutschland wandern in der Zeit vom Anfang des 19. Jahrhunderts bis zum Beginn des Ersten Weltkrieges 6 Millionen Menschen in die USA aus, kaum weniger aus England und Irland, viele aus Ost- und aus Südeuropa. Sie alle erreichen diese Häfen, weil sich ab den 1840er Jahren die Anreise über halbstaatliche Auswanderungsagenturen und Eisenbahnlinien von fast jeder größeren europäischen Stadt aus vorausplanen lässt und weil auch nach der Ankunft in den Vereinigten Staaten dort wiederum die Eisenbahn bereitsteht, um die Einwanderer im Land zu verteilen. So bilden die ergreifenden kollektiven Abschiedsszenen um diese Auswandererzüge, wie sie in der zweiten Hälfte des 19. Jahrhunderts nun hundertfach auf europäischen Bahnhöfen stattfinden, eine ganz spezifische Konfiguration im europäischen Gedächtnis. Denn sie sind millionenfach erlebt, unmittelbar auf dem Bahnsteig, aber sie sind auch tausendfach fotografiert, gemalt oder beschrieben und damit: reproduziert. Dieses Abschiedsszenario als Geste, als ein emotional anrührendes und zugleich bereits ästhetisch überformtes Ritual, es wird Teil eines eigenen europäischen Gefühlscodes, dessen Ikonografie sich quer durch alle nationalen Erinnerungskulturen zieht. Dafür sorgen Literatur und Kunst, Musik und Märchen, die den Abschied in diesem viel beschworenen 19. »Jahrhundert der Bewegung« wohl zum zentralen Motiv der europäischen Rites de Passage machen.

Immer wieder sind es aber auch die Fantasien, die durch die neue Technik angeregt werden. Vor allem Jules Vernes fantastische Geschichten, die von Raumfahrern und U-Booten handeln, von Zeitreisen und Expeditionen, werden massenhaft gelesen und besitzen einen nicht unwesentlichen Einfluss auf populäres utopisches Denken. Sogar Theodor Fontane lässt seine schöne Gräfin Melusine im »Stechlin« (1897) nachsinnen – selbst ein wenig erschrocken über die eigene Gedankenkühnheit: »Sonderbar, gefahrlose Berufe, solche, die sozusagen eine Zipfelmütze tragen, sind mir von jeher ein Gräuel gewesen. Interesse hat doch immer nur das Vabanque: Torpedoboote, Tunnel unter dem Meere, Luftballons. Ich denke mir, das Nächste, was wir erleben, sind Luftschifferschlachten.«[91]

Solche Kühnheit wird der Literatur aber allmählich auch aufgezwungen, weil ihr inzwischen ein mächtiges Gegenüber erwachsen ist: die Massenpresse. Seit der Durchsetzung des Rotationsdrucks sind zunächst in den USA, dann in England, etwas später in Frankreich und Deutschland neue Typen der »Penny-Press« sowie illustrierter Zeitschriften erschienen, die das Abenteuerliche und Sensationelle eigener wie fremder Alltage auf die Titelseiten bringen. Der »New York Herald«, der »Londoner Daily Telegraph« und die »Daily News«, die Pariser »La Partie« als Tageszeitungen, daneben satirische Blätter wie »Le Charivari« und »Punch« oder Illustrierte wie »La Revue Française«, Die »Gartenlaube« oder »Daheim« machen *Wirklichkeit* auf unterschiedliche Art und in unterschiedlicher Qualität lesbar und imaginierbar. Wie wirksam ist am Beispiel der deutschen »Gartenlaube« leicht nachzuvollziehen, die 1853 mit 5000 Exemplaren startet und zwanzig Jahre später bereits bei einer Auflage von 400000 angekommen ist. Im Mantel der populären Unterhaltung wird darin manches auch aus Naturwissenschaft und Technik mitgeteilt. Damit ist das exklusive Bildungsmonopol von Wissenschaft und schöngeistiger Literatur der Goethezeit endgültig vorüber.

Es ist auch die Geburtsstunde des Kolportageromans, der als Fortsetzungsroman im Zeitungsformat die Buch-Bestseller vorbereitet. Alexandre Dumas schickt im Jahr 1844 gleich drei Bestseller in verschiedenen Pariser Zeitungen ins Rennen: »Die Königin Margot«, »Die drei Musketiere« und seinen geheimnisvollen »Graf von Monte Christo«. Dessen Held schmachtet nach einer Intrige vermeintlicher Freunde volle 14 Jahre auf der Gefängnisinsel La Rochelle, bis ihm die Flucht von dort gelingt. Ausgestattet nun mit dem Wissen um den Verrat, aber auch mit einem riesigen Schatz, bedient er sich aller Mittel, um Rache an den Schuldigen zu üben. In Marseille wie in Paris schlüpft er in die Rolle des reichen Fremden, der in der bürgerlichen Moderne zur faszinierenden Leitfigur neureicher Gesellschaft wie urbaner Geselligkeit wird. Und er benutzt die modernsten Medien, um diese feine Gesellschaft mit falschen Nachrichten zu desorganisieren und Rache zu nehmen. So vernichtet er einen seiner Feinde, indem er an der neuen Zeigertelegrafenlinie zwischen London und Paris einen Beamten besticht, der daraufhin die Börsenkurse falsch nach Paris weitergibt. Dies führt dort zum wirtschaftlichen Zusammenbruch und dann auch physischen Tod seines Gegners – fast schon eine spätmoderne Hacker-Attacke.

Nicht nur nebenbei erzählen solche Romane nun auch davon, wie die Städte im Verlaufe der industriekapitalistischen Entwicklung noch stärker zu Zentren ökonomischer Macht und sozialer Repräsentation geworden sind. Nach den Handelshäusern und Kaufleuten, nach den Banken und Bankiers sind nun auch die industriellen Unternehmer in die Stadt gezogen, zumeist dicht neben ihre Fabrik. Ihre industriellen »Herrenhäuser« und ihre Geselligkeitsformen prägen die urbane Landschaft mit. Und über das Leben und Lieben in dieser »besseren Gesellschaft« berichtet intensiv die Groschenliteratur, die dadurch wie eine Trivial-Aufklärung der Moderne wirkt. Denn Kriminalfälle, Reisegeschichten und Liebesromanzen haben den Vorzug, selbst bei einfach geflochtenen Handlungssträngen in einer Alltagswelt zu spielen, zu der mittlerweile auch Eisenbahn und Fabrik gehören, Kaufhaus und Café, Telegramm und Liebesbrief. Im Fiktionalen findet so durchaus Faktisches Platz. Zugleich fungiert der populäre Roman von Eugenie Marlitt, Victor Hugo, Conan Doyle, Hedwig Courths-Mahler oder Karl May auch als wichtiges europäisches Austauschmedium. Mit der Übersetzung in andere Sprachen werden soziale Probleme, Wissensmodelle oder ethische Fragen der neuen industriellen Welt und der bürgerlichen Gesellschaft interkulturell und austauschbar.

Die Welt daheim: Foto, Radio, Kino

Um 1900 dominiert in den europäischen Gesellschaften der Gedanke des Wandels, des Umbruchs. Geschichte und Zukunft scheinen sich dennoch nicht unbedingt gegenüber, eher nebeneinander zu stehen. Die Weltausstellung in Chicago thematisiert 1893 ganz bewusst diese Gleichzeitigkeit des Ungleichzeitigen, wenn sie neben Hochdruckdampfmaschine und Elektromotor noch Pferdegöpel und Tretwerk ausstellt. Die alte vorindustrielle Mechanik neben der Dampfmaschine des 19. und dem Elektromotor des 20. Jahrhunderts: Von heute aus betrachtet erscheint dies fast wie eine museale Inszenierung. Damals jedoch sind alle drei Typen der Kraftgewinnung noch parallel im Einsatz – nicht nur weltweit, sondern sogar innerhalb derselben europäischen Volkswirtschaften.[92] Während jedoch im 19. Jahrhundert die Technisierung und Maschinisierung vor allem die engere Produktionssphäre betraf, durchdringt sie nun vor allem auch die Alltagssphäre: den Haushalt, die Freizeit, das Kinderspiel. Freilich geschieht auch dies in sehr ungleichem Tempo und Unfang, rasch im bürgerlich-wohlhabenden Milieu, das sich Waschmaschine und Dienstmädchen gleichzeitig leisten kann, ganz allmählich nur in den Arbeiterfamilien, bei denen dieser »technische Fortschritt« oft erst zwei Generationen später Einzug hält.

Mit diesem Paradigmenwechsel vom Produktions- zum Reproduktionsbereich ist auch ein grundlegender Wandel in den Technikauffassungen selbst verbunden. Dort werden Schnelligkeit und schneller Dauerbetrieb nun zur zentralen Zielvorstellungen industrieller Technik, nach denen die Großproduktion reorganisiert und rationalisiert wird. Mit der Durchsetzung des Elektromotors und der damit verbundenen Mechanisierung und Durchtechnisierung der Produktion kündigt sich am Horizont bereits das Fließband an. Zugleich übernimmt die Elektroindustrie die Rolle des industriellen Leitsektors und kommt – da sie sich ihren Markt erst noch schaffen muss – besonders kreativ und fortschrittsoptimistisch daher. Mit ihren Visionen und Imaginationen um Licht, Strom und Kraft wird sie zum besonderen Träger symbolischer Deutungen auch deshalb, weil sich ihre Erzeugnisse nachdrücklich der klassischen Lichtmetaphern aus der griechischen Mythologie wie der europäischen Aufklärung bedienen.[93] Elektrizität erscheint so als die helle, leise, saubere und im Kontrast zur groben Dampfkraft auch als die elegantere Energieform. Sie verkörpert das Fließende und Strömende, assoziiert das Natürliche und – befördert durch die Werbung – auch das Weibliche. Und sie lässt sich ausgesprochen theatralisch inszenieren, fast wie die Eisenbahn: als eine neue »Verzauberung« der Welt durch Licht und Bewegung. Mit ihr erhält Technik eine ausgesprochen anthropologische Dimension, weil sie gesellschaftliche »Erwartungen und Zukunftshorizonte« modernen Lebens besonders gut in die Gegenwart zu integrieren vermag.[94]

Um die Jahrhundertwende bescheinigen die Zeitdiagnostiker ihren Mitbürgern jedenfalls beides: Technikeuphorie und Technikskepsis in ambivalenter Mischung. Lebhaft empfunden wird die ungeheure Schnelligkeit und Dichte der technischen wie der gesellschaftlichen Entwicklungen, ihre Innovations- und Integrationskraft, die unaufhaltsam Fortschritt und Modernität anzukündigen scheint. Andererseits erwächst daraus zugleich Furcht vor dem Tempo und der Wucht dieses Wandels, insbesondere auch seiner kulturellen Dynamik. Denn die Welt rückt nun eben auch bedrängend näher, erhält durch Eisenbahn und Telegrafie auch industrielles Tempo und globalen Horizont. Elias Canetti erinnert sich an dieses dramatische Eindringen der Ferne in seine Kindheitswelt: »Die beiden Katastrophen, die in diese Zeit fielen und die ich heute als die früheste öffentliche Massentrauer in meinem Leben erkenne, hingen mit Schiffen und Geographie zusammen. Die erste war der Untergang der ›Titanic‹, die zweite der Untergang von Captain Scott am Südpol.«[95] Kognitive wie soziale Abschließung dagegen ist kaum mehr möglich, denn der europäische Informations- und Unterhaltungsmarkt explodiert regelrecht. Um 1900 werden in Deutschland jährlich bereits 25 000 Buchtitel verlegt, die Auflagen der zeitgenössischen »Regenbogenpresse« gehen in die

Millionen und die neuen Bild- und Hörmedien kündigen sich bereits an.

Bezeichnenderweise wird an dieser Zeitenwende auch die Erinnerung selbst zu einem zentralen Thema des gesellschaftlichen Diskurses. Nicht zuletzt unter dem Einfluss der neuen Psychologie und Psychoanalyse wird vermutet, dass die Kultur gleichsam ein Speicher ist, in dem sich ganz unterschiedliche gesellschaftliche Gedächtnis- und Erinnerungsstoffe abgelagert haben, vieles davon auch subkutan, unterbewusst, unbewusst. Sigmund Freud, Marcel Proust, Walter Benjamin und andere suchen in dieser verdeckten Erinnerung neue Zugangsmöglichkeiten nicht nur zum Individuum, sondern auch zu kollektiven Potenzialen geschichtlicher Erfahrung. Zu Empfindungen und Erinnerungen insbesondere, welche die Moderne abgedrängt hat in Reservate der Tradition und des Mythos, des Traums und des Leidens. Zeit und Raum werden dabei als Sinnes- und Gedächtnislandschaft neu entdeckt und entworfen, etwa in Prousts siebenbändiger »Suche nach der verlorenen Zeit«.

Diese intro- und retrospektiven Orientierungen in der zeitgenössischen Kultur widersprechen indessen keineswegs jenem anderen Drang hin zur neuen technischen und medialen Welt. Denn auch dort werden Sinne und Sinnlichkeit neu erfahrbar, wenn sich Verkehr und Kommunikation beschleunigen oder wenn Geschichte und Erinnerung durch Literatur konservierbar und durch Fotografie wie Grammophon reproduzierbar werden.

Dabei ist es wieder die Zeit, die im Vordergrund steht, die noch Geheimnisse birgt, weniger der Raum. Denn die Erde glaubt man nun zu kennen, und selbst der Weltraum wird eher als Zeitreise gedacht denn als »fremde« Welt. 1895 erscheint Herbert George Wells berühmter utopischer Roman »Die Zeitmaschine«, und auch er ist noch ganz geprägt von einer spielerischen Freude am Technischen und Fantastischen, an Zahl und Symbol: »Die kleinen Zeiger auf den Zifferblättern, die meine Geschwindigkeit angaben, rasten rascher und rascher herum. Dann sah ich, daß der Sonnengürtel in einer Minute oder weniger von Wendekreis zu Wendekreis auf und nieder schwankte, und daß also meine Geschwindigkeit über ein Jahr in der Minute betrug.«[96] Kurt Tucholsky kommentiert Wells Entwurf aus der ganz anderen Perspektive des Kriegsendes 1919 so: »Nichts erschüttert so wie die Phantastik in der Zeit. Phantastik im Raum ist schließlich technisch vorstellbar. Ob ich wirklich einmal auf den Mars (ich lebe in Berlin, also natürlich mit ermäßigten Billets) werde fahren können, steht noch aus – daß ich aber weder fünf Minuten vorwärts noch rückwärts springen kann, steht sicherlich fest. Und so macht uns denn eine heitere oder bewegte Märchenfreude, einen mit dem Zeitbegriff jonglieren zu sehen.«[97]

Kommunikationsmoderne: Brief, Rundfunk, Telefon

Ein zentraler Effekt dieser »neuen Zeit« ergibt sich daraus, dass bereits vorhandene Medien in quantitativ wie qualitativ neuer Weise genutzt werden. Bestes Beispiel ist der Briefverkehr: Waren es 1870 im werdenden deutschen Kaiserreich noch 334 Millionen Briefsendungen jährlich, die verschickt und empfangen wurden, sind es 1913 bereits fast sieben Milliarden Briefe, also das Zwanzigfache.[98] Dieser Aufschwung hängt mit der besseren Postorganisation zusammen, auch mit sinkenden Porti und Tarifen. Vor allem aber drückt sich darin die praktische Durchsetzung des kulturellen Modells »Briefkommunikation« aus, das in einer »modernen«, also literaten und medialen Gesellschaft nun zum obligatorischen Wissens- und Praxismuster wird. Neben der Geschäfts- und Behördenkommunikation fördern dieses Muster vor allem die neuen Formen privater Beziehung, die stärker überlokalen Charakter und neue kulturelle wie mediale Formen erhalten. Dabei spielt das Anwachsen der Mittelschichten eine Rolle, die eigene kulturelle Konventionen und Stile entwickeln, oder die Grußform der Postkarte, die sich nun massenhaft einbürgert, aber auch etwa die dramatischen Auswanderungsbewegungen, die Familien- und Verwandtschaftsbeziehungen millionenfach und dazu oft kontinental trennen. So findet vor dem Ersten Weltkrieg ein besonders reger Briefverkehr von Deutschland nach den USA, Argentinien, Brasilien, Chile und auch nach Südafrika statt.

Ähnlich wie mit dem Brief verhält es sich mit den Zeitungen. Sie sind auf dem Weg zur Massenpresse: Während die gesamte deutsche Presseauflage sich um 1800 noch auf 300000 Exemplare belief, sind es um 1900 bereits 13 Millionen. Viele Zeitungen erscheinen täglich, das verändert den Informations- und Kommunikationsrhythmus der Gesellschaft ganz erheblich. Ein rein technisches Nachrichtensystem wiederum bildet die Rohrpost, die in einigen Großstädten bereits ab den 1860er Jahren erprobt wurde. In Paris und Berlin, bald auch in Wien, London und New York entstehen nun lokale Systeme, die Schriftstücke per Saug- und Druckluft über Rohrleitungen befördern. Die Idee dazu existierte längst als Fantasiemodell in der Literatur.

Ein völlig neues Kommunikationsmedium hingegen verkörpert das Radio. Bereits vor der Jahrhundertwende werden in Deutschland und Italien die technischen Voraussetzungen für den Rundfunkbetrieb geschaffen. Erste Anwendungen finden dann im Schiffsfunkverkehr vor wie im militärischen Bereich während des Ersten Weltkriegs statt. Mit der systematischen wirtschaftlichen und öffentlichen Nutzung beginnen dann die USA, wo 1921 in Pittsburgh der erste Rundfunksender seinen Betrieb aufnimmt. Ende 1923 eröffnet der deutsche Reichsrundfunk seinen Sendebetrieb. 1926 bereits überschreitet die Hörerzahl die Millionengrenze, und 1933 werden 3,5 Mio. Rundfunkgeräte in den privaten Haushalten gezählt.

»Neu« am Radio ist dabei weniger die Elektronik als neue Grundlagentechnik als vielmehr dessen kulturelle Wirkung. Denn der Rundfunk verbindet nun räumlich Getrenntes (fast) in Echtzeit, und er ermöglicht umgekehrt in getrennten Räumen gemeinsame Erfahrung. Die Rede, das Konzert, die Reportage übermitteln zeitgleich das Geschehen an Einzelne oder Hörergruppen, die das Hörerlebnis wiederum verbindet. Was vorher nur dem gedruckten Wort oder dem Gottesdienst auf ihre jeweils begrenzte Weise gelang, schafft der Rundfunk in komplexer Form: mediale Gemeinschaften. Denn wer zuhört bei Musik und Theater, bei Informations- wie Unterhaltungssendungen von Sport bis Gott, der nimmt nicht nur Ton-, Klang- und Wortsequenzen auf, sondern in hohem Maße auch sinnlich-emotionale Eindrücke und akustische Erlebnisse, die nun teilbar und mitteilbar werden. Der Schriftsteller Karl Wolfskehl thematisiert genau dies: »Indem das Nicht-Hier von allen Seiten in das Hier einbricht, d.h. indem der Radio-Empfänger potentiell wenigstens mit dem ganzen Erdball zugleich in Verbindung gebracht ist, im selben Augenblick da und dort ist, ohne sich von der Stelle zu rühren, muß die unterbewußte Erfahrung sowohl das Tiefenerlebnis, wie das Entfernungserlebnis notwendigerweise aufheben. Der Raum wird Fläche, ja, er droht, Punkt zu werden.«[99]

Auf diese neue Hörerfahrung haben Phonograph und Grammophon bereits in gewisser Weise vorbereitet, die Musik- und Spracherlebnisse beliebig reproduzierbar machen. Nach Thomas A. Edisons ersten Versuchen in den 1870er Jahren werden sie daher ebenfalls zu Signets der technischen wie der kulturellen Moderne. Und mit der Entwicklung elektrischer Aufnahme- und Wiedergabeverfahren in den 1920er Jahren setzen sie sich dann endgültig als markantes technisch-akustisches Requisit der bürgerlichen und bald auch der jugendlichen Freizeitkulturen durch.

Als nicht weniger revolutionär als der Rundfunk erweist sich das Telefon. Auch seine technische Entwicklung wurde zunächst weniger im Kontext öffentlicher gesellschaftlicher Kommunikationsverhältnisse betrieben als vielmehr im Blick auf einseitige Informationsvermittlung etwa als Befehlsstruktur im militärischen Bereich oder als Rufsystem für Dienstboten. Technisch wurde das Übermittlungsprinzip bereits 1861 von dem Friedrichsdorfer Physiklehrer Johann Philipp Reis auf einer knapp hundert Meter langen Leitung erfolgreich erprobt. Dann dauerte es jedoch immerhin bis 1876, bis das Patent auf ein – nun dialogisches – Telefon von Alexander Graham Bell in den USA angemeldet wurde; auch das offenbar noch ohne eine klare Vorstellung seiner künftigen Möglichkeiten als Massenkommunikationsmittel. Nach technischen Verbesserungen verbreitete sich das neue Kommunikationsinstrument am schnellsten in den USA, New York zählte bereits im Jahr 1879 rund 4000 Sprechstellen. In Europa zogen vor allem England und Frankreich nach, dann Belgien und Norwegen. In Deutschland begann Siemens zwar 1877 bereits mit der Produktion von Telefonapparaten, doch wurden die ersten Vermittlungsstellen erst im Jahr

1881 in Berlin eingerichtet. 1889 gab es in der deutschen Hauptstadt dann bereits 10 000 Sprechstellen mit steil steigender Tendenz. Walter Benjamin erinnert sich gut an »den königlichen Einzug« des ersten Telefons in die elterliche Wohnung, wo es ihm zum »Trost der Einsamkeit« wird.[100]

Im deutschen Tempo bewegen sich nach der Jahrhundertwende auch Italien, Österreich, die Schweiz, Schweden und die großen russischen Städte. Im Blick auf das Verhältnis von Apparate- und Einwohnerzahl zeigen sich jedoch erstaunliche Unterschiede: 1913 kommt in Russland ein Hauptanschluss auf 527 Einwohner, in Frankreich auf 128, in den am dichtesten bestückten USA auf 14 und in Deutschland auf 50. Hier werden 32 682 Orte mit Fernsprecheinrichtungen in 1,2 Mio. Sprechstellen gezählt, verbunden durch fünfeinhalb Millionen Kilometer Leitung.[101] Im gleichen Jahr wird in Berlin die erste öffentliche Telefonzelle installiert: ein kleiner achteckiger Tempelbau aus Holz und Stahl, in dem man sogar sitzen kann. Ab 1928 bevölkert dann das Berliner »Fernsprechhäuschen« als Standardmodell die deutschen Plätze und Bürgersteige, zunächst in Gelb, Blau und Grau gehalten, ab 1935 in Rot, Weiß und Schwarz, erst ab 1946 dann im vermeintlich klassischen Gelb.

Wiederum entwickelt sich mit der neuen Technologie eine völlig neue Form der Kommunikation. Nicht nur Worte und Inhalte, sondern auch Ton, Klang, Person werden durch den Draht mit übermittelt. Damit dringt etwas Neues auch in die Wohnungen ein: ein Gast, der sich willkürlich einstellen kann, der den Dialog fordert, der den Tagesablauf, die Situation, die Stimmung verändern kann, auch wenn er gar nicht physisch, sondern nur akustisch da ist. Dies wird nun zu einer ebenso alltäglichen Erfahrung wie die der ständigen Verfügbarkeit und räumlichen Erreichbarkeit. Diese Eigenschaften wiederum passen offenbar am besten zu der ausgesprochen kontaktfreudigen amerikanischen Gesellschafts- und Geschäftskultur, die das Telefon als »kulturelles Modell« rasch aufnimmt. In England hingegen, in dem sich doch einst das Eisenbahnsystem so zügig durchsetzte, geht diese Entwicklung wesentlich langsamer voran. Erst 1921 wird die Schallmauer von einer Million Telefonanschlüssen auf der Insel durchbrochen sein – so viel hat New York allein. Offenbar passt das aufdringliche neue Medium nicht so recht zum eher traditionsbewussten und dezenten Stil der englischen Ober- und Mittelklassen, denen es zu direkt, zu schnell, zu wenig kontrollierbar und wohl auch zu »egalitär« erscheinen mag. Plötzlich hat man dadurch »Gäste« im Haus, die man gar nicht will.[102]

Anfangs bildet das wirkliche Fern-Gespräch allerdings noch ein ernsthaftes Problem, denn überregional ist die Verständigungsqualität recht schlecht. Das ist ein Grund dafür, weshalb sich die ersten Telefonnetze in Europa vor allem in den Großstädten ausbreiten. Ein zweiter und wesentlicherer jedoch ist sozialer und kultureller Natur: Das Telefon steht für Weltoffenheit und Modernität. Es wird zum Medium und Symbol urbaner Kultur – mit seinem Kurbeln und Läuten, dem Hektischen des Sprechens und dem Gefühl des »Drahtes zur Welt«. So wird das Telefon auch zu einem sozialen Prestigeobjekt: Wer etwas auf sich hält, schafft sich eins an. Doch mit der Mode kommen auch die Klagen. Alfred Döblin jammert: »Telefon und Radio können nicht rasch genug von überall her berichten und das Draußen zu einem Hier machen. Jede Wohnung wird gesprengt, es wohnt niemand allein unter seinem Dach und in seinen vier Wänden.«[103] Die »Frankfurter Zeitung« wiederum glossiert die modernen Zeiten und Beziehungen: »Welche Zukunft! Es ist alltäglich, daß ein Herr in Frankfurt mit Bremen telefoniert. Die Stimme des verbindenden Fräuleins ist ihm sympathisch. Er bittet sie, post- und bildtelegraphenwendend um ihr Bild und ihre Handschrift. Wirft umgekehrt Brief und Bild nach Bremen. In einer halben Stunde weiß jeder der beiden Partner, wie der andere aussieht, graphologiert die Handschrift des Unbekannten. ›Konvenierenden Falles‹ reist man am gleichen Nachmittag per Flugzeuge zur persönlichen Besichtigung. Verlobung, Eheschließung nach abgekürztem Aufgebot. Probemonat.«[104] Liebe sieht in Zeiten des Telefons nun anders aus als in den vergangenen Tagen des Liebesbriefes.

Nachdem es sich etabliert hat, wirkt auch das Telefon als ein Modell kultureller Praxis, das Kommunikation grundlegend verändert. Man redet und verständigt sich nicht nur anders und mit anderen als vorher, sondern man entwickelt damit neue Formen und Strukturen sozialer Beziehung. Kurt Tucholsky macht sich darüber auf seine eigene Weise lustig: »Daß der Berliner, an welchem Ort auch immer allein gelassen, nachdenklich dasitzt, den Boden fixiert und plötzlich, wie von der Tarantella gestochen, aufspringt: ›Wo kann man denn hier mal telefonieren?‹ – das ist bekannt. Wenn es keine Berliner gäbe: das Telefon hätte sie erfunden. Es ist ihnen über, und sie sind seine Geschöpfe.«[105] Dabei stoßen sich Modernes und Archaisches nicht unbedingt im Raum. Von Gregorij Jefimowitsch Rasputin jedenfalls, jener mystischen Figur im Umfeld der russischen Zarenfamilie, ist überliefert, dass er in Sankt Petersburg einen der ersten Telefonanschlüsse mit der Nummer 64646 erhält. Dies nicht zuletzt deshalb, weil er dem Kronprinzen, der an einer seltenen Bluterkrankheit leidet, schon einmal mit Hilfe modernster Technik geholfen hat. Als dieser nämlich zu verbluten drohte, während Rasputin sich tausend Kilometer entfernt in seinem Heimatdorf aufhält, folgt das legendäre Telegramm nach Sankt Petersburg an die Zarin: »Deine Tränen sind erhört. Der Kronprinz wird leben!« Wunderheilung per Elektronik: Das scheint nur exotisch, ist aber so weit nicht entfernt vom heutigen Versprechen der katholischen Kirche, wonach der Segen des Papstes auch über das Fernsehen wirkt.

Text und Bild

Entscheidend in der Geschichte der Kommunikationstechnologie ist also, wie schnell solche Praxismuster entwickelt, verbreitet und in routinehaftes Alltagshandeln überführt werden. Und dieser Prozess beschleunigt sich offenbar immer mehr. Bereits in den 1880er Jahren waren fast alle modernen Kommunikationstechniken entwickelt, auch diejenigen, die auf elektrischer Impulsübermittlung basieren: Telegrafie, Mikrofon und Telefon. Längst hat auch die Schreibmaschine begonnen, die Büro- und Textarbeit zu revolutionieren. Selbst die Vorform der Computertechnologie existiert bereits, nachdem seit den 1890er Jahren die Hollerith-Lochkartenmaschine allmählich auf elektrischen Betrieb umgestellt wird.

Damit erscheint der Eintritt in die Hochtechnisierungsphase der europäischen Gesellschaften zunächst deutlich wort- und textlastig, geprägt von den Informations- und Kommunikationstechnologien, die nun die Bühne beherrschen. Dies trifft sicherlich auch zu, wenn man an die Modelle der Alltagskommunikation denkt, die sich nun etablieren oder vorbereiten. Allerdings entwickeln sich parallel dazu nun auch die Bildmedien, vielleicht sogar noch rasanter und dramatischer, wenn man die historischen Voraussetzungen bedenkt. Immerhin ist das mediale Bildangebot bis zur Mitte des 19. Jahrhunderts überaus bescheiden. Zeichnungen, Gemälde, Drucke, Zeitungsabbildungen, Fotografien sind bis dahin im Alltag noch wenig präsent, weil kaum massenhaft produzierbar und nachgefragt. Die Menschen können »Neues« und »Anderes« noch kaum in bildlichen Darstellungen identifizieren und assoziieren, finden es bestenfalls in Texten und Worten beschrieben: in der Bibel, in Aufklärungsschriften, ersten Zeitungen – dazu wenige Bilder nur in Volkskalendern und Flugschriften, auf Altären und in Kirchenfenstern.

Dies ändert sich nun grundlegend. Die Fotografie entwickelt sich zum Massenmedium, und neue Drucktechniken ermöglichen gleichzeitig die massenhafte Wiedergabe und Verbreitung von Bildinformationen vor allem in Gestalt der illustrierten Zeitschrift. Zudem kündigt sich auch bereits das Kino an. Aus all diesen technischen, optischen und ästhetischen Neuerungen erwächst in kurzer Zeit ein Massenangebot an medial verfügbar gemachten Bildmotiven, die nachdrücklich Einfluss gewinnen auf die Alltags- und Massenkultur. Nach dem Lesen lernen die Menschen nun gleichsam das Sehen neu – jedenfalls das mediale Sehen. Durch diese neue Welt der Bilder erfahren sie auch Neues über Technik und Alltagswelt. Und sie erlernen dadurch auch neue gesellschaftliche Codierungen von Zeit und Raum. Die Symbolprogramme von Nation und Geschichte, von Architektur und Denkmal, von Landschaft und Horizont, von Nähe und Ferne, von Erinnerung und Gedächtnis, von Geschwindigkeit und Dauer: Sie werden allesamt visuell und medial übermittelt. Sie werden als Bilder entworfen und sind nun auf vielfältige Weise mitten im Alltag präsent. Dafür werden spezielle mediale Formate geschaffen wie das Plakat und Medienträger wie die Anschlagsäule. Ernst Litfaß brachte diese Idee aus London und Paris nach Berlin mit. Beklebt mit öffentlichen Text- und Bildinformationen, die als Kunstplakat auch höchst attraktive Formen annahmen, wurde die Litfaßsäule so zu einem optischen Massenmedium, das sich nun für politische und kulturelle wie für kommerzielle Zwecke nutzen lässt.

Dieser Vorgang ist deswegen von genereller Bedeutung, weil damit endgültig die systematische mediale Vermarktung des öffentlichen Raumes in den europäischen Großstädten begonnen hat. Ab jetzt erschließt sich die allgemeine Warenwerbung den öffentlichen Raum der Hauswände, der Plätze und Schaufenster und strukturiert ihn dadurch gleichzeitig um. Es werden spezielle Techniken und Medien dafür entwickelt, möglichst viele Menschen über optische Anreize und Informationen zu erreichen: Wandplakate und Mauerbemalungen, rückseitig beleuchtete Inschriften und Bilder, Licht- und Farbinstallationen. Damit nimmt die Industrialisierung des städtischen Raumes spezifische ästhetische Formen an, die eine Neuprägung der Massenkultur und des Massengeschmacks insgesamt einleiten, weil damit zum ersten Mal ein ästhetischer Dialog mit dem Publikum beginnt. Bedürfnisse werden imaginiert, artikuliert, inszeniert und kommerzialisiert. Die Ware und das Wahre, Kommerz und Kunst treten in Kooperation ebenso wie Konkurrenz zueinander.

Ein massenhaft wirksames Bildmedium entsteht dabei auch mit der Postkarte. Seit den Feldpostkarten des Deutsch-Französischen Kriegs von 1870/71 war sie rasch zu einem zentralen Element der europäischen Fernkommunikation geworden. In einer mittlerweile mobilen und literaten Gesellschaft konnten auf diese Art Verwandtschafts- und Freundschaftskontakte unaufwändig aufrechterhalten werden. Ab 1880 etwa wurde dieser Nachrichtenträger immer häufiger auch einseitig illustriert gedruckt, so dass eine Ausstellung in Nizza, 1899, weltweit bereits 130 000 verschiedene Postkartenmotive dokumentieren kann. Allein in Deutschland werden über 50 Millionen Bildpostkarten hergestellt, Grußkarten zu allen Anlässen und mit allen Motiven, die sich fotografisch einfangen lassen. Neben Kunstmotiven aus dem Bereich von Malerei und Plastik sind es insbesondere auch Züge und Bahnhöfe,

Brücken und Rathäuser, Burgen und Kirchen, See- und Landschaftsansichten, Straßencafés und Cabaretreklamen, die verewigt werden.[106] Damit wird die Bildpostkarte zu einem zentralen Medium bei der Errichtung eines gemeinsamen Kanons der Bilder, eines gesellschaftlichen »Bildgedächtnisses«, denn sie zeigt und klassifiziert die symbolischen Orte und Werke einer imaginären Weltkultur. Westminster und Themse, Louvre und Arc de Triomphe, Mona Lisa und David, Cäsar und Napoleon, Silberpfeil und Brandenburger Tor werden auf diese Weise zu symbolischen Repräsentanten von Ereignissen und Geschichten, von Städten und Nationen, von Gesellschaft und Kunst. Sie markieren die Topoi einer kulturellen Welttopografie, deren Bilder Zeit und Raum überspannen und ästhetisch integrieren. Und sie ermöglichen es dem Sammler, »die Welt« daheim im Wohnzimmer zu archivieren.

Auf eine stärkere bildliche und plastische Wirkung hin orientiert mittlerweile auch das Alltagsdesign, das Häuser wie Geschirr, Fabriken wie Möbel nun im »Stil der Moderne« gestaltet. Darin drücken sich ästhetische Zeitströmungen aus, die auf Funktion, Rationalität, Nüchternheit ausgerichtet sind und die diese Bestimmungen auch optisch wie haptisch vermitteln wollen. Es ist aber auch die Zeit, in der moderne Malerei, Skulptur und Musik ihren Durchbruch finden. 1898 erklärt sich die »Berliner Secession« eigenständig und einstimmig zur Zukunft der Malerei. Andererseits wendet sich der Jugendstil industrieller Gestaltung zu, ornamentiert die industrielle Technik und setzt damit zu seinem Siegeszug an.

Dabei interessiert wieder die Frage, wie Dynamik und Bewegung überhaupt erfasst und dargestellt werden können. Bereits 1865 versuchte der populäre Dichter und Zeichner Wilhelm Busch in seiner comic-ähnlichen Darstellung »Der Virtuos« das stakkatohafte Klavierspiel beim »Finale furioso« durch mehrfache, gegeneinander versetzte Armlinien und Hände sichtbar zu machen. Parallele Striche und Konturen sollten gleichsam die schnelle Abfolge der Bewegungsphasen simulieren – in modernen Comics sind das die »speedlines«. Auch Fotografie und Malerei beschäftigten sich intensiv mit Bewegungsstudien und nahmen damit William Turners Projekt wieder auf: die Darstellung von Geschwindigkeit.

Edgar Degas, Der Fehlstart (1869–1872)

Dabei versuchte die Phasenfotografie die Bewegungsabläufe bei Menschen und Tieren in Einzelbilder zu zerlegen, um dem Geheimnis auf die Spur zu kommen, weshalb die Sehrealität des Auges und die Fotorealität der Kamera voneinander abweichen. So wurde ein zentrales Wahrnehmungs- und Darstellungsproblem erkannt, dessen Lösung wiederum der Kunst neue Horizonte eröffnete. Namentlich der französische Maler Edgar Degas versuchte, diese Erkenntnis fotografischer Bewegungsstudien in neue perspektivische wie optische Effekte einer Bewegungsmalerei umzusetzen. In der Tat revolutionierten seine Bilder von Pferderennen aus den 1880er Jahren die künstlerische Bewegungsperspektive, denn seine Pferde sahen wirklich ganz anders aus als die der herkömmlichen Genremalerei: schnell, grazil, dynamisch. Ähnlich malte Georges Seurat seine Tanzenden, umgeben von »Bewegungs- und Emotionslinien«, um den Eindruck physischer und räumlicher Dynamik zu erzielen.[107]

Noch vor der Jahrhundertwende nimmt sich der Impressionismus dieser Auflösung der statischen Sicht auf Gegenstände und Horizonte an. In seinen Stadt- und Straßenszenen dominiert das Flächige und Flüchtige, das die Menschen als eilende Masse oder huschende Schatten erscheinen lässt, umgeben von amorphen Mauern und Wänden. Und der Pointillismus treibt diese Verunsicherung der Perspektive noch weiter voran, wenn er das Flächige und Dichte, das vermeintlich Geschlossene und Feste der Dinge in irisierende und flüchtige Punkte auflöst, die nur mehr provisorische und manipulierbare Eindrücke zu vermitteln scheinen. Der Anschein wird als Scheinhaftes erkennbar, die Irritation des Künstlers zu der des Betrachters.

Gespielt wird nun auch mit jenen Lichtreflexen und Nachtmotiven, wie sie mit der Durchsetzung der Elektrizität für die optischen Wahrnehmung der Stadtlandschaft charakteristisch werden. Hans Baluscheks Darstellungen etwa der Berliner Eisenbahnen und Straßenschluchten betonen fasziniert das Wuchtige und Pathetische der industriellen Technik und ihrer Formensprache, wenn die Züge und Hausfronten über dem Betrachter fast zusammenzustürzen scheinen. Der Expressionismus wiederum dramatisiert das Aufeinandertreffen von Mensch und Technik in Motiven der Vielfalt, der Massenhaftigkeit, der großen Linien und Flächen, welche die Stadt als Ort der Begegnung und der Konfrontation erscheinen lassen. Max Beckmanns »Straße mit Hochbahn« etwa charakterisiert diese Stadtlandschaft als geometrisches Muster von Baumassen und Verkehrslinien, thematisiert aber auch bereits deren soziale Seite: Großstadtleben und Mietskasernenelend.

Mit diesen neuen Arten der Thematisierung und Präsentation übernimmt die Malerei um die Jahrhundertwende neben der Fotografie zweifellos eine wichtige Funktion in der ästhetischen wie kognitiven Schulung gesellschaftlicher Wahrnehmung. Zentral und konstitutiv aber für diese neue Bilderwelt werden nun natürlich Film und Kino als Stoff und zugleich Ort jener »Tagträume der Gesellschaft« (Siegfried Kracauer). Erste vorzeigbare Versuche mit »laufenden Bildern« hatten bereits in den 1890er Jahren in Paris die Brüder Lumière unternommen, die vor allem auch handhabbare Wiedergabeapparate konstruierten. Nach der »ambulanten Ära« des Schausteller-Kinos setzen sich ab 1905 feste, ständige Kinoräume durch, zunächst vor allem Ladenräume und Lokale in den Großstädten wie Berlin, das 1910 bereits drei- bis vierhundert solcher Kinostätten aufzuweisen hat. Neben dem »Kintop« der Billigkinos finden sich auch bereits luxuriöse »Kinopaläste« für ein gehobenes Publikum, das den Film rasch gesellschaftsfähig macht. Vorherrschend sind zunächst französische Produktionen, etwa die reportagehaften Kurzfilme von George Méliès, bald aber auch längere Spielfilme mit ersten Stars wie Asta Nielsen. Diese Abenteuer-, Kriminal-, Historien-, Liebes- und Science-Fiction-Filme sind es dann, die jene Tagträume zu imaginieren vermögen, indem sie Geschichten und Gesichter dramatisch erzählen. Mit dem Ersten Weltkrieg übernehmen die USA die Spitzenposition auf dem Weltmarkt, zeitlich wie persönlich eng verbunden mit dem Aufstieg von Charles Chaplin und des Filmmagneten Hollywood.

Dieser Siegeszug des Kinos vollzieht sich unglaublich rasch. 1910 gehen in Berlin täglich bereits Zehntausende Menschen ins Kino. 1914 gibt es in Deutschland und in England bereits mehr Kinoplätze pro Kopf der Bevölkerung als heute: In England kommt ein Kino auf 8000 Einwohner, in Italien auf 10 000, in Deutschland auf 18 000 und in Frankreich auf 30 000.[108] Wer noch nie selbst in

Paris, New York, London oder Moskau war, lernt die fernen Städte und Gesellschaften nun im Kino kennen. Und dies nicht nur in ihren herausragenden Bauwerken oder Helden, sondern in Orten und Szenen aus ihrem (Film-)Alltag. So nimmt der Film die Gesellschaft in Besitz, eignet sie sich an, macht sich unerbittlich seine Bilder von ihr, selbst dann, wenn er nur im Atelier gedreht ist und der Eiffelturm aus Pappe besteht. Entscheidend sind nicht mehr Material und Ort der Bildproduktion, sondern ihre Imaginations- und Identifikationskraft in den Köpfen des Publikums.

Kino und Film sind es nun auch, die wesentlich über Rollen und Stile in den Alltagskulturen der modernen Massengesellschaft bestimmen. Keineswegs nur manipulativ, wie es manche Kulturkritiker seitdem behaupten, sondern eher über die Aufnahme und Verallgemeinerung von Motiven und Trends, die in einem nun internationalen Raum der Lebensstile geprägt werden. In einem Welt-Raum, der sich längst auch über Reisen, Märkte, Begegnungen erschließt und in dem auch die Literaturen, die Künste und die Moden mit kommunizieren. Kino schafft so Wissen, weitet die Horizonte, setzt Akzente, produziert aber natürlich auch zahl- und gnadenlose Stile und Muster ohne eigenen Wert. Kurt Tucholsky notiert 1920 in Berlin: »Sieh dir die Gesichter an –! Ein neuer Typ ist darunter, den es früher nur vereinzelt hier gab: der Kinotyp. Modebilder und Kinobeaux sind Ideale und Vorbilder; sie sagen: ›So müsst ihr aussehen, junge Leute!‹ – Und sie sehen so aus, und sie wollen so aussehen, und sie können so aussehen. Glatt, eiskalt, elegant – aber nicht soigniert –, irgendwie immer ein wenig, ein ganz verteufelt klein wenig, an Friseur erinnernd.«[109]

Lichter der Großstadt

Der klassische Ort all dieser Entwicklungen ist die europäische Großstadt. Entstanden aus vorindustriellen Handwerks-, Handels- und Residenzstädten machte die Industrialisierung sie zum Schauplatz der demografischen Revolution, des industriekapitalistischen Aufschwungs und nun der kulturellen Moderne. Die Zahl der europäischen Großstädte versiebenfacht sich vom Anfang bis zum Ende des 19. Jahrhunderts von 21 auf 147 mit zusammen über 40 Millionen Einwohnern. In England leben um 1900 bereits fast drei Viertel der Bevölkerung im städtischen, ein Drittel gar im großstädtischen Raum. London zählt 6,6 Millionen, Paris 2,5 Millionen, Wien 1,6 Millionen, Manchester 1,2 Millionen Einwohner, Berlin nun mit rasch steigender Tendenz 2,4 Millionen. Auch Russland hat mit St. Petersburg und Moskau immerhin zwei Millionenmetropolen vorzuweisen, dahinter freilich viel, viel Land: 90 Prozent der russischen Bevölkerung leben zu der Zeit noch in Dörfern.

Doch die Szenerie beherrschen nun eindeutig die großen Städte – wie Berlin. Entstanden als Mischung aus Bürger- und Residenzstadt wird es im späten 19. Jahrhundert zu einer europäischen Metropole zumindest in zweierlei Hinsicht: Zum einen erlebt es ein sehr spätes, dann jedoch umso rasanteres Bevölkerungswachstum – um 1800 zählt Berlin 170 000 Einwohner, 1850 bereits 444 000 und um 1900 jene 2,4 Millionen. Dies hat dramatische Folgen für den sozialen Aufbau wie den architektonischen Ausbau der Stadt. Zum anderen erwirbt es nun seinen Status als neue europäische Kultur-Metropole, allerdings in ganz anderer Weise als Paris oder London. Nicht die Angebote der Hochkultur werden zum Markenzeichen Berlins, sondern vor allem die neuen Formen und Stile der Unterhaltungs- und Massenkultur, die sich nicht zuletzt aus der dichten Kunst- und Medienszene entwickeln und aus dem engen Neben- und Durcheinander von Kino und Musikcafé, von Warenhaus und Oper. Die sozialen Kontraste und die kulturellen Mischungen sind es, die optischen Angebote und die sinnlichen Verführungen, in denen Urbanität ihren vollendeten Ausdruck findet und ihre scharfe Differenz zur Restgesellschaft. Seitdem steht Berlin für beides: für die Mietskasernen-Metropole mit ihren Kiezen und dunklen Hinterhöfen wie für den glitzernden und glamourhaften Ort von Amüsement und Intellektualität mit Kabaretts und Theatern, Bars und Cafés, Zeitungen und Verlagen.

Ganz wesentlich für diese urbane Kultur und für ihre Wahrnehmung sind nun in der Tat die »Lichter der Großstadt«, also die Beleuchtung und Helligkeit des städtischen Raumes. Licht wird zum Grundelement der urbanen Welt, drückt empirisch wie symbolisch ihre besondere Strahlkraft aus. Berlin gilt bald als europäische »Elektropolis«, weil sich hier besonders viele Licht- und Elektrizitätsprojekte auch des öffentlichen Raumes annehmen. So wird dies zum eigentlichen Bildmotiv städtischen Fortschritts und Modernseins: jenes Lichtermeer der nächtlichen Metropole, die keine Dunkelheit mehr kennt.

Elektrizität wird hier aber auch schon als Antriebsenergie im städtischen Verkehr genutzt. 1881 fuhr in Lichterfelde bereits die erste elektrische Straßenbahn der Welt, die sich dann über den Umweg USA auch in Deutschland durchsetzt. Am 18. Februar 1902 wird die erste Berliner U-Bahnlinie vom Stralauer Thor zum Potsdamer Platz eröffnet. Zwar erst nach London (1890), Budapest (1896) und Paris (1900) erbaut, aber immerhin noch vor New York (1904), befördert die U 1 in ihrem ersten Betriebsjahr bereits 20 Millionen Fahrgäste. Diese innerstädtischen Bahnen sind ein schnelles Verkehrsmittel, das den Stadtraum weiter verdichtet, die Arbeitswege entschieden verkürzt und eine neue mentale Karte der Großstadt entstehen lässt. Großstadtleben erfährt man nun in jenem Strom der Bewegungen und Wirbel der Begegnungen, der einen hier umfängt. Es ist der Rhythmus der Stadt, der Menschenmassen und des Verkehrs, der wechselnden Bilder und Stimmungen, die alle menschlichen Sinne optisch wie akustisch belagern.

Bezeichnenderweise sind es in Deutschland zunächst Kunst und Fotografie, Film und Feuilleton, die zum Medium der Großstadtkultur und ihrer Debatten werden. Erst allmählich entwickelt sich Großstadtliteratur, teilweise angeregt durch architektonisch-künstlerische Bewegungen wie die Neue Sachlichkeit. Rainer Maria Rilke lässt seinen Malte Laurids Brigge in Paris sinnieren: »Daß ich es nicht lassen kann, bei offenem Fenster zu schlafen. Elektrische Bahnen rasen läutend durch meine Stube. Automobile gehen über mich hin. Eine Tür fällt zu. Irgendwo klirrt eine Scheibe herunter, ich höre ihre großen Scherben lachen, die kleinen Splitter kichern. Dann plötzlich dumpfer, eingeschlossener Lärm von der anderen Seite, innen im Haus. Jemand steigt die Treppe. Kommt, kommt, unaufhörlich. Ist da, ist lange da, geht vorbei. Und wieder die

Straße [...]«[110] Da nimmt eine montagehafte Sprache den ästhetischen Code der Malerei auf und jenen des Films bereits vorweg: den der impressionistischen Moderne. In anderen Ländern wird die Stadt früher und entschiedener zum Flucht- und Zielpunkt der Literatur – bis hin zu James Joyce, der seinen »Ulysses« (1922) einen Tag in Dublin als ein unglaublich dichtes, ebenso opulentes wie verwirrendes Stadt- und Zeitgemälde erleben lässt, oder zur US-amerikanischen Literatur um John Dos Passos, die ihr inniges Verhältnis zur kommenden Metropole New York entdeckt.

Die Rede vom Rhythmus der Stadt bedient sich einer Metapher, die aus dem zeitdiagnostischen Diskurs stammt und mit dem Namen Georg Simmel verbunden ist. Simmel ist von der Großstadtkultur fasziniert, er hat ihr »Tempo des Lebens« (1897) wissenschaftlich beobachtet, aber auch ihre symbolische Bedeutung sinnlich erfasst. Denn um die Jahrhundertwende sind die großen Städte endgültig zu gesellschaftlichen Laboratorien geworden, in denen Neues entwickelt wird – Staunenswürdiges wie Angstmachendes. Simmel nimmt diese Ambivalenz immer wieder auf: »Die psychologische Grundlage, auf der der Typus großstädtischer Individualitäten sich erhebt, ist die Steigerung des Nervenlebens, die aus dem raschen und ununterbrochenen Wechsel äußerer und innerer Eindrücke hervorgeht. [...] Indem die Großstadt gerade diese psychologischen Bedingungen schafft – mit jedem Gang über die Straße, mit dem Tempo und den Mannigfaltigkeit des wirtschaftlichen, beruflichen, gesellschaftlichen Lebens – stiftet sie schon in den sinnlichen Fundamenten des Seelenlebens [...] einen tiefen Gegensatz gegen die Kleinstadt und das Landleben.« Um sich gegen diese »Reizüberflutung« zu schützen, müsse der Großstädter »statt mit dem Gemüte« mit einer »Steigerung des Bewußtseins« reagieren. Dabei entwickle er in seinen sozialen Umweltbeziehungen ein kompliziertes und abgestuftes System »von Sympathien, Gleichgültigkeiten und Aversionen der kürzesten wie der dauerndsten Art«, um die extreme Begegnungs- und Beziehungsdichte urbanen Lebens zu bewältigen. Sozialisierung und Dissoziierung bilden für Simmel daher das antagonistische urbane Lebensprinzip, aus dessen Spannung die besondere Dynamik des Großstadtlebens erwächst.[111]

Urbane Kultur speist sich jedoch auch aus der sozialen Spannung, die aus sozialer Ungleichheit erwächst und eine extreme Nähe der Differenz schafft: nicht feine, sondern schroffe Unterschiede auf engstem Raum. Die Soziologie als die neue Gesellschaftstheorie der Moderne beschäftigt sich mit diesen Hierarchien und Differenzen. Und die Metropole lernt mit ihnen zu leben. Fontane lässt seinen Stechlin aus der Distanz des märkischen Provinzlers die heute noch markante Metapher prägen: »Aber jeder will heutzutage hoch raus. Das ist, was sie jetzt die ›Signatur der Zeit‹ nennen.«[112] In dieser »Signatur der Zeit« wirkt das Differenzprinzip nachhaltig mit, zu dem in der Metropole freilich nicht nur die soziale, sondern auch die kulturelle Fremdheit gehört. Wiederum Georg Simmel weist darauf hin, dass die große Stadt stets als Integrationsschleuse in die Gesellschaft fungiert, dass fremde Menschen, Ideen und Produkte von ihr aufgenommen werden, um sich dann weiter in der Gesellschaft auszubreiten. Dass der Fremde derjenige ist, der im Unterschied zum Wanderer kommt und bleibt, der fest zur Szenerie der großen Stadt gehört – als Symbolfigur urbaner Kultur. Die Großstadt als Ort von Vielfalt und Unterschied, nicht von Homogenität und Konsens: Das ist für Simmel ihre klassische Konstitution und ihre klassische Aufgabe. Ihr Ziel ist nicht Integration ins Gleiche, sondern Integration in die Verschiedenheit, von deren Spannung sie lebt. »Urbane Kultur« meint diesen spezifischen Raum und diese spezifische Art von Vergesellschaftung in der »Menschenwerkstatt«: eine soziale Einheit der Widersprüche.

Der Mediziner und Psychologe Willy Hellpach nimmt diesen Gedanken der »Menschenwerkstatt« wiederum zum Anlass, um über eine »Sozialpsychologie und Charakterologie des Großstädters« nachzudenken. Er glaubt, drei wesentliche Verhaltensprägungen des Großstädters feststellen zu können: seine aus dem urbanen »Tempo« resultierende »Nervosität«, seine dadurch erhöhte Wachheit, die »Vigilanz«, und seine aus der Anonymität und Massenhaftigkeit rührende »Fremdheit«. Hellpach schreibt: »Der Großstadtmensch beschleunigt sein ›Tempo‹ auf allen Lebensgebieten, weil es ihm zur ›zweiten Natur‹ wird.« Er entwickle »sensuelle Vigilanz bei emotionaler Indifferenz«, werde also wachsam und zugleich kaltschnäuzig, um in dieser Großstadtwelt überleben zu können.[113] Urbane Kultur gilt eben auch als eine ausgesprochen »nervöse Kultur«, dem Zeittakt der Industrie, des Verkehrs und der Geldzirkulation unterworfen. Dies wird zunehmend auch in Freizeit und Erholung beobachtet, die ebenfalls gehetzt und genusssüchtig daherkommen. Nicht umsonst werden die »schnelle« Zigarette und hastige Mahlzeit zum Symbol urbanen Lebensstils, dessen »Vibrationen« sich in wachsender Nervosität und Neurasthenie auswirken. Das ist jedenfalls die Diagnose der Intellektuellen von Thomas Mann bis Sigmund Freud. Nervosität scheint so beides: moderne Krankheit und Krankheit der Moderne.[114]

Zur selben Zeit, aber ganz anders als Berlin wächst das englische Manchester zur Großstadt heran. Ursprünglich ein kleiner Marktort, ergoss sich die Stadt zu Anfang des 19. Jahrhunderts durch massenhafte Zuwanderung, den Boom der Baumwollindustrie und den Anschluss an die Eisenbahn buchstäblich ins Umland. Um 1850 zählte die Stadtregion fast 400 000 Einwohner, Fabriken und Wohnviertel wucherten unkontrolliert, während sich Slums und bessere Viertel räumlich segregierten. Manchester wurde so zum exemplarischen Besichtigungsort des englischen Industriekapitalismus und seines sozialen Elends, doch es erfand sich auch in der Folgezeit als »Stadt« tatsächlich neu. »Die Einführung der elektrischen Straßenbahn zu Beginn des Jahrhunderts beeinflußte das Leben der einfachen Leute sehr tief gehend, die Massen genossen nun die Wohltaten billiger Transportmöglichkeiten. [...] Ein Teil der unteren Mittelschichten zog in die Vororte, so daß besser verdienende Handwerker aus den dicht bevölkerten Vierteln in die Häuser ziehen konnten, die sie verlassen hatten. Die elektrische Straßenbahn ermöglichte es mehr Angehörigen der Arbeiterklasse als jemals zuvor, außerhalb ihrer unmittelbaren Nachbarschaft einen Job zu finden, ihre Freunde und Verwandten zu besuchen, in Parkanlagen, Konzerte und Kinos zu gehen.«[115] Und die bürgerliche Kultur flankiert nun diese Entwicklung: Architektur und Kunst, Theater und Konzerthaus formen allmählich ein Profil, das Manchester zunehmend auch als Kultur- und Musikstadt erscheinen lässt.

St. Petersburg wiederum wurde in seiner historischen Entwicklung gleich als europäische Kulturstadt konzipiert. Der russische Zar und sein Hof statteten es immerhin mit sich selbst, mit Oper und Ballett, mit Theater und Gemäldegalerien, mit Stadtpalästen und Uferpromenaden glänzend aus, und auch das Militär, die wichtigen Medien und Buchverlage siedelten sich hier an. Um 1900 ist St. Petersburg historische Stadt und moderne Großstadt zugleich, mit Eisenbahnanschluss und Hafen, mit wichtigen Handels- wie Industriefunktionen. Zwar sorgen die rasante Bevölkerungszuwanderung und die wirtschaftliche Dynamik auch hier für dramatische Entwicklungen in sozialer Hinsicht: 1913 zählt die Stadt bereits 2 Millionen Einwohner. Doch bleibt – anders als in Manchester – die soziale Mischung erhalten, die Stadtgesellschaft separiert sich weniger stark. Ambitionierte Stadtentwicklung wie moderne Architekturpolitik sorgen dafür, dass die Stadtlandschaft ihre Balance zwischen Tradition und Moderne mit dem Nevskij-Prospekt als glanzvollem Zentrum bewahren kann. Sehr viel mehr als Moskau verkörpert St. Petersburg so das »europäische Fenster« Russlands.

Gerne werden nun europäische und amerikanische Großstädte miteinander verglichen, um mehr über Stadtgestaltung, Nahverkehr oder Wohnkonzepte zu erfahren. Vor allem New York fordert den Vergleich mit den alten europäischen Metropolen heraus, und die literarischen wie journalistischen Texte klingen nun ähnlich New-York-begeistert wie knapp 100 Jahre vorher ihre Pariser oder Londoner Vorläufer. Die amerikanische Reißbrettstadt hingegen, wie sie um die Jahrhundertwende auch bereits sichtbar wird, stößt auf Ablehnung. Ein europäischer Besucher spottet: »Berlin und Mannheim sind mit wahrhaft orientalischer Phantasie gebaut gegen die stocksteife Einförmigkeit von Philadelphia. Die Häuser, die Bäume, die Gesichter könnten aus einer Schneidemaschine herausgefallen sein, so fabrikmäßig uniform ist alles einander.«[116]

Kritik wird aber auch in anderer Hinsicht laut, denn Stadtwelt und Hochindustrialisierung stehen auch für einen dramatischen »Fortschritt« der Umweltschädigung. Im 19. Jahrhundert noch wenig thematisiert, erfährt dies nun öffentliche Aufmerksamkeit vor allem aus zwei Gründen: Zum einen findet verstärkt öffentliche Gesundheits- und Hygienepolitik statt, zum andern beginnt auch der Kampf der Gewerkschaftsbewegung in dieser Hinsicht allmählich zu greifen. Ein großes Thema ist dabei der Lärm, gegen den sich eine entschlossene »Lärmschutzbewegung« formiert. Ihr deutscher Protagonist, Theodor Lessing, Schriftsteller und Kulturkritiker, formuliert eine schon lautmalerisch eindrucksvolle Anklage: »Die Hämmer dröhnen, die Maschinen rasseln. Fleischerwägen und Bäckerkarren rollen früh vor Tag am Hause vorüber. Unaufhörlich läuten zahllose Glocken. Tausend Türen schlagen auf und zu. [...] Ein Bahnzug fährt über die eiserne Brücke. Quer über unser schmerzendes Haupt, quer durch unsere besten Gedanken.«[117] Noch gesundheitsschädlicher als der Lärm wirken die Industrieemissionen in den städtischen Raum. Und wirklich katastrophal sind vielfach noch die Arbeitsbedingungen in den Fabriken: Gearbeitet wird in nackten Funktionseinrichtungen, die Rauch und Ruß, Dunst und Gas, Lärm und Gestank emittieren ohne Schutzeinrichtungen für die Menschen.

Wilhelm Raabe nimmt diese Umweltproblematik als einer der ersten in einer Erzählung auf. Ein Müller fühlt sich durch seinen Fabriknachbarn am Fluss und dessen Wasserverschmutzung physisch vergiftet und wirtschaftlich ruiniert. Das will er beweisen: »Bis auf das letzte Atom soll er's wissen, wie viele Teile Ammoniak und Schwefelwasserstoff der Mensch dem lieben Nachbar zuliebe einatmen kann, ohne rein des Teufels zu werden ob der Blüte des nationalen Wohlstandes und lieber alle Viere von sich zu strecken, als noch länger in diese Blume zu riechen.« Raabe nutzt dabei eigene Erfahrungen als Grundlage für den literarischen Stoff. Im Winter 1884 bricht nämlich die Braunschweiger Trinkwasserversorgung durch die Belastungen aus der Zuckerindustrie zusammen, und Raabe schreibt an seine Tochter Margarete: »Sei du froh, daß du nicht in Braunschweig bist. Der reine Schweinestall! Wir waschen uns nicht mehr, wir putzen uns nicht mehr die Zähne, selbst durch das gekochte Essen schmeckt man das durch zwölf Zuckerfabriken versaute Okerwasser: Pfisters Mühle in fürchterlichster Vollendung.«[118]

Umweltschädigungen größeren Ausmaßes produziert auch der rasant zunehmende Verkehr, der die alte Straßenführung und

Bebauung der vormodernen Städte durch die Bahnen wie das aufkommende Automobil überlastet. Überall drängt man auf innerstädtische Erweiterung und Verbreiterung, um der urbanen Massengesellschaft angemessenen Raum zu schaffen. Das hat natürlich seinen Preis: Zum ersten Mal versteht sich Stadtplanung primär als Verkehrsplanung, nicht mehr zunächst als Städte- und Wohnungsbau. Damit werden die Straßen wie die Häuser immer uniformer, die Linienführungen gerader, die Perspektiven komplexer. Der Boulevard verändert als städtischer Erfahrungsraum neuer Art die Wahrnehmungen und Bewegungen der Menschen: Er beschleunigt das Gehen, bedrängt das Sehen, erschwert das Verstehen. Stadt wird zur gebauten Massengesellschaft, in der das Individuum gleichwohl vereinsamt. Alfred Kerr, einer der schärfsten Beobachter Berlins um die Jahrhundertwende, beklagt denn auch sarkastisch: »O Bürger Berlins, ich sagte nicht zu viel, wenn ich euch Kaffern nannte. Welche Blößen habt ihr euch wieder gegeben. Weil eine Straße verbreitert werden soll, laßt ihr alte Bäume weghacken. Habt ihr keine Ahnung, was eine Avenue ist? Merkt ihr denn nicht, daß in dem elenden Kasernenmeer dieser nüchtern Stadt jeder Baum wie ein Vers in einem stumpfsinnigen Reporterbericht wirkt? Wißt ihr nicht, daß Verkehrsrücksichten ganz nebensächliche Rücksichten sind?«[119]

Hochindustrialisierung bedeutet jedoch vor allem auch, dass sich völlig neue Ansprüche an die Umweltanpassung des Menschen und an seine »innere Uhr« ergeben. Im Zuge der Elektrifizierung nimmt das Arbeiten in geschlossenen Produktionsräumen und Verwaltungsgebäuden extrem zu, Schichtarbeit ist rund um die Uhr möglich. Und die Fließbandproduktion, wie sie von Ford in den USA seit 1913 entwickelt wird, zergliedert die Abläufe industrieller Produktion in extrem kurze und harte Zeittakte. Nun arbeitet man tatsächlich »in der Maschine«, und die Sinnesorgane müssen komplexe Koordinationsleistungen vollbringen. Veränderungen bedeutet dieser Fordismus – als Synonym fortschreitender Arbeitsteiligkeit – aber vor allem auch im Bereich der Büroarbeit. Die neuen Kommunikations- und Datenverarbeitungstechniken ermöglichen die Trennung der kaufmännischen Tätigkeiten von reinen Büroarbeiten. Mit der Schreibmaschine kommt es zur Feminisierung des Büros, aber auch zum gehetzten Rhythmus der Büroarbeit. Und dieser Rhythmus greift auf die privaten Alltagswelten über. Sport wie Erholung, Liebe wie Erziehungszeit orientieren sich an Uhr und Kalender. Die gesamte Rhythmik des Lebens beschleunigt sich, und selbst unter Familienmitgliedern werden »Fahrpläne« nötig, um das alltägliche Neben- und Miteinander der individuellen Wege und Abläufe noch koordinieren zu können.

Nicht von ungefähr wird die Figur des Flaneurs (wieder-)entdeckt, den Baudelaire gleichsam zum Scout des Großstadtdschungels stilisiert: aufgehoben in urbaner Ortlosigkeit, fasziniert von deren Geheimnissen, aber kundig ihrer Wege. Walter Benjamin entwickelt daraus die Erfahrungstheorie der Flanerie als einer besonderen Schau- und Sehkultur, in der das momenthafte Erlebnis »des unendlichen Lebens« dominiert, ein aufflammendes Verstehen eines »totalen« Hier und Jetzt. Es ist eine eher stumme, schweigende Kultur des urbanen Raumes: Nicht Sprache und Worte werden dabei gewechselt, sondern Blicke und Ansichten, während die Passanten aneinander vorübergehen. Gemeinsam sind sie allein inmitten des großstädtischen Gewimmels und Getöses, allein in der räumlichen Enge des U-Bahnwagens wie des Theaterfoyers. Diese soziale Einsamkeit ist die Kehrseite jenes urbanen Scheins massenhafter Gesellschaft und lärmender Geselligkeit. Großstadt verkörpert nun beides: die Kompaktheit neuer Erfahrungen wie den Zerfall komplexer Erfahrungswelt.

Tempo und Kick: Signaturen der Zeit

Diese Ambivalenz gilt offenbar generell. Nach teilweise dramatischen Veränderungen des Arbeits- und Freizeitlebens, nach deutlichen Steigerungen des Realeinkommens und der Verkürzung des Arbeitstages beginnen sich Bedürfnis und Nachfrage nach neuen Kulturmustern wirklich massenhaft zu entwickeln. Andererseits produziert diese industrielle Moderne nun verstärkt auch Gegenbewegungen. Wo früher nur bürgerliche Sozialisten und die Arbeiterbewegung Einspruch gegen kapitalistische Ausbeutungsstrategien von Mensch und Natur erhoben hatten, betreten nun, nach 1900, neue Akteure die Bühne. Strömungen der Agrarromantik, die vergangenes ländliches Leben verklärt und als Gegenbild zum städtischen Babylon stilisiert, verbinden sich mit konservativer Zivilisationskritik, die in der Technik- und Massengesellschaft völkische und kulturelle Wurzeln bedroht sieht. Hinzu kommen Lebensreformideen, die den Menschen in seinen Körper und seine »Natur« zurückholen wollen.

In Deutschland sind es neben völkischen und nationalistischen Heimatschutzbewegungen vor allem der Wandervogel und die Jugendbewegung, die sich so entschieden zivilisationskritisch gebärden. Ihnen allen wird der »Moloch Stadt« zum Inbegriff des sozial wie moralisch Verderbten und zum Gegenüber einer romantisch verklärten Natur. Gegen die Massen- und Verkehrszivilisation der Großstadt setzen sie die Einsamkeit der Natur, aber eben eine Einsamkeit in der Gruppe Gleichgesinnter – beim Wandern wie beim Volksliedsingen. Ähnliche Bewegungen sind damals ein gesamteuropäisches Phänomen, namentlich auch in Gestalt der von England ausgehenden Pfadfinderbewegung.

Freilich steht dieser Stadtflucht stets auch eine Stadtsucht gegenüber, die gerade im Jugendbereich neue Kulturen und Stile entstehen lässt. In Mode und Musik, in Sport und Körperkultur suchen sich Gruppen zu verwirklichen, die diese Welt des Technischen und Urbanen bejahen, die nicht zunächst Sicherheit und Kontinuität, sondern Abenteuer und Abwechslung suchen. Gesellschaftstanz und Automobilsport findet man ebenso wenig in den Wäldern wie die Bohemienszenen aus Kunst und Literatur. Dazu bedarf es schon der großstädtischen Welt und insbesondere ihrer Nacht. Doch sind die Grenzen und Fronten zwischen den Natur- und Kulturbewegungen eher durchlässig. Und die Protagonisten und Helden wechseln nicht selten vom einen ins andere Lager – nicht wenige später auch in die völkischen Massenbewegungen Italiens und Deutschlands.

Neu ist in Deutschland der Kampfbegriff »Heimatschutz«, der Natur und Landschaft von der Eisenbahn, der Industrie und der Verstädterung bedroht sieht und damit auch die kulturellen Traditionen der Menschen. Einerseits ergeben sich daraus aktive Anfänge einer Naturschutzbewegung, andererseits durch die Verknüpfung mit Geopolitik und nationalen Blut-und-Boden-Metaphern bereits Vorformen völkischen Denkens. Aber auch der Tourismus inszeniert sich nun immer offensiver als Naturentdecker und Naturbewahrer, obwohl in Italien oder England längst das Zeitalter des Massentourismus begonnen hat. Im Seebad Blackpool zählt man jährlich bereits mehrere Millionen Besucher, und selbst die exklusiven europäischen Badeorte wie Vichy, Marienbad, Baden-Baden, Lucca oder Spa, die bislang nur dem Adel und gehobenen Bürgertum offen standen, können sich des Publikumsansturms kaum mehr erwehren. All diese Entwicklungen tragen mit dazu bei, die Geste des »Bildungshumanismus« in jenen bürgerlichen Gruppierungen nicht nur der deutschen Gesellschaft zu stärken, die rings um sich nur »Kulturverfall« und »Massengesellschaft« sehen.

Immer stärker geht es jetzt um die neue Welt der Freizeitkulturen und dort um den besonderen Kick, um Nervenkitzel und Spannung, um Tempo und Schnelligkeit, um Risiko und Lebenslust. So wird der Rummelplatz zum Abenteuerspielplatz des kleinen Mannes, vor allem aber auch der Frauen und Jugendlichen, die in Riesenrädern und Schiffsschaukeln, in Karussellen und Geisterbahnen kreisen und wirbeln und diese Irritation ihres Gleichgewichtssinnes und Wahrnehmungsvermögens in vollen Zügen genießen. Denn Rummel, Feste und Erlebnisse durchbrechen die Monotonie ihres Alltags. Ab 1904 wird am Berliner Halensee ein Gelände zum Luna-Park ausgebaut, nach wenigen Jahren bereits der größte Vergnügungspark Europas, der nicht nur alle denkbaren technischen Großspielzeuge enthält, sondern auch »exotische Völkerschauen«, Tierdressuren, Tanzveranstaltungen oder Filmvorführungen anbietet. Etwas anspruchsvoller präsentiert sich seit 1911 das Café Picadilly, eine Art Erlebnisgastronomie, 1914 patriotisch in »Haus Vaterland« umbenannt. Siegfried Kracauer nennt es später eine »Pläsierkaserne«, in der »die Masse bei sich selber zu Gast« sei: »Der Raum, in dem der Heurige genossen wird, bietet einen herrlichen Fernblick auf das nächtliche Wien. Matt hebt sich der Stefansturm vom gestirnten Himmel ab, und eine innerlich beleuchtete Elektrische entgleitet über die Donaubrücke. In anderen Räumen, die an die neue Sachlichkeit angrenzen, fließt der Rhein, glüht das goldene Horn, dehnt sich fern im Süden das schöne Spanien [...] Das Vaterland umfaßt den ganzen Erdball.«[120] Dieses Schein-Welthafte und Synthetische der Vergnügungsszenerie konstatiert auch Walther Rathenau: »Ein überhitztes, tatsachenhungriges Großstadtleben, auf Technik und sogenannte Errungenschaften gestellt, begierig nach Festen, Erstaunlichkeit, Aufzügen und lärmenden Nichtigkeiten, für die der Berliner die Spottnamen Klimbim und Klamauk erfunden hat, verlangte eine Repräsentation, die Rom und Byzanz, Versailles und Potsdam auf einer Platte vereinigte.«[121]

Auch im Sport verrät sich dieses Bedürfnis nach Kick und Spannung. Etwa bei Pferderennen und Boxkämpfen, bei Ruderregatten und Radrennen (seit 1909 rollt das Berliner Sechs-Tage-Rennen), bei Leichtathletikwettkämpfen und Fußballspielen, die nun alle zu Veranstaltungen für ein Massenpublikum werden. In England kommen zu den Fußball-Cupfinals und zu den großen Crickettspielen bereits über hunderttausend Zuschauer, in Frankreich und Deutschland strömen die Massen – zumeist die Männer – insbesondere zu Auto- und Motorradrennen. Kracauer nennt es den »Bildzauber«, der im Sport die Menschen sinnlich anrühre. Der Veranstaltungskalender der »Frankfurter Zeitung« verzeichnet allein am beliebigen Datum des 5. 5. 1929 zwölf Sport-Events in Berlin: Leichtathletikmeisterschaften, Boxveranstaltung im Luna-Park, Fechtturnier, zwei Radrennen, drei Pferderennen in Hoppegarten und Karlshorst, je eine Herren- und Damengolfmeisterschaft und zwei Tennisturniere.

Dieser Kult um Spannung, Rekord und Geschwindigkeit findet auch auf dem Wasser statt, etwa bei den etwas teureren Vergnügungen wie Motorbootrennen und Regatten. So werden die Kämpfe um das berühmte »Blaue Band« für die schnellste Atlantiküberquerung zwischen Europa und Amerika für Reedereien wie Regierungen nun zu einer Prestigefrage, zu einem symbolischen Test der technisch-industriellen Leistungsfähigkeit der Nation. Erst die Vorgänge um die Titanic lassen nachdenklich werden angesichts von Technikgläubigkeit, Konkurrenzdenken und Rekordsucht. Deshalb sind die Reaktionen auf diese Katastrophe nicht nur von Trauer geprägt, sondern auch von scharfer, manchmal sarkastischer Kritik an der »Spaßgesellschaft« der Vorkriegszeit – der russische Lyriker Alexander Blok: »Der Untergang der Titanic hat mich gestern unsagbar erfreut – es gibt noch einen Ozean.«[122]

Neben den schnellen Schiffen und den Rennwagen sind es nach wie vor und vor allem die Züge, die »Geschwindigkeit« verkörpern. 1914 umfasst das Streckennetz der Bahn in Deutschland bereits fast 65 000 Kilometer, erreicht damit sogar in den ländlichen Regionen die meisten Ortschaften und ist damit das längste in Europa. Dabei hat sich die Fahrtgeschwindigkeit nochmals erhöht: Nachdem selbst Schnellzüge vor der Jahrhundertwende Durchschnittsgeschwindigkeiten von nur wenig über 60 km/h erreichten – in der Spitze 85–90 km/h –, kommen sie in den 1920er Jahren auf europäischen Hauptstrecken bereits auf durchschnittliche 90 bis 100 Stundenkilometer. Dies gelingt insbesondere durch die Entwicklung des Diesel- und vor allem des Elektroantriebs, der ab 1924 in Deutschland systematisch eingeführt wird. Ein Drehstromtriebwagen fährt auf Versuchsstrecken bereits über 200 Stundenkilometer schnell. Allerdings fragen sich nun verstärkt Kritiker, wozu: »Die unsere Blitzzüge benutzenden Fahrgäste haben es zumeist nicht nötig, mit der Zeit zu geizen, für sie ist die Schnellfahrerei ein Sport, bei dem sie recht unnötigerweise ihre Haut zu Markte tragen und vielleicht gerade im Bewußtsein der Gefahr eine Abwechslung für ihre durch Genüsse aller Art verdorbenen Nerven finden.«[123]

In spektakulärer Form kommt diese Tempobegeisterung der Zeit auch in Russland zum Ausdruck. Nach dem Weltkrieg und der Revolution von 1918 wird dort der Versuch unternommen, das Experiment »sozialistische Gesellschaft« auch als ein Entwicklungsprojekt in Zeit und Raum zu betreiben. Durch eine systematische Industrialisierung soll die Agrargesellschaft überwunden werden, vor allem durch Mobilität und Mobilisierung: durch neue Bewegungsformen der Menschen und der Güter im Raum, durch Überwindung der Distanzen im Inneren des Riesenreiches wie der äußeren europäischen Randlage. Deshalb auch das ehrgeizige Projekt der industriellen Erschließung Sibiriens. Materiell geht es um die dortigen Bodenschätze als industrielle Ressourcen, symbolisch aber eben auch um den Nachweis, dass der Sozialismus die Welt tatsächlich neu zu modellieren vermag. Dafür hat der Bau der Transsibirischen Eisenbahn zwischen 1891 und 1904 bereits erste Voraussetzungen geschaffen und Visionen geweckt. Die Kosten, mit denen die Durchsetzung dieser Visionen dann allerdings verbunden sein wird, wenn Stalins Sowjetimperium diese »Schlacht um Sibirien« schlägt, belaufen sich auf hunderttausende Menschenleben, vernichtet auch im Straflager-System des »Gulag«. Bald steht der Name Sibirien daher nicht mehr für die Vision eines neuen Raums, sondern für die Wirklichkeit eines Albtraums. Und die Eisenbahnen der Sowjetunion assoziieren damit nicht mehr nur Vorstellungen von Bewegung und Weite, sondern auch von Gefängnis und Tod.

Die generelle Eisenbahneuphorie jedoch hängt damit zusammen, dass die militärisch-strategische Bedeutung des Eisenbahnnetzes inzwischen ebenso offenkundig geworden ist wie das darin enthaltene wirtschaftliche Steuerungspotenzial. In Deutschland, wo das Eisenbahnwesen bis 1920 Ländersache bleibt, verkörpert der riesige Schienen-, Wagen- und Lokomotivenbedarf natürlich auch ein gewaltiges und steuerbares Auftragsvolumen, das kräftig zu regionaler Industriekonzentration genutzt wird. Staatliches Eisenbahnsystem und schwerindustrieller Ausbau in Gestalt von Bergbau und Hüttenindustrie, von Stahlverarbeitung und Maschinenindustrie gehen hier Hand in Hand und prägen die regionalen Wirtschaftsprofile der Kaiserreichszeit nachhaltig. Dies gilt im Übrigen als Befund über die deutsche Industrialisierung hinaus: Die stärksten Effekte für die Veränderung von Wirtschaft und Gesellschaft haben Industrie und Eisenbahn weniger im nationalen als vielmehr im regionalen Horizont. Nicht die Überwindung der großen Distanzen und damit jene viel beschworene »Vernichtung des Raumes« ist die nachhaltigste Wirkung der europäischen Industrialisierung, sondern dessen regionale Verdichtung und Vernetzung.

Längst haben die europäischen Großmächte das System Eisenbahn aber auch nach Afrika exportiert. Bereits 1856 stellte Großbritannien die Strecke von Alexandria nach Kairo fertig, Frankreich baute zunächst auf algerischem Gebiet, Belgien im Kongo. Bis 1912 sind fast 43 000 km Bahnstrecke fertig, die den Kolonialmächten zu beiden Zwecken dienen: zur wirtschaftlichen Ausplünderung wie zur militärischen Herrschaft. Seit 1884 ist auch das Deutsche Reich dazugestoßen, der Deutsche Kolonialverein gründete Kolonien in Südwestafrika, Togo, Kamerun sowie in Ostafrika. Auch dort werden Kolonialbahnen gebaut, bis 1913 bereits über 4000 Kilometer. Ähnliches geschieht in Indien und anderen Teilen des British Empire.

Doch sind es nicht nur Güter, sondern auch Bilder, die von Afrika und Asien nach Europa transportiert werden: Bilder des exotisch »Fremden«. Auf der Pariser Weltausstellung des Jahres 1889 wurde ein afrikanischer Kral aufgebaut, frisch importiert aus den eigenen Kolonien, und wiederum – wie bereits 1867 – eine »Rue du Caire«. Auch die Berliner Gewerbeausstellung des Jahres 1896 mochte weder auf ihr »Negerdorf« samt Völkerschau verzichten noch auf den Orient in Gestalt des Pavillons »Kairo«. Der »Orientalismus« war endgültig erfunden.[124] Solche Repräsentationen kolonialer Kultur werden nun immer fester im ästhetischen Gedächtnis der europäischen Gesellschaften verankert.

An derartigen Bildern arbeiten vor allem auch Kino und Film mit. Mehr noch als die Literatur sind sie es nun, die Bilder dieses »Fremden« und dieser »Welt da draußen« in europäische Städte und Köpfe bringen. Dabei findet sich das neue Medium Film sogleich in einen moralischen Diskurs verwickelt. Denn die »neuen Künste« der Jahrhundertwende mit ihren neuen Texten und Bildern in Gestalt von Massenliteratur, Fotografie und eben auch Film werden selbst im deutschen Reichstag in der berühmten »Schmutz- und Schunddebatte« leidenschaftlich diskutiert, in tiefer Sorge um das kulturelle Erbe Schillers und Goethes.

Seit den 1880er Jahren hat sich der Markt für Bildung und Unterhaltung rasant erweitert, denn Lesen und Schauen sind angesagt. Neben Historien- und Liebesromanen stehen Indianer- und Abenteuerliteratur hoch im Kurs, vor allem bei den Kindern und Jugendlichen sowie den jungen Frauen, die um die »Groschenhefte« jetzt neue Lesekulturen und Lesegemeinden bilden. Ähnliche Stoffe präsentieren auch zahlreiche Filme: Trivialitäten und Illusionen, die gleichwohl realitätsmächtig sind, weil sie in einer auseinander driftenden Welt vieles doch wieder zusammenzubringen scheinen. Keineswegs nur Liebende, vielmehr auch Alt und Neu,

Natur und Technik, Eigen und Fremd. So lässt Ödön von Horváth in seinem Roman »Sechsunddreißig Stunden« den Helden in der Münchner Innenstadt vom Schelling-Kino und dem letzten Film mit Tom Mix träumen: »Als er den das letzte Mal sah, überholte er gerade zu Pferd einen Expreßzug, sprang aus dem Sattel auf die Lokomotive, befreite seine Braut aus dem Schlafwagen, wo sie gerade ein heuchlerischer Brigant vergewaltigen wollte, erlegte zehn weitere Briganten, schlug zwanzig Briganten in die Flucht und wurde an der nächsten Station von seinem treuen Pferde und einem Priester erwartet, der die Trauung sofort vollzog.«[125] Mehr Sinnstiftung – findet Horváth – kann man in der kurzen Zeit nicht verlangen. Und Siegfried Kracauer spricht von »immer wiederkehrenden Bildmotiven«, die »wie magische Beschwörungsformeln« die Inhalte fast vergessen machen.[126] Daraus entsteht jener Kanon der Bilder, der Versatzstücke der Moderne anbietet: Facetten einer ästhetisch angeeigneten Erinnerung.

Vor allem aber ist der Film die technische Verkörperung der Illusion von der nahen Ferne. Unbekanntes tritt den Menschen in den Filmkulissen vor Augen, mit dem sie selbst nie in Berührung kommen, das durch die Fiktionalität von Bild und Handlung jedoch auf eine ästhetisch bedrängende Art »Kino-Wirklichkeit« wird. Die Überwindung von Raum und Zeit: Hier gelingt sie am leichtesten, am bequemsten, am raschesten. Jakob von Hoddis reimt ironisch: »Der Saal wird dunkel. Und wir sehen die Schnellen / Der Ganga, Palmen, Tempel auch des Brahma / Ein lautlos tobendes Familiendrama / Mit Lebemännern dann und Maskenbällen. / Man zückt Revolver. Eifersucht wird rege / Herr Piefke duelliert sich ohne Kopf / Dann zeigt man uns mit Kiepe und mit Kropf / Die Älplerin auf mächtig steilem Wege.«[127] Natürlich sind das boshafte Anspielungen auf den Illusions- und Genresalat des Kintop. Aber darin enthalten sind auch amüsierte Blicke auf diese so überaus bunte Filmwelt, der es gelingt, die Geschichten und die Weite der Welt in einen »Ort auf zwei Stunden« zu bannen. Hugo von Hofmannsthal spielt auf diesen wichtigen »Ersatz für die Träume« an, wenn er schreibt: »Mir aber scheint die Atmosphäre des Kinos die einzige Atmosphäre, in welcher die Menschen unserer Zeit [...] zu einem ungeheueren, wenn auch wunderlich zugerichteten geistigen

Erbe in ein ganz unmittelbares, ganz hemmungsloses Verhältnis treten, Leben zu Leben und der voll gepfropfte, halbdunkle Raum mit den vorbeifließenden Bildern ist mir, ich kann es nicht anders sagen, beinahe ehrwürdig, als die Stätte, wo die Seelen in einem dunklen Selbsterhaltungsdrang hinflüchten, von der Ziffer zur Vision.«[128]

So wird der Film zur ersten modernen Massenkunst, die Bilder des Lebens prägt und Geschichten vom Leben erzählt – zunächst, wie im Leben oft, stumm und in Schwarz-Weiß, ab 1929 dann mit Ton und in Farbe im Technicolor-Verfahren. Es ist die Zeit der Formierung einer modernen Unterhaltungskultur, die in Literatur und Fotografie, in Musik und Varieté, in Rundfunk und Film, in Lebensstilen und Freizeitformen ihre Sprache findet. Sie ist über die neuen Medien bald überall präsent, schafft sich aber auch ihre spezifischen Orte: Rummelplatz und Music Hall, Theater und Kino, Boxarena und Fußballstadion. Es ist eine über weite Strecken kommerzielle und bald industrielle Populärkultur, die bereits auf Einschaltquoten und Rendite schielt und die sich über eingängige Werbung systematisch verbreitet. Dank und trotz dieser Kommerzialisierung entwickelt sie jedoch drei ganz besondere kulturelle Eigenschaften: Zum einen »demokratisiert« sie Kultur, indem sie ihr neue soziale Orte und Zugänge schafft – teilweise auch durchaus neue Inhalte. Zum Zweiten modernisiert sie Gesellschaft und Kultur nachhaltig, weil »sie keine Klassenkulturen darstellte«, also offene Benutzergemeinden und Publika entstehen lässt.[129] Und zum Dritten überschreitet sie nationale Kulturhorizonte durch ihre internationalen Motive und Trends: Kriminalfilm und Lovestory, Operette und Chanson, Boxen und Radfahren werden zu vielfach transnationalen und transkulturellen Konsummustern. Wer mag, hört Operetten von Jacques Offenbach und Johann Strauß, bewundert Plakate von Henri de Toulouse-Lautrec und Alfons Mucha, fiebert in internationalen Boxkämpfen mit, fast gleichgültig, welche Nationalität die Künstler und Idole besitzen.

Diese grenzüberschreitende, weil medial vermittelte Wirkung der Massenkultur tritt jenen nationalen Tendenzen deutlich entgegen, die ebenfalls noch kulturell wirksam werden und die sich insbesondere in den Konzepten nationaler Bildungs- und Erinnerungskultur manifestieren. Von diesem konservativen Gegenhorizont setzt sich vor allem jenes neue sinnliche und visuelle Moment nachdrücklich ab, das die Medien nun vor allem in der Theatralität der Körper entdecken: in Körperkunst und Theater, in Aktmalerei und Tanz. Und das Publikum setzt diesen neuen Körperkult gleich in eine eigene körperkulturelle Praxis um, in Tänze wie Tango, Maxixe, Cakewalk oder Ragtime. In der Exotik der fremden Rhythmen und Töne wird der eigene Körper sinnlich »anders« erfahrbar, und umgekehrt wird jenes Exotische dadurch etwas weniger fremd, etwas vertrauter. Das Eigene weitet sich und das Fremde rückt näher, kulturelle Vielfalt und moderne Gegensätze entfalten ihren Reiz.

Automobil: Das bewegte Ich

Wenn die Eisenbahn als Fortbewegungsmittel des 19. Jahrhunderts die kollektive Bewegungsidee repräsentiert, dann steht das Auto symbolisch für die individuelle Mobilität des 20. Jahrhunderts. Es ist die Vorstellung vom »ungebunden zirkulierenden Individuum«, die das erste Leitbild des Autoverkehrs verkörpert: die Vorstellung eines (männlichen) Fahrers, der frei von eisernen Schienen und sozialen Zwängen seine automobilen Runden dreht, und dies nicht sonderlich zielgerichtet. Autofahren, das scheint zunächst eine eher neugierige Bewegung im Raum zu bedeuten, kein wirkliches gesellschaftliches Verkehrskonzept: »In die ungeheueren, zahllosen Maschen des collektivistischen Verkehrs bringt es die ungebundene Cirkulation der Individuen, welche die verödeten Zwischen- und Nebenstraßen beleben mit flüchtigen Schwärmen, die allerorten durcheinanderstreben, die weiten Maschen des Massenverkehrs ausfüllend und überall Bewegung schaffend, wo früher Ruhe und Festkleben war. Die Emancipation des Individuums von dem schwerfälligen Gemeinverkehr durch das Fahrrad, die neu gewährte Bewegungsfreiheit der Person [...] ist ein Culturfortschritt von unübersehbarer Tragweite.«[130] Betont werden beim Automobil also nicht die technischen und logistischen Möglichkeiten, sondern die soziale und kulturelle Praxis. Die »Allgemeine Automobil-Zeitung« formuliert 1906 sogar eine klare zivilisatorische Perspektive: »Das Auto, es will dem Menschen die Herrschaft über Raum und Zeit erobern, und zwar vermöge der Schnelligkeit der Fortbewegung. Der ganze ungeheure Apparat der Eisenbahn, Schienennetz, Bahnhöfe, Signalstationen, Überwachungsdienst und Verwaltungsdienst fällt hier weg, und verhältnismäßig frei waltet der Mensch über Raum und Zeit.«[131] Nach Postkutsche und Eisenbahn erweitert das Automobil im anthropologischen Sinn nochmals dramatisch das individuelle Körper- und Bewegungsgefühl. Es scheint Kraftzuwachs und Freiheitsgewinn zu vermitteln und den Horizont möglicher Begegnung in Raum und Zeit unglaublich zu erweitern: geografisch wie sozial, kulturell wie ästhetisch.

Die wichtigsten Daten und Umstände der technischen Konstruktion des Automobils sind rasch benannt. Bis 1876 hatte August Otto den gleichnamigen Viertaktmotor entwickelt, der zunächst auf Gas-, dann auf Benzinbasis betrieben wurde. Gottlieb Daimler und Wilhelm Maybach nahmen diese Erfindung auf, 1885 kurvte bereits ein erstes Motorrad herum, 1886 dann eine erste vierrädrige »Motorkutsche« von Daimler und eine dreirädrige von Benz. Jean Pierre Peugeot zog in Frankreich nach, indem er aus seiner Fahrrad- eine Autowerkstatt machte, ebenso Henry Ford in Detroit, Giovanni Agnelli in Turin oder Charles Stewart Rolls in Derby.

Alle diese Werkstätten bilden die Keimzellen künftiger internationaler Automobilkonzerne, die sich in rasantem Tempo zu Weltmarken wie Ford, Fiat oder Rolls Royce auswachsen. 1890 wird die Daimler-Motoren-Gesellschaft gegründet, die 1926 mit Benz fusioniert. Zwischenzeitlich, 1897, entwickelt Rudolf Diesel seinen Motor zu Serienreife. Interessanterweise steht das Automobil damit zu Beginn seiner Entwicklung vor echten technischen Alternativen: zwei, drei oder vier Räder – Gas-, Elektro- oder Benzinantrieb – Leichtbauweise oder Kutschenmodell? Der spätere Prototyp des schweren vierrädrigen Benzinfressers ist damals also keineswegs unangefochtene Zielvorstellung. Zugleich bündeln sich im Automobil aber auch Entwicklungsstränge aus mehreren Jahrhunderten: Sein Motor verweist auf Dampfmaschine und Elektromotor, seine Mechanik auf Kutsche und Fahrrad, seine Form und Ästhetik auf Kutsche und Boot, sein kultureller Habitus schließlich auf jenes herrschaftlich-sportliche Spiel der Kutschenfahrt und des Pferderennens.

So ungefähr verläuft die technische Entwicklung jenes »magischen Objekts« des 20. Jahrhunderts, wie Roland Barthes das Auto genannt hat. Freilich kommt es zunächst einmal gar nicht so »magisch« daher. Das betrifft zum einen das Konstruktive: Als Leitbild für Fahrgestell und Lenkung fungiert anfangs das Fahrrad, weil es aus leichten Materialien und federnd konstruiert ist. Carl Benz selbst weist ausdrücklich darauf hin, wie »die Idee des Automobils der Veloziped-Erfahrung entsprang«.[132] Damit wirkt das neue Vehikel äußerlich vorerst eher grazil und wenig sensationell. Zum anderen ist die Bezeichnung des neuen Mobiles noch keineswegs klar. So heißt es in Deutschland teilweise »Velociped«, 1888 wird es in der öffentlichen Diskussion als »Gefährt« oder »Motorwagen« tituliert, dann als »Benzinkutsche«. Erst ab 1897 bürgert sich die aus dem französischen Sprachgebrauch kommende Bezeichnung »Automobil« verbindlich ein. Angesichts solcher technischer Mischungen und wechselnder Namen vermag anfangs also wenig »Magie« aufzukommen.

Das ändert sich indessen bald. Bereits in den 1890er Jahren verlagert sich das Zentrum der europäischen Autoproduktion zunächst von Deutschland nach Frankreich. Das hängt mit Technik- und Marktentwicklungen zusammen, und Meyers Conversations-Lexikon spricht in diesem Zusammenhang 1899 bereits von »französischer Eleganz« und »deutscher Verlässlichkeit«, die da konkurrierten. Aber auch England und Italien werden eigene Auto- und Technikstile zugeschrieben. So beginnt ein internationaler Prestigekampf, in dem technische, historische und kulturelle Bildmotive so um das Automobil herum arrangiert werden, dass es als Leitsymbol nationaler Fortschrittsleistung und Größe erscheinen kann. Dies ist der eine Entwicklungsstrang hin zum Mythos »Auto«. Der andere erwächst aus der Vorstellung, dass das Automobil dem Individuum neue Geschwindigkeit und Kraft zuwachsen lässt. Vor allem die sinnlichen Zuschreibungen, die sich aus dem Fahrgefühl ergeben und die als Geschwindigkeitsrausch und Kraftexplosion erlebt werden, stilisieren das Automobil selbst zu einem zwar technischen, doch gleichsam beseelten Wesen. Neben all seiner technischen Rationalität und Effektivität scheint es subkutan auch etwas Wildes und Gefährliches in sich zu tragen, das eben dann zum Ausbruch kommt, wenn es auf das subkutane Wilde im Menschen trifft. Der Geschwindigkeitsrausch scheint Mensch und Maschine gleichermaßen zu erfassen.

Nun entsteht endgültig eine »Automobil-Kultur«, in der sich technische, symbolische und mentalitäre Entwicklungen der Moderne bündeln lassen in einem Kult des Fahrens und des Fahrzeugs. Handbücher werden verfasst, Reklamebilder werben für das

Auto, Karikaturen zeichnen den alltäglichen Überlebenskampf zwischen Automobilisten und Zivilisten nach, Autozeitschriften entstehen, Liebhaber schwören auf das Cabrio oder auf eine bestimmte Marke. In Frankreich blüht bereits eine regelrechte Fankultur in Gestalt des »Automobil-Club de France«, von Zeitungen und Fachzeitschriften, von Autorennen und Automobilistentreffen auf, die ihren eigenen Sprachjargon und ihrer eigenen Symbole entwickelt. Die deutsche Zeitschrift »Automobil-Welt« resümiert im Jahr 1905 das erste europäische Auto-Jahrzehnt so: »In der Anschauung des Publikums war das Automobil erst eine Kuriosität, dann ein Spielzeug einiger reicher Leute, dann ein Ding zur Unterhaltung für sportsfreudige Menschen, darauf in seiner Vermehrung ein Schaden und Schrecken, und schließlich etwas, was jeder gern besitzen möchte, um an schönen Sommertagen aus der Enge der Stadt in die blühende Natur zu flüchten. Aber damit ist noch lange nicht die richtige Wertschätzung des Automobils erreicht. Erst muß anerkannt werden, daß das Automobil in seiner Bedeutung für den Verkehr, für die Kultur den Eisenbahnen an die Seite kommt.«[133]

Dennoch stellt sich die Akzeptanz des Automobils in Europa zunächst sehr viel langsamer ein als in den Vereinigten Staaten. Offensichtlich hat dies keineswegs nur mit den unterschiedlichen Raum- und Mobilitätskonzepten im »Land der unbegrenzten Möglichkeiten« zu tun, sondern mit tiefer liegenden gesellschaftlichen Einstellungen und Mentalitäten. In der amerikanischen Populär- und Alltagskultur jedenfalls wird das Auto bald zu einem ergänzenden Körperteil, ja zum Liebesobjekt, zu jener »mechanischen Braut« des amerikanischen Mannes, von der der Medienwissenschaftler Marshall McLuhan spricht. Nur Schriftsteller, Künstler und Intellektuelle bleiben dieser kulturellen »Fordisierung« der Gesellschaft gegenüber kritisch. Aber auch sie müssen akzeptieren, dass das Automobil in den 1920er Jahren zur Alltagsszenerie der amerikanischen Städte gehört, wo man bereits 15 Millionen Pkws zählt und zwei Millionen Lkws.

Zentral für die Automythologie wird nun das »Branding«, die Stilisierung der Marken und der Typen. Erst mit der besonderen Aura, die um Marken wie Maserati oder Ferrari, Rolls Royce oder

Jaguar, Mercedes oder Porsche aufgebaut wird, entsteht jene absolute Identifikation mit dem magischen Objekt, mit seinem »Traumauto«, aus dem Mann einen Teil seiner persönlichen Identität bezieht. Für diesen Auto-Kult sind drei Dinge ausschlaggebend: die Werbung und die Medien, die das Auto zu einem zentralen Lebens-Mittel der Moderne stilisieren und es etwa im Film zur unverzichtbaren Ausstattung jedes Helden erklären; die Vertiefung der automobilen Tempo- und Sportimages, die das Auto gleichsam in eine moderne Körperkonzeption integrieren; und eine Lebensstil-Debatte, deren soziale Statuszuschreibungen zunehmend an Mobilitätsvorstellungen und Autobesitz geknüpft werden. Erst nachdem diese Einstellungen kommerziell und kulturell installiert und in Symbole gefasst sind, kann Bert Brecht kalauern: »Ford hat ein Auto gebaut / das fährt ein wenig laut. / Es ist nicht wasserdicht / und fährt auch manchmal nicht.« Erst nun kann Aldous Huxley spotten, statt »thank God« heiße es nunmehr »thank Ford«. Und noch später erst vermag Janis Joplin mit ihrem berühmten Lied »Mercedes-Benz« den Nerv des Publikums zu treffen: »O Lord, won't you buy me a Mercedes-Benz / My friends all drive Porsches / I must make amends.«[134]

Inszenierungen

Allerdings bleiben die Vorstellungen darüber, wie mit dem Auto umzugehen sei, durchaus ambivalent. Der Erzähler Julius Bierbaum veröffentlicht 1903 ein Aufsehen erregendes Buch mit dem Titel »Eine empfindsame Reise im Automobil«. Damit zitiert er natürlich den Klassiker der romantischen Reisekultur von Laurence Sterne aus dem Jahr 1768, »A sentimental journey through France and Italy«, und schlägt vor, ausgerechnet das schnelle und laute Automobil zu genussvollem Reisen zu nutzen: »Mit offenen, wachen, allen Erscheinungen des Lebens, der Natur zugewandten Sinnen reisen [...].« Dazu scheint ihm gerade das Automobil das geeignetste Instrument, denn der Bahnreisende vertausche »nur sein eigenes Zimmer, das er allein besitzt, mit einer Mietskabine, an der jeder Quidam teilhaben kann, und er gibt, statt Freiheit zu gewinnen, Freiheit auf. Schon darum ist dies gar kein Reisen. Der kilometerfressende ›Automobilist‹ ist aber auch kein Reisender, sondern ein Maschinist.«[135]

Dieser Maschinist jedoch scheint nun die Regel. Denn der öffentliche Durchbruch des Automobils zum attraktiven Verkehrsmittel vollzieht sich mit dem Aufbau des Images vom »rasenden Automobil«. Die ersten Autos fahren schnell, viel zu schnell für damalige Straßen, die bestenfalls gepflastert oder geschottert sind. Das hat viele Schäden, vor allem aber große Staubwolken zur Folge für Anwohner wie Passanten. Die Automobilisten ihrerseits schützen sich dagegen mit Staubbrillen, Staubmänteln und Schals, sehen also in der Tat eher wie verwegene »Maschinisten« aus. Daher werden neue Straßenbeläge entwickelt, insbesondere der Asphalt, der in Berlin 1882 zum ersten Mal ironischerweise von schwarzen Arbeitern aus den USA aufgebracht wurde. Doch hat die Asphaltierung und Erweiterung der Straßen natürlich nur noch größere Geschwindigkeiten zur Folge und die dramatische Ausweitung jener Autokultur der Verkehrszeichen, Fahrstraßen, Parkplätze, Tankstellen, Garagen usw. 1929 gibt es in Deutschland bereits über 400 000 Autobesitzer – die Lawine scheint ins Rollen gekommen.[136]

Immer nachdrücklicher geht es aber auch um Geschwindigkeit. 1898 findet eine erste Autowettfahrt von Berlin nach Potsdam statt, die der Sieger noch mit einer Durchschnittsgeschwindigkeit von 25,6 Stundenkilometern beendet. 1909 erreichen Tourenwagen mit 150 PS-Maschinen schon über 80 Stundenkilometer, und 1911 fliegt der »Benz-Blitz« bereits mit 228 Stundenkilometern über die Versuchsstrecke.[137] Bei diesen Auftritten präsentiert sich das Auto eindeutig als Tempo- und Sport-Wagen, und als ästhetisches Profil werden ihm Eleganz und Sportivität zugeschrieben. Das schlägt sich bei den Motoren nieder und drückt sich im Design aus: Bald wird die Geschwindigkeit des Autos neben den PS immer im Zusammenhang mit der Windschlüpfrigkeit der Karosserie gedacht, bei der zunächst der lang gestreckte »Bootsstil« dominiert, bis dann um 1930 die »Stromlinie« kommt, häufig auch variiert zur Tropfen- und Torpedoform.

Damit ist dann die Stunde der sportlichen Edelkarossen à la Rolls Royce oder Bugatti eingeläutet. Und damit ist auch jenes Projekt endgültig konstituiert, das so selbstverständlich wie grotesk erscheint: das Projekt »sicher rasen«. Zwei Momente, die sich anthropologisch eigentlich zu widersprechen scheinen, werden im kulturellen Modell »Auto« von Anfang an integriert: Sicherheitsbedürfnis und Nervenkitzel. Das eine baut auf einen raum-zeitlichen Horizont ruhiger und kontinuierlicher Bewegung, das andere auf jenen von Tempo und Stress. Symbolisch wie kognitiv sind dies Gegensätze, das Auto jedoch scheint beide verkörpern zu können und sie zugleich zu verbinden. Und diese Spannung macht wohl von Anfang an seine besondere Faszination aus.

Nun ist Geschwindigkeit ein relativer Begriff. Das stellt schon eine Reichstagsdebatte aus dem Jahr 1909 fest: »In Baden ist durch Polizeiverordnungen bestimmt, daß Automobile keine größere Geschwindigkeit als 9 Kilometer erreichen sollen; der frühere Gesetzentwurf setzte eine Geschwindigkeit von 15 Kilometern fest; die Kommission hat sich herbeigelassen, eine Geschwindigkeit von 20 Kilometern pro Stunde zuzulassen, und der Automobilklub will sogar 25 Kilometer fahren, er will rasen.«[138] Inzwischen »rasen« die Autos tatsächlich bereits mit Spitzengeschwindigkeiten von 60 bis 70 Stundenkilometern, sofern die Straße und die Polizei dies zulassen. Geschwindigkeit scheint Freiheit zu versprechen und das Automobil zudem die freie Entscheidung über Fahrtrichtungen und Routen. So kommt das Individuum im Auto offenbar endlich zu seinem Recht: Reisen »als freie Herren«[139]. Auch der besondere Kick gehört bereits dazu: »Ich liebe die Landstraße mit ihren Tücken, die Steigung mit ihren Windungen, die Kurven mit ihren Gefahren, die schmalen Alpenpässe mit ihren Abgründen. Ich möchte das nicht entbehren.« Und ein Automobilist, der sein Gefährt nach einer Reparatur schonend wieder einfahren soll, klagt zunächst: »Lieber gar nicht fahren, als langsam fahren. Siehe, die Welt bewegt sich nun rückwärts, die Häuser wanken lachend und wollen sich über mich stürzen, selbst die verschwiegenen Schutzleute an den Kreuzungen erstrahlen plötzlich im Mitleid, wenn ich mühselig heranschnaube.« Um nach der Not doch noch die Tugend zu erkennen: »So breit sind die Felder, das habe ich lange nicht gesehen, man kann ja Halm für Halm zählen, [...] der Automobilist ist eine verdorbene Kreatur, er weiß nichts mehr vom Erdboden, er weiß nicht mehr, wie weit es von Meter zu Meter ist.«[140]

Trotz Kult und Tempokick tritt das Auto jedoch zunächst viel unspektakulärer auf als die Eisenbahn: »Das Heroische kommt abhanden.«[141] Es fehlt jene große, auch medial vermittelte Ouvertüre der Bahneröffnungen 50 Jahre zuvor, auch das fassungslose Staunen über dieses Neue. Denn die Autofahrt lässt sich eben nicht als Großereignis inszenieren mit Hunderten Passagieren in den Wagons und Tausenden Zuschauern entlang der Strecke. Auch bleibt das Autofahren lange Zeit teuer und exklusiv, und wer fährt, lenkt zumeist selbst und weiß mehr über die Funktionsweise des Autos als der damalige Eisenbahnpassagier über das Prinzip von Dampfmaschine und Reibung. Schließlich fehlt die gesamte theatralische Eisenbahnkultur der Uniformen und der Bahnhöfe, des Fahrplan- und Bahnsteigreglements, des Hoheitsaktes der Abfahrt und auch deren Endgültigkeit: Das Auto hält jederzeit an, der Zug stoppt nie, nur bei Unfällen! Ohne jene Wucht der »Masse Mensch« und der »Masse Eisen«, die sich beim Zug gemeinsam in Bewegung setzen, fehlt dem Auftritt des Automobils einfach das Pathos, dieses entschieden Heroische.

Das fällt allmählich auf und wird dann auf eine recht elitäre Weise korrigiert. 1909 nehmen die italienische Futuristen das Automobil als »Sensation der velocità, der rasenden Geschwindigkeit« in ihr »1. Manifest« auf: »Wir erklären, daß sich die Herrlichkeit der Welt um eine neue Schönheit bereichert hat: die Schönheit der Geschwindigkeit. Ein Rennwagen, dessen Karosserie große Rohre schmücken, die Schlangen mit explosivem Atem gleichen – ein aufheulendes Auto, das auf Kartätschen zu laufen scheint, ist schöner als die Nike von Samothrake.« Es komme daher als ein »feuriger Gott aus stählernem Geschlecht«, heißt es in einem geschwindigkeitskultigen Gedicht von Filippo Tommaso Marinetti.[142] Die individuelle Freiheit der Autofahrt als Synonym für die Freiheit des Lebens, die Kunst als Medium und Macht in einer modernen Gesellschaft, das Leben als etwas nur mehr fragmentiert und tempohaft Erfahrbares: Das ist der ungeduldige Versuch einer ästhetischen Provokation einer – nicht nur italienischen – Gesellschaft, in der die industrielle Wirklichkeit und ihr Tempo noch kaum angekommen sind. Gerade die Symbolik des Fortschritts- und Bewegungshaften soll daher die Prinzipien der alten gesellschaftliche Ordnung konterkarieren und überwinden helfen.

Mit dem Automobil als neuem Leitsymbol, das die Moderne in ihren mobilen und lebensstilhaften Dimensionen verkörpert, verschafft der Umgang mit Technik der Gesellschaft ohnehin eine neue kulturelle Identität. Denn diese Technik ist nicht mehr jene »schwere« von Kohle und Stahl, von Dampfmaschine und Dampflokomotive des 19. Jahrhunderts. Vielmehr kommt sie auf der Basis von Leichtmetall und Kunststoff, von Benzin und Elektroantrieb mit neuer »Leichtigkeit« und »Beweglichkeit« daher. Diese Eigenschaften symbolisiert das Automobil in hervorragender Weise, weil es auf Schnelligkeit und Individualität ausgerichtet ist. Nicht umsonst entdecken die moderne Literatur und Malerei neue sinnliche Effekte in der Zusammenschau von Auto, Geschwindigkeit und Licht. So entsteht eine Kultur und Ökonomie der Faszination, indem die Intensität des Erlebens von technologisch erdachter und technisch vermittelter Erfahrung bewusst gesucht wird, jenes Gefühl von Geschwindigkeit und Beschleunigung, das süchtig macht: Tempo als Ausdruck von Modernität. Wilhelm Speyer entwirft 1927 in seinem Roman »Charlott etwas verrückt« das Bild einer jungen Frau, die mit ihrem Auto ebenso rücksichts- und bedenkenlos durch die Berliner Stadtlandschaften rast, wie sie durch die schicken Teile der Berliner Gesellschaft surft: »Charlott fuhr durch den südlichen Eingang der Avus, nach Berlin zu. [...] Dapolin – Stellin – Stellin – Dapolin – sie sausten an den Reklameschildern dieser Brunnen des stählernen Viehs vorüber, die Buchstaben schlugen wie Blitze in ihr Gehirn. Jeder Baum am Rande zischte und schrie, aber kein reiner Ton entstand, denn der eine stürzte sich in den nächsten, in den dritten, vierten.«[143]

Durch diese Motorisierung und Beschleunigung des Verkehrs wie durch die zunehmende Individualisierung der Lebensformen kommt es zu einer weiteren Verengung des Raumes, zu stetiger Verknappung der Zeit und zu einer wachsenden Verdichtung der Lebenswelten. Dies gilt für die empirische Realität des städtischen

Straßenverkehrs wie für dessen ästhetische Wahrnehmung und mediale Darstellung. Vor allem der Film pflegt das Image des rasenden Autos bereits seit Stummfilmtagen und bringt den Zuschauern dieses Jagen und Rasen als nervenkitzelndes Element urbaner Kultur besonders nahe. Autofahrer erscheinen der Gesellschaft bereits damals als unfähig zu rücksichtsvollem und situationsadäquatem Verhalten, weil ganz richtig erkannt wird, dass die Position hinter dem Steuer auch die soziale Wahrnehmungsperspektive radikal verändert. Von dort aus werden Plätze und Straßen als freier Raum betrachtet, den man beanspruchen kann und in dem jedes sächliche oder menschliche Hindernis nur stört, weil es umständliche Koordinationsleistungen verlangt. Autofahren produziert also ein extremes Maß an selektiver Wahrnehmung, weil die Situation der »rasenden Autozelle« mit ihrer großen Energiemasse auch für die Fahrer noch völlig neu ist und deren soziale wie kognitive Fähigkeiten überfordert. Die viel gescholtenen »Herrenfahrer« sind keineswegs nur arrogant, sondern vielfach einfach Opfer einer kognitiven Selbstüberforderung. Schnell zu sein und das Auto zu beherrschen sind damals wie heute sich nicht automatisch ergänzende Fähigkeiten. Daher ist die Sicherheitsfrage des Verkehrs unter automobilen Bedingungen auch ein zentrales Diskussionsthema der Zeitgenossen.

Es ist aber natürlich auch ein sozialer Kampf. Wer damals den Luxusgegenstand Auto fährt bzw. besitzt, gehört zumeist zur gehobenen Schicht der Adeligen, der Industriellen, der Freiberufler, Ärzte oder Politiker, also zu jenen sozialen Gruppen, die zuvor das Privileg genossen hatten, sich per Kutsche zu bewegen oder notfalls im Salonwagen der Eisenbahn. Daher bleiben das Auto- wie das Autofahrer-Image in der gesellschaftlichen Kollektivsymbolik zunächst festgelegt auf Exklusivität, Sportlichkeit und Arroganz. In einer Reichstagsdebatte aus dem Jahr 1906 klingt das so: »Ich frage mich immer wieder und erwarte immer wieder eine Antwort darauf: Woher kommt es eigentlich, daß das Automobil auf unseren Straßen ein Herrenrecht beansprucht, daß es auftritt, als ob es, das Automobil, der Herr der Straße wäre [...]. Die Leute fahren mit einer Rücksichtslosigkeit, daß unsere Landleute, die vielfach noch gewohnt sind, mit Ochsen usw. zu fahren, sich fürchten, überhaupt nach der Stadt zu fahren.«[144] Das Auto als Verkehrsmoderne prallt also noch buchstäblich mit der Vormoderne des Landlebens zusammen, trifft an der Landstraße auf den Bauern mit Ochsengespann, den Knecht mit einem Schwein, die Bäuerin mit ihren Hühnern – teilweise tatsächlich, vor allem jedoch in Geschichten, Karikaturen und Witzen. Dabei endet der Ausgang solcher Begegnungen wahlweise damit, dass Bauer, Kuh und Schwein im Straßengraben landen oder dass der »Herrenfahrer« umgekehrt eine blutige Nase davonträgt, weil ihm der bäuerliche Michel die ländlichen Verkehrsregeln beigebracht hat.

Inzwischen entwickelt sich auch die Automobiltechnik weiter, differenziert sich vor allem aus in exklusive Sport- und Luxusmobile einerseits und billigere Mittelklasse- und Kleinwagen andererseits, auch Autobusse werden bereits hergestellt. Namentlich in den Vereinigten Staaten ist dieser Prozess schon weit fortgeschritten, nachdem Henry Ford sein berühmtes »Modell T« entwickelt hat, das kleine und erschwingliche Automobil, von dem zwischen 1908 und 1927 mehr als 15 Millionen Exemplare verkauft werden – seit 1913 per Fließband produziert. In Europa baut Fiat 1922 eine Autofabrik mit Fließbandproduktion in Turin, und in Deutschland vermag zunächst nur das Opelwerk mitzuziehen, das Ende der zwanziger Jahre fast die Hälfte aller deutschen Autos baut.

Mit seiner Verbilligung und Verbreitung wird das Automobil für das bürgerlichen Publikum zu einem weiteren wichtigen Schlüssel beim Eintritt in die Freizeitmoderne. Mobilisiert durch die neuen Verkehrsmittel Eisenbahn, Autobus und Pkw und durch die nun vielfältigen und verbilligten Reiseangebote nach dem Pauschalsystem beginnt die Urlaubsfahrt auch für die Mittelschichten selbstverständlich zu werden. Dabei bleibt vor allem in Deutschland die Idee der Bildungsreise als zentrales Motiv erhalten, nun massenhaft vom Kleinbürgertum aufgenommen: als Suche nach dem authentischen Ort von Geschichte, Kunst und Natur. Zwar gilt natürlich längst der Satz: »Der touristischen Reise im 20. Jahrhundert ist die Welt ein großes Kaufhaus der Landschaften und Städte geworden.«[145] Allerdings ändert dies nichts oder nur wenig am Genuss und an der Illusion, dass Reisen eben bilde. Ebenso wenig lässt sich der Irrtum korrigieren, Reisen sei erholsam. Wohl trägt mancher Feuilletonartikel bereits Titel wie »Der Fluch der Feiertage« und handelt vom Urlaubsstress: »Also Hetzjagd zum Bahnhof, Gedränge, Aergernis, – aber Festtagsstimmung. Oder noch besser: hinein ins Auto! Die freie Landstraße hat eine unheimliche Attraktion [...]. Die Meilensteine fliegen. Bergauf, bergab im 60-Meilen-Tempo. Die Maschine will es.«[146] Doch trotz solcher Erfahrungen und ironischer Kommentare verkörpern sich in Reise und Urlaub immer stärker zentrale Bedürfnisse der Menschen. Auch das nützt der Etablierung des Autos, weil es in Reiseangeboten und Reklamen immer häufiger vorkommt und weil Autobilder und Sammelkarten, Autowitze und Kinderreime mittlerweile kulturelle Integrationshilfen bieten. Dadurch wird das Autofahren zum »kulturellen Modell« selbstverständlicher Mobilität.

Auch andere Fortbewegungsmittel und Sportgeräte wie Fahrrad, Faltboot oder Ski gewinnen über den Freizeitraum und die darin entstehenden Praxismuster mehr und mehr Anhänger. Vor allem das Fahrrad hat mittlerweile seinen europäischen Siegeszug angetreten, in dem Frankreich Spitzenreiter ist mit immerhin über sieben Millionen Fahrrädern im Jahr 1926. Kein Wunder angesichts der nationalen Faszination durch die Tour de France, deren Heldenlied längst als »Tour der Leiden« von der Literatur gesungen und von der Wissenschaft anerkennend gewürdigt wird. Während dem Bürger allmählich das Auto zum vertrauten Vehikel wird, scheint dem Arbeiter nun das Fahrrad ähnliche Zwecke zu erfüllen: Es dient zwar primär als fahrbarer Untersatz für den Weg in die Fabrik, aber auch Freizeit- und Sportunternehmungen werden damit in neuer Weise möglich. Mobilität und Freizeit läuten hier einen »zweiten Beginn« der Moderne ein.

Kriegstechnologien

Auch die rasante Entwicklung des Automobils ist freilich keineswegs nur dieser zivilen Seite geschuldet, vielmehr geht es von Anfang an und wie bei der Eisenbahn auch um seine militärischen Nutzungsmöglichkeiten. Dies unterstreicht, wie wichtig im Zeitalter der modernen Kriege deren Funktion als Experimentierfeld und zugleich als Implementierungsmechanismus des Technischen ist. So wird der Erste Weltkrieg für die europäischen Gesellschaften zu einer ebenso zentralen wie dramatischen Phase neuer Technikerfahrung, da industrielle Kriegstechnologie nun nicht mehr nur das Militärische selbst erfasst, sondern die gesamten Gesellschaften, ihre Arbeitsverhältnisse, ihre Alltagsräume, ihre Denkweisen. Immer wieder ist der Krieg dabei auch ein »Vater der Erfindungen«, denn er bedeutet gerade in seiner modernen Form auch eine extreme Form der Mobilität: massenhafte Bewegungen und Verlagerungen von Menschen und Dingen im Raum. Logistik und Technik spielen die kriegsentscheidende Rolle, werden staatlich betrieben und gefördert, und auch die Wissenschaft wird immer stärker als Helferin in Dienst genommen.

Im Ersten Weltkrieg betrifft diese Indienstnahme in besonders starkem Maße zunächst die Eisenbahntechnologie. Nach den Erfahrungen des Deutsch-Französischen Kriegs von 1870/71, die durchaus ambivalenter Natur waren, weil die Eisenbahnlogistik einerseits Schnelligkeit und Effizienz ermöglichte, andererseits das feste Schienennetz auch Schwerfälligkeit und Berechenbarkeit erzwang, setzt man nun auf die Möglichkeiten von massenhaftem Transport und von Kräftekonzentration: auf die »Materialschlacht«. Das Deutsche Reich transportiert allein in den ersten beiden Kriegswochen des Jahres 1914 rund 3 Millionen Soldaten und 860 000 Pferde in 11 000 Zügen an die Westfront, und Frankreich unternimmt auf seiner Seite ähnliche Anstrengungen. Die schachbretthaft angelegte Strategie beider Seiten, der die Bunkerlinien und das Eisenbahnsystem die Spielregeln vorgeben, endet freilich im Patt, weil gerade die Anfälligkeit der Eisenbahnschienen die Armeen beider Seiten im Grenzland festnagelt und dort verbluten lässt. Nun kommen aber auch Pkws und Lastwagen zum Einsatz, wenngleich noch nicht in dem großen Umfang wie im Zweiten Weltkrieg. Immerhin: Daimler bewirbt 1917 bereits seine Produkte mit dem Bismarckkonterfei.

Es ist eine ungeheure Mobilisierung von Menschen, die diese militärische Bewegung im Raum auch tatsächlich selbst erfahren, denn für Millionen Wehrpflichtiger auf allen Seiten ist es die erste größere Reise ihres Lebens. Millionen von Feldpostbriefen und Fotografien dokumentieren dieses Erlebnis, bekanntlich auch Zehntausende von Gedichten, geschrieben »im Graben« und als Kriegslyrik seitdem ein eigenes Genre. Für Millionen junger Männer ist diese erste freilich auch die letzte Reise, eine Reise in den Tod.

Mit dem dramatischen Verlauf und Ende des Krieges ist dann aber auch ein Ende naiver Fortschrittseuphorie erreicht. Die Erfahrung des »industrialisierten« Tötens, das systematisch die Grenzen der technischen Vernichtungsfähigkeit wie der menschlichen Leidensfähigkeit aufsucht und das durch technische und logistische Rationalität keinerlei neue Welt aufschließt, sondern nur neue Ängste und neues Grauen – diese Erfahrung wird zu einem tiefen Trauma der europäischen Kriegsgenerationen und Gesellschaften. Vor allem die Fronterfahrung traumatisiert, jenes Gefühl, dieser Maschinerie, die Menschen und Räume einfach flächig umpflügt und niederwalzt, total ausgeliefert zu sein: »Alles das sieht aus wie ein halb ausgetrocknetes, zertretenes, aufgerissenes und sumpfiges Flußbett [...]. Ich mache Poterloo auf dieses außergewöhnliche Feld aufmerksam, worüber ein Riesenpflug gegangen zu sein scheint. Aber ihn beschäftigt bis in sein tiefstes Innere die Änderung, die die Landschaft erlitten hat.« Poterloo nämlich sucht das Dorf, das dieses Feld vorher war.[147] Und es ist kein Zufall, dass Franz Kafka in seinem fragmentarischen Roman »Richard und Samuel« ausgerechnet eine Eisenbahn- und Tunnelmetapher benutzt, um die Verzweiflung der Weltkriegserfahrung bildlich fassen und sinnlich vermitteln zu können: »Wir sind, mit dem irdisch befleckten Auge gesehen, in der Situation von Eisenbahnreisenden, die in einem langen Tunnel verunglückt sind.«[148]

Noch intensiverer als das Autofahren wird das Fliegen im Krieg zum »kulturellen Modell« entwickelt. Es beginnt jener Kampf am Himmel, der auch ein Kampf um den Himmel ist. Fast scheint er der Kriegsrealität enthoben, dem Dreck der Gräben und dem Blut in den Granatlöchern, dieser Jagdfliegerkrieg, der sich manchmal ausnimmt wie ein besserer Herrensport. Die Kriegspresse, die ihre Flieger zu nationalen Helden verklärt, ihnen ein individuelles Gesicht und heroische Züge verleiht, tut ein Übriges, um das Jagen und Töten am Himmel zu einer höheren Art von Sport zu erklären. Halb Ritter, der mit eingelegter Lanze auf seinem Pferd in den Kampf reitet, halb adeliger Duellant, versehen noch mit einem Hauch englischer Sportsmanship, wird der »rote« Baron von Richthofen ebenso zu einer nationalen Symbolfigur in der neuen Mythologie von der Eroberung des Himmels durch die Menschheit stilisiert wie wenig später und »ziviler« der Atlantiküberflieger Charles Lindbergh. Dieser Flugzeugkrieg erweitert jedoch auch den nationale Raum und Horizont. Er verleiht ihm eine neue Dimension, die in den Luftraum führt und die ihn damit physikalisch wie symbolisch überhöht. Gerade im Stellungskrieg des Ersten Weltkriegs, der bald kaum mehr räumliche Gewinne erbringt, scheint der Kampf um diesen nationalen Raum am Himmel zu einem symbolischen Stellvertreterkrieg zu werden, der vom alltäglichen Grauen darunter ablenken soll.

Auch ideologisch und kulturell ist der Deutungskontext des Militärischen also von besonderem Belang. Wiederum sind es die italienischen Futuristen, die da Deutungsarbeit leisten und das Fliegen mit Kriegs- und Kampfvorstellungen assoziieren. In der Ikone des Fliegers sehen sie in Anleihe bei Nietzsche jenen »Übermenschen«, dessen erheblichen Körperlichkeits- und Erotiküberschuss dann auch Gabriele d'Annunzio in seinen Romanen und Gedichten abschöpft: »Wieder ward das Gefühl in ihm lebendig, nicht mehr ein Mensch in einer Maschine zu sein, sondern ein einziger großer Körper mit ihr. Die Empfindung des unerhört Neuen lebte in jeder seiner Bewegungen. Er flog dahin wie auf seiner eigenen schwellenden Lust.«[149]

Materiell ging die Luftfahrtentwicklung zuvor bis zum Weltkriegsbeginn sehr rasch voran. 1903 gelang den Gebrüdern Wright in den USA der erste Motorflug. Dabei war es kein Zufall, dass sie zuvor Fahrräder konstruiert hatten, denn das technische Wissen um deren Leichtbauweise und Mechanik erleichterte ihnen die Konstruktion der ersten Flugapparate gleich doppelt. Zunächst schien nämlich die Kenntnis leichter und doch haltbarer Materialien noch wichtiger als das Wissen um Strömungs- und Auftriebsgesetze, deren volle Bedeutung erst Otto Lilienthal richtig erkannte. Obwohl damit endgültig das »ikarische Zeitalter« begann, gab es auf den Flug der Wrights in den USA zunächst keine große Resonanz. Daher übersiedelten sie 1907 nach Europa, wo Paris sich zum Flugzentrum entwickelte. Bald wurden feste Prototypen entworfenen, zunächst noch überwiegend aus Sperrholz und Stoff gebaut. 1909 gelang dann Louis Blériot die Überquerung des Ärmelkanals, über dessen Flugdarbietungen Franz Kafka anlässlich eines Fliegertreffens in Brescia schrieb: »Auf dieser Kleinigkeit will er in die Luft? Da haben es z. B. die Leute auf dem Wasser leichter. Die können zuerst in Pfützen üben, dann in Teichen, dann in Flüssen und erst viel später wagen sie sich aufs Meer, für diesen hier gibt es nur ein Meer.«[150] Diese fliegenden »Kleinigkeiten« erfüllen dann in den Kriegsjahren bereits wesentliche Aufklärungs- wie Kampfaufgaben, aus denen sich nach Kriegsende wiederum neue Impulse für die zivile Luftfahrt ergeben.

Fast mehr aber noch als die ersten Flugzeuge hatte bis dahin der Zeppelin das Publikum fasziniert. Er eroberte ebenfalls den Himmel, freilich auf seine gemächliche, fast majestätische Art. Dabei war die Idee der Ballonfahrt – nicht nur des Aufstiegs! – schon älter und vor allem gegen Ende des 19. Jahrhunderts auch immer wieder versucht worden. Allerdings eröffneten die geringe Steuerbarkeit und unkalkulierbare Geschwindigkeit des Ballonfluges keine wirkliche Perspektiven für den Luftverkehr. Bis Graf Zeppelin am 1. Juli 1908 mit seinem Luftschiff einen ersten Rundflug vom Bodensee über das Schweizer Grenzgebiet unternahm. Die Schwaben waren begeistert, die Schweizer weniger, denn sie sahen dadurch die Hoheit über ihren nationalen Raum verletzt, der sich für sie dank der Alpen ohnehin schon immer kräftig nach oben ausgedehnt hatte. Zudem bot Graf Zeppelin sein Schiff nicht nur für zivile Zwecke an, sondern auch für militärische – als Aufklärungsinstrument wie als Bombenträger. An seinen Flugdemonstrationen entzündete sich in Deutschland daher auch eine ausgeprägt nationale Technikbegeisterung, die Tausende zu seinen Starts und Landungen führte und Hunderttausende den Himmel mustern ließ, wenn der Graf wieder einmal unterwegs war. Nachdem das erste Luftschiff in einem Sturm zerstört wurde, rief man zu einer »Volksspende« für ein neues auf, die rasch über 6 Millionen RM erbrachte. So entstand ein regelrechter nationaler Zeppelinkult, der seinen Höhepunkt im August 1909 in Berlin fand, als Hunderttausende auf dem Tempelhofer Feld die Ankunft des Luftschiffs erwarteten. Für die Schüler gab es »zeppelfrei«, ein eigens erfundener Begriff, der die damalige Popularität der Riesenzigarre unterstreicht.[151]

Mehr noch als die frühen Flugzeuge scheint der Zeppelin nun eine vergleichsweise sichere Form des Luftverkehrs anzubieten. Das weckt Fantasien: In Bernhard Kellermanns utopischem Roman »Der Tunnel« aus dem Jahr 1913 werden Technikfaszination und Technikhybris der Zeit an einem modernen Helden demonstriert, der den Ingenieurtypus verkörpert und einen transatlantischen Eisenbahntunnel zwischen Europa und Amerika baut: »Der Zug flog durch die Stollen, daß sie meilenweit vor und hinter ihm dröhnten. Der Zug legte sich in den Kurven zur Seite wie eine meisterhaft konstruierte Yacht: der Zug segelte. Der Zug stieg, wenn es in die Höhe ging, gleichmäßig und ruhig wie eine Flugmaschine: der Zug flog.«[152] Dann kommt es zum Wettrennen zweier utopischer Projekte: Unter der Erde rast der Zug dahin, über der Erde schwebt Zeppelin über den Atlantik. Denn bis Charles Lindberghs Atlantikflug 1927 scheint er allein fähig, große, interkontinentale Strecken im Flug zu bewältigen. Am Ende siegt knapp die rasende Eisenbahn, und dies unterstreicht, wie eindeutig noch das Geschwindigkeitsmonopol bei ihr gesehen wird. Verglichen damit assoziiert der Zeppelin eher einen gemächlichen und beschaulichen »Flaneur der Lüfte«. Deshalb ist er sogar schon in der Kinderliteratur präsent: Erich Kästner lässt in seiner Geschichte von »Pünktchen und Anton« die kleine Heldin ganz selbstverständlich von einer Polarexpedition per Zeppelin träumen, als ginge es um eine simple Eisenbahnreise.

Mit dem Fliegen ergeben sich völlig neue räumliche Sehweisen. Bis dahin war der horizontale Blick eine anthropologische Konstante: dreidimensional in seiner Orientierung mit einer ausgeprägten Höhendimension, die man lediglich in der Sicht von Berges- oder Kirchturmhöhen aus etwas relativieren konnte. Nun wird diese Dreidimensionalität gesteigert und zugleich reduziert, denn vom Flugzeug aus erscheint der Horizont unendlich, ebenso die Höhe des Raumes. Die Erde hingegen wirkt wie eine Fläche, die sich fast nur horizontal in die Tiefe staffelt. In sie kann nun von oben in neuer Weise hineingesehen werden, wobei das Blickfeld entlang der schräg vertikalen Sichtachse neu zu interpretieren ist. Egon Erwin Kisch schildert diesen Blick in eine Küstenlandschaft: »Das Schönste aber ist das smaragdene Band, das die Kontur der Küste bildet: es ist das untiefe Meer, das so glänzt. Wir sehen bis auf den Grund. Der ist pointilliert, die Pünktchen sind Steine und Felsblöcke.«[153] Die Kunst hat dies bereits vorweggenommen: Der Pointillismus, der die Welt in Punkte auflöste, lehrte zugleich auch, sie so zu sehen – als einen sich immer wieder verändernden »Kunstblick«. Nun modelliert der Maler Paul Klee diese neue Landschaftsperspektive in seinem Bild »Landschaftsteppich«, und Piet Mondrian sucht den Blick von oben auf Stadtlandschaften in seinem Gemälde »New York City«. Walter Benjamins Feststellung, mit dem Flugzeug werde »das Monopol der Vertikalen durchbrochen«, nimmt diese neue Perspektivität systematisch und ästhetisch auf.[154] Es ist reduzierte Dreidimensionalität: »flache Erde« unter »hohem Raum«.

Bei einem solchen Perspektivwechsel erhält das Flugzeugcockpit eine herausragende wahrnehmungstechnische Bedeutung. Es fungiert nun als technikgestütztes Informations- und Orientierungsmodell, das Geschwindigkeit und Höhe, Sicht und Balance der Beobachtungsposition kontrolliert und damit auch deren Blicke, Perspektiven und Horizonte justiert. Dank dieser Koordinationswirkung wird es zum Vorbild für den Fahrersitz im Auto, für die Führerkabine der Eisenbahn wie für den Steuerstand der Schiffe, schließlich zum Grundmodell überhaupt für Steuerungszentralen aller Art im Bereich von Energie und Industrie. Und seine Erfüllung als kognitives Prinzip des »Erlebens durch technische Medien«, die dann die Wirklichkeit konsequent simulieren, findet es letztlich in der Raumfahrt.

Der gleichsam kartierende Blick von oben scheint nun Übersicht und Objektivität zu garantieren. Auch das Publikum gewöhnt sich an diese Vogelperspektive, denn das Fliegen beginnt nun für erste gesellschaftliche Gruppen zur Reiseform zu werden. 1926 wird die Deutsche Lufthansa AG gegründet, bis 1929 wird der Berliner Flughafen Tempelhof ausgebaut. Berlin wird zum ersten Zentrum und Luftkreuz des europäischen Luftverkehrs mit 170 Starts und

Landungen pro Tag. Nach Leipzig ist man gerade noch 65 Minuten unterwegs, nach Leningrad 15 Stunden, statt drei Tage auf der Eisenbahn. Nach Königsberg wird eine Nachtfluglinie eingerichtet, bei der eine »Lichterstraße« die Flugzeuge über 500 Kilometer hinweg optisch führt. Die Ju 52 der Junkers-Werke, ganz aus Metall konstruiert, erreicht eine Reisegeschwindigkeit von 240 km/h und befördert bis zu 16 Personen.

Mit diesen verbesserten technischen und logistischen Voraussetzungen beginnt endgültig der Passagierflug. Damit wird auch der Flughafen allmählich zu einem sozialen Ort, der durchaus Bekanntes aufweist: »Alles ist da, was zu einem Bahnhof gehört: eigene Türen für Abfahrt und Ankunft, Schalter, Warteraum, Fahrplan, Tafeln mit eingezeichneten Verspätungen, Affichen, Zollrevision, Gepäcksaufbewahrung, Träger, Reisefieber. Und wer Augen fürs Imaginäre hat, sieht deutlich die unsichtbaren Geleise, die hier münden [...]. Das Flugfeld von Le Bourget liegt innerhalb der Bannmeile von Paris [...]. Fahrgäste steigen aus. Aus London kommen sie, aus Brüssel, Amsterdam, via Prag aus Warschau, aus Marseille, wo das aus Algier ankommende Flugzeug Anschluß nach Paris hat, oder aus Toulouse, wo die Umsteigestation nach Spanien und Marokko ist.«[155]

Zur Gewöhnung ans Fliegen trägt neben solchen Flughafen- wie Flugerfahrungen auch die neue Fliegerliteratur ihren Teil bei, wenn sie, wie in den Romanen von Antoine de Saint-Exupéry, das Flugzeug zum Instrument einer heroischen Erfahrung von Natur stilisiert: »Er beugte sich zum Schaltbrett. Das Radium der Zeiger begann zu leuchten. Eine nach der andern prüfte der Pilot die Ziffern und war zufrieden. Man saß ganz solide hier in diesem Himmelsraum. Er tippte mit dem Finger an einen Stahlspanten und fühlte das Leben durch das Metall rieseln: Dieser Stahl vibrierte nicht, er lebte [...]. Weder Schwindel noch Rausch empfand man im Flug, sondern nur das geheimnisvolle Arbeiten einer lebendigen Substanz.«[156]

Auch der Zeppelin taucht wieder auf. 1931 sollen sich ein Zeppelin und ein Unterseeboot gleichzeitig am Nordpol treffen, als ob Bernhard Kellermanns utopisches Wettrennen aus »Der Tunnel« wiederholt wird. Zwar scheitert das Unterseeboot unterwegs, doch der Zeppelin kehrt nach fünf Tagen vom Pol erfolgreich nach Berlin zurück, begrüßt »von einer brennenden Julisonne und einer jubelnden Menschenmenge mit ›Deutschland, Deutschland über alles‹.«[157]

Technologisch konsequent wird nun auch an die Annäherung von Flugzeug und Eisenbahn gedacht. Um 1930 finden intensive Versuche mit Propellerschwebebahnen statt, weil man hofft, die Wirkungen der Roll- und Flugtechnik miteinander verbinden zu können. Ein »Schienenzeppelin« wird auch tatsächlich gebaut und erreicht, dank aerodynamischer Form und Propellerantrieb am Zugende, mit 230 km/h einen Weltrekord für Schienenfahrzeuge. Wie sich jedoch herausstellt, ist das mit dem Propeller dennoch ein technologischer Irrtum, denn der Zug fährt auch ohne den Luftquirl bald genauso schnell. Immerhin ergeben sich daraus Anstöße, die zur Konstruktion eines eigenen schnellen Bahnsystems in Deutschland führen. Ab 1933 verkehrt der so genannte Fliegende Hamburger als elektrisch angetriebener Hochgeschwindigkeitszug zwischen Berlin und Hamburg: 287 Kilometer in nur zwei Stunden und 18 Minuten. Auch in Frankreich, in Italien und den Niederlanden werden solche Eisenbahn-Hochgeschwindigkeitsprojekte betrieben.

Industrialisierung des Raums

Andere steigen ebenfalls nach oben, ohne Flüge, nur auf Leitern, aber ebenfalls wegen des Panorama-Blickes: »Hochofen als Aussichtsturm. Die neuen Hochöfen sind von einer Eleganz, die völlig unglaublich ist: Man kann in Personenaufzügen hinauffahren, sechzig Meter hoch, und die Aussicht genießen. Dicht am Fuß der Hochöfen vorbei zieht sich das helle Band des Rhein-Herne-Kanals.« Der Blick fällt also auf das deutsche Ruhrgebiet, und es ist das Auge des Schriftstellers Heinrich Hauser. Was Hauser sieht, ist »das Revier«, das in den 1920er Jahren zum europäischen Paradebeispiel eines industriellen Raumes avanciert. Wie 150 Jahre zuvor im englischen Lancashire, entsteht hier das Modell einer industriellen Arbeitsregion, die wirtschaftlich wie politisch zu einem Zentrum der neuen Weimarer Republik wird und deren Schwerindustrie, Arbeiterbewegung und Mentalität eine ganz eigene Gesellschaftslandschaft ausprägen. Auch künstlerisch und literarisch wird diese Landschaft neu entdeckt, in Romanen und Reportagen, in Revuen und in Bildern nach dem Eigensinnigen gesucht, das man dieser »proletarischen Kultur« zwischen Zeche und Hochofen zuschreibt. Lion Feuchtwanger und Hans Fallada, Bert Brecht und Kurt Weill arbeiten sich an dieser sozialen Landschaft ab, »die halb bedeckt ist mit Glas, mit Stein, mit Eisen und zur anderen Hälfte nackte Erde, aufgerissen, verwühlt, beschmutzt, befleckt mit dem Abfall der Städte [...] Menschen selten einzeln, meist in Gruppen und mit viel Neigung zur Kolonnenbildung: Leichenzüge, Arbeiterbataillone, Umzüge von Kommunisten und Nationalisten, Parade von Kirchenbesuchen, riesige Zuschauermassen beim Sport.«[158] Und das Herz dieses Ruhrgebiets schlägt in Essen, in »dieser schwarzen Hauptstadt der schwarzen Erde«, wie Egon Erwin Kisch notiert: »Kr.-Friedhof, Kr.-Lazarett, Kr.-Verwaltungsgebäude, Kr.-Konsumverein, Kr.-Denkmal, Kr., Kr. und wieder Kr. – das bedeutet nicht ›Kreis‹, nicht ›Krieg‹, nicht ›Krone‹, das alles bedeutet: ›Krupp‹.«[159]

Doch was heißt hier schon Stadt? – »Die Stadt hört nicht auf. Wenn sie aber einmal aufhört, beginnt sofort die andere. [...] Alle Fenster sind gleich. Alle Häusertüren sind gleich. Hier sind nur Nummern verschieden. Alle Menschen haben den verbissenen Willen, ein Ziel zu erreichen. Vielleicht ist es die Arbeitslosenunterstützung. Vielleicht ist es der Konsumverein. Vielleicht ist es das Versammlungslokal. Vielleicht ist es ein Einbruch. Vielleicht ist es die Revolution. Vielleicht ist es das Kino. Ach, es ist so gleichgültig! Ein Ziel wie das andere. Eine Stadt wie die andere. Eine Straße wie die andere.« Dies schreibt der Schriftsteller Joseph Roth, erdrückt vom Grau und vom Grauen der ihm fremden Industriewelt.[160] Noch impressionistischer und zugleich rauschhafter dann Ernst Jünger im Angesicht der technischen Maschinerie und der nächtlichen Szenerie des Reviers: »Und hier empfand ich wieder, was man hinter dem Triebwerk des Flugzeuges empfindet, wenn die Faust den Gashebel nach vorn stößt und das schreckliche Gebrüll

Jakob Steinhardt, Die Stadt (1913)

der Kraft, die der Erde entfliehen will, sich erhebt, oder wenn man nächtlich im D-Zug sich durch die zyklopische Landschaft des Ruhrgebietes stürzt, während die glühenden Flammenhauben der Hochöfen das Dunkel zerreißen und inmitten der rasenden Bewegung dem Gemüte kein Atom mehr möglich scheint, das nicht in Arbeit ist.« Assoziationen der Industriearbeit, aber auch des Krieges, jenes Kultes am Militärischen und Technischen, dem Jünger nie mehr ganz entkommt.[161]

Eine ganz andere Stadt, Verkörperung alles Modernen und Metropolitanen, will in dieser Zwischenkriegszeit Berlin sein. Dort verdichten sich das großstädtische Ineinander von Auto- und U-Bahn-Verkehr, von Zeitungen und Kinos, von Sport und Kunst und vor allem natürlich der Eindruck der geschäftigen Menschenmassen zu einer Atmosphäre, die eine Werbebroschüre 1929 so beschreibt: »Man überquert den Potsdamer Platz, den Spittelmarkt, den Alexanderplatz, die Straße am Stettiner Bahnhof, den Wedding und dergleichen Punkte mehr. Da merkt man die gigantische Bewegung, das Flitzen, Flirren, Huschen und Sausen. Welle auf Welle jagt heran und flieht. – Rasendes Tempo! Das Herz des Reiches, dies Berlin, pulst Leben! 4 Millionen Menschen in Betrieb, ein Fünfzehntel des deutschen Volkes im Schnellschritt! Und während unten alles eilt und drängt, singt aus den Lüften der Motor! Großartiger Anblick: Flughafen Tempelhof!«[162] Längst haben die Medien ihre Bilder von urbanem Tempo und urbaner Kultur entworfen, in die nun die eigene Erfahrung und Wahrnehmung hineinkopiert wird. Walter Ruttmanns Film »Die Sinfonie der Großstadt« etwa versucht den Alltagsrhythmus in Bildern und Tönen einzufangen, der die Menschen und Maschinen im urbanen Raum lenkt und prägt. Leuchtreklamen und Tanzmusik nehmen das Lebenstempo auf, zwingen die Blicke und die Beine in seinen Takt. Alles erscheint gleichzeitig präsent: Eisenbahn und Straßenbahn, Auto und Fahrrad, Motorrad und Reitpferd, Zeppelin und Flugzeug, Telegraf und Telefon, Foto und Kino, elektrisches Licht und Rotationsdruck, Grammophon und Radio.

Vor allem aber ist Berlin nun urbanes »Laboratorium«: Die Stadt präsentiert sich als ein Ort des permanenten »Werdens«, nie vollendet und nie homogen, sondern stets zerrissen und bewusst spannungsvoll in seiner Modernität. Und diese Modernität meint nicht nur kulturelle Strömungen in Literatur, Kunst oder Architektur, sondern auch die wegweisenden Projekte des großstädtischen Verkehrs wie des Wohnungsbaus, der Elektrifizierung wie der Wasserversorgung. Hinzu kommt, dass Berlin ein globaler Standort der Medien- wie der Tourismusindustrie wird. Hier erscheinen 149 Tageszeitungen und zahllose Zeitschriften, es gibt Buchverlage, Kunstgalerien und eine riesige Kinolandschaft, die alle ein Bild der Stadt mitkonstruieren, das nach außen magnetisch wirkt. Mit dessen Verheißungen im Kopf kommen die Touristen in die Stadt und fordern deren Einlösung: Erlebnisse urbaner Kultur und metropolitaner Größe. Umgekehrt wirken diese medial verfertigten Fantasien und Imaginationen auch in die Stadt hinein und verändern sie »nach ihrem Bilde«: Die Stadt liest und »denkt« sich selbst neu.

Doch werden Tempo und Wandlung der Metropole auch als Zumutung und Erschöpfung erfahren. Denn diese technisch-urbane Welt ist in der Lebensspanne von ein, höchstens zwei Generationen entstanden. Zu viel, zu schnell, erdrückend: »Müde Gesichter, verdrossene Gesichter. Alle sehen einander ähnlich. Gleichheit des Tageslaufs und der Empfindungen hat ihnen den Serienstempel aufgedrückt. Jemand zugestiegen – sonst noch jemand ohne Fahrschein? Keiner tut gern, was er tut. Keiner ist gern, was er ist.«[163] Die »Frankfurter Zeitung« kommentiert sarkastisch: »Wir werden rasend schnell umgestellt: Auto, Radio, Flugzeug, Tonfilm, Bildtelegraphie, Schiffe, die vom Lande aus gelenkt werden, alles kommt uns über den Hals [...]. Man denke an Hölderlins ›Nacht‹: ›Ringsum ruhet die Stadt ...‹ Kein Wort stimmt mehr davon, nur der Mond am Schluß der Elegie, und die Nacht, die Fremdlingin unter uns Menschen, ist geblieben und nicht abgeschafft. Aber der Mond ist eine armselige Bogenlampe geworden und die Nacht ist von Zahnpasta- und Weinbrand- und Schokolade-Glühreklamen taghell erhellt.«[164]

Für viele Intellektuelle bleibt das Moderne und Technische durch die Erfahrungen des Weltkriegs ohnehin deutlich negativ konnotiert. Karl Jaspers schreibt über »Die geistige Situation der Zeit« 1931: »Die technische Überwindung von Zeit und Raum durch die tägliche Mitteilung der Zeitungen, das Reisen, die Massenhaftigkeit des Abbildens und Reproduzierens durch Kino und Radio hat eine Berührung aller mit allem ermöglicht. Nichts ist fern, geheim, wunderbar [...]. Im Verhalten des Alltags drängt sich das Regelhafte vor. Der Anspruch, etwas zu tun, wie es alle machen, nicht aufzufallen, bringt einen alles aufsaugenden Typismus zur Herrschaft, auf neuer Ebene vergleichbar dem der primitivsten Zeiten. Das Individuum ist aufgelöst in Funktionen.«[165] Da deutet sich bereits Kulturpessimistisches an, wie es Oswald Spengler dann in seinem »Untergang des Abendlandes« beschwört: »Diese Maschinentechnik ist mit dem faustischen Menschen zu Ende und wird eines Tages zertrümmert und vergessen sein – Eisenbahnen und Dampfschiffe so gut wie einst die Römerstraßen und die Chinesische Mauer, unsere Riesenstädte mit ihrem Wolkenkratzern eben so wie die Paläste des alten Memphis und Babylon.«[166]

Gegen diese freilich auch einträgliche Überwältigung von Literatur und Kunst durch die technische Moderne stilisiert sich die Dada-Bewegung wiederum als bürgerliche Kunstguerilla, die zum Künstlerfest in Hamburg 1928 die böse Vaterunser-Persiflage »700 Intellektuelle beten einen Öltank an« veröffentlicht: »Ohne Einladung / Sind wir gekommen/Siebenhundert (und viele sind noch unterwegs) / Überall her, wo kein Wind mehr weht / Von den Mühlen, die langsam mahlen, und / Von den Öfen, hinter denen es heißt / Daß kein Hund mehr vorkommt [...] / Darum erhöre uns / Und erlöse uns von dem Übel des Geistes. / Im Namen der Elektrifizierung / Des Fordschritts und der Statistik!«[167] Die also Inkriminierten können sich freilich trösten: Auch Dada etabliert sich schließlich und unvermeidlich, mündet in Neue Sachlichkeit, Surrealismus oder einfach den Markt und wird später als ein früher Vorläufer der Pop-Art geschätzt.

Mobil-Machung: Krieg und Raum

Fast erscheint es dann wie eine Ironie der Geschichte, dass die Nationalsozialisten, die als selbst ernannte »Bewegung« an die Macht kommen, bei ihrem Antritt tatsächlich eine ganze Fülle modernster Bewegungs- und Geschwindigkeitsprojekte erben. Projekte, deren Dynamik und Wirkung sie sich in ihrer Propaganda gerne auf die eigenen Fahnen schreiben. So nimmt am 15. Mai 1933, nur wenige Wochen nach Hitlers Machtantritt, der »Fliegende Hamburger« als erster deutscher Hochgeschwindigkeitszug seinen Betrieb von Berlin nach Hamburg mit einer fahrplanmäßigen Geschwindigkeit von 160 Stundenkilometern auf. Weitere Strecken von Berlin nach Köln und Frankfurt folgen rasch nach. Auch im Automobilbau sind bereits Kleinwagenproduktionen entstanden, die nun als Vorlauf für das ehrgeiziger Projekt des »Volkswagens« dienen. Selbst das Vorhaben der Reichsautobahn, das wie kaum ein anderes das braune Signet trägt und im Juni 1933 endgültig begonnen wird, ist lange vorher für eine erste Strecke durchgeplant, die von Hamburg über Frankfurt nach Basel führen soll. Beim Flugzeugbau werden vorhandene Entwicklungen in der Ganzmetalltechnik weitergetrieben, wobei nun militärische Nutzungsmöglichkeiten in den Vordergrund treten. Schließlich wird der Flughafen Tempelhof, der bislang rund 200 000 Fluggäste jährlich abfertigt, für 6 Millionen Passagiere ausgebaut. Aus Stahlbeton konstruiert und mit Naturstein verkleidet, verkörpert er ein zentrales bauliches Symbol der geplanten »Welthauptstadt« Berlin. Symbolisch bleibt daran freilich auch, dass der neue zivile Teil des Flughafens bis zum Kriegsbeginn nicht fertig und bis 1945 auch nicht mehr eröffnet wird.

Auch vor 1933 war die nationale Einfärbung einer Fortschritts- und Technikperspektive natürlich längst vorhanden: jenes »Made in Germany«. Doch nun wird diese Komponente ideologisch wie ästhetisch extrem überhöht, indem eine besondere »deutsche« Technikkompetenz geschickt in das kulturelle Selbstbild der Gesellschaft wie in die Selbstinszenierung der NS-Bewegung eingebaut wird. Hitler erklärt auf der Internationalen Automobilausstellung 1933 eine »Sonderstellung« des Automobils zur Chefsache in Verkehrsfragen, lässt die Silberpfeile auf dem Nürburgring unter Hakenkreuzfahnen siegen. Und er interpretiert wenig später die Ankündigung des Reichsautobahn-Projekts auch als ästhetisches Konzept: In den Autobahnen werde sich, Technik und Natur gleichsam versöhnend, der »Ausdruck deutscher Landschaft und deutschen Lebens« verkörpern. Nur ein Jahr später, 1935, finden gleich zwei propagandistische Großereignisse in Sachen Verkehr statt: die »Hundertjahrfeier« der Eisenbahn und der Reichsparteitag der NSDAP, auf dem die »Nürnberger Gesetze« verkündet werden. Beide in Nürnberg und beide auch als Technik- und Geschwindigkeits-Events für die Bevölkerung inszeniert, mit Eisenbahnschau, Medien- und Technikvorführungen und mit unzähligen Sonderzügen für die Besuchermassen. Die Berliner Olympiade 1936 wiederum dient dazu, der Weltöffentlichkeit die Modernität der deutschen Gesellschaft und ihres Regimes vorzuführen. Nur das Fernsehen wird, obwohl technisch bereits möglich, nicht systematisch genutzt und eingesetzt, offenbar weil die Furcht vor den Kinderkrankheiten des Mediums noch zu groß ist. Hitler vorübergehend ohne Ton und Botschaft, das scheint doch ein zu großes Risiko.

Andererseits ist es schwierig, das spezifische Verhältnis der Nationalsozialisten zur industriellen Moderne zutreffend zu beschreiben. Denn ihre Selbstinszenierung als Wegbereiter moderner Technologie ist zwar augenfällig, trifft in dieser Zeit aber keineswegs nur für sie zu. Auch andere europäische Gesellschaften und Regierungen nehmen dieses Attribut für sich in Anspruch, verbunden mit ganz anderen politischen Systemen und gesellschaftspolitischen Szenarien. Worin genau der Unterschied besteht zwischen einer deutschen VW-Reklame aus dem Jahr 1937, in der eine Familie im Volksauto auf der neuen Reichsautobahn der Sonne entgegenfährt, und einem Gemälde von Fernand Léger aus demselben Jahr, das mit dem Titel »Eiffelturm II« auf französische Ingenieurtriumphe anspielt, oder zu zeitgleichen Motiven aus der Sowjetkunst, die heroisierend konstatieren: »Die Technik verändert die Welt«, das lässt sich nicht aus abstrakten Systemdifferenzen erklären.[168]

In mancher Hinsicht jedenfalls liefert Italien mit seiner älteren faschistischen Bewegung und Regierung politische wie propagandistische Vorbilder. Das betrifft zunächst die Bewegung selbst: So sind die Squadren, die SA-ähnlichen Kampfbünde, bereits in den frühen 1920er Jahren mit Motorrädern und Lastwagen ausgestattet, um bei Propaganda- wie Terroraktionen möglichst beweglich zu sein. Die symbolische Bedeutung geht aber natürlich darüber hinaus: Technikbesitz und Technikvertrautheit erscheinen so als Teil eines dynamischen Profils der Bewegung.[169]

1925 wird die halbstaatliche Freizeitorganisation »Opera Nazionale Dopolavoro« gegründet, die kulturelle Veranstaltungen sowie sportliche und touristische Unternehmungen anbietet und als Vorbild für die deutsche »Kraft durch Freude« dient. Auch der Sport wird selbstverständlich für die nationale Mobilisierung genutzt, insbesondere der Radsportklassiker des Giro d'Italia, den es seit 1909 gibt und der in den 1930er Jahren zur Massenveranstaltung mit ideologischem Hintergrund umorganisiert wird. Dabei spielt auch die Nutzung des Rundfunks als Propagandainstrument bereits eine zentrale Rolle: 1939 gibt es in Italien eine Million Rundfunkgeräte.

Die nationalsozialistischen Massenorganisationen in Deutschland übernehmen viele dieser Modelle, wobei ganz besondere Betonung auf möglichst starke symbolische Wirkungen von Mobilitäts- und Mobilisierungserfahrungen gelegt wird. Reisen und Wandern, Motorrad- und Autofahren, Schießübungen und Fliegen werden als Erlebnisse »in der völkischen Bewegung« angeboten, für Kinder wie Erwachsene, in zivilen wie militärischen Kontexten. Dies sind zugleich alltägliche symbolische Formen der kollektiven Einübung in die »völkische« Aneignung von Zeit und Raum.

Aber natürlich vollzieht sich dies auch im Großen, in konsequenten Schritten hin zur industriellen Massenproduktion. Radio, Volksauto und Urlaubsreisen mit »Kraft durch Freude« stehen auch für neu dimensionierte Technik- und Freizeitindustrien, die kommerzielle und professionelle Massenkultur entwickeln. Insbesondere der Rundfunk wird zu einem Medium, das flächig populäre Unterhaltung anzubieten vermag und über dieses Programm auch nationalsozialistische Ideologie und Propaganda. Auf die Mischung kommt es an, denn erst dadurch wird der Raum der Gesellschaft wirklich nationalisiert, wird er zum »deutschen Äther«, wenn sich dann durch die Produktion des »Volksempfängers« die Zahl der Rundfunkgeräte in nur fünf NS-Jahren auf neun Millionen verdoppelt. Nun ist die überwiegende Mehrheit der Haushalte, aber auch der Betriebe und der öffentlichen Plätze für »Worte des Führers« unmittelbar akustisch erreichbar. Und diese Worte werden geschickt als kollektive Hörerlebnisse inszeniert, sie machen Politik zu einem Stück Alltag und imprägnieren umgekehrt den Alltag mit brauner Rhetorik und Symbolik. In einer Broschüre heißt es 1938 zur Bedeutung des Rundfunks: »Er begleitet unseren Tageslauf gerade so wie das Wetter, er ist eine Selbstverständlichkeit geworden [...]. Gehen wir einmal an einem Tage auf die Straße, an dem die Rede eines Staatsmannes über eine politische Lage Aufklärung oder Entscheidung bringen soll. Kurz vor der Übertragung der Rede verändert sich das Straßenbild höchst auffällig: die Menschen eilen nach Hause, in Gaststätten oder in ihr Büro, die Straßenbahnen und Autobusse haben nur noch wenige Fahrgäste, die unruhig zur Uhr sehen [...]. Eine ganze Stadt, ein ganzes Volk lauscht auf eine Stimme, und über die Grenzen der Nation hinaus hört eine Welt mit.«[170] Das ist in der Tat: mediale Öffentlichkeit.

Ein markantes Beispiel für diese Doppelstrategie eines industriell-ideologischen Managements der Massenkultur bildet das Konzept der »Kraft durch Freude-Stadt« Wolfsburg. Sie wird 1938 auf dem Reißbrett entworfen, um das Volkswagenwerk aufzunehmen und verkörpert ein Projekt, in dessen Zusammenhang Hitler selbst davon spricht, dass mit ihm die »individuelle Freiheit des Verkehrs« in Deutschland entscheidend gefördert werde.[171] Dabei ergibt sich die Idee eines massenhaft verbreiteten »Volkswagens« keineswegs nur aus ideologischen Überlegungen des Regimes oder im Seitenblick auf die amerikanische Entwicklung mit ihrer Auto-Fließband-Billigproduktion und ihrem riesigen Automarkt. Vielmehr erscheint es 1935/36 als eine durchaus logische Konsequenz der deutschen Situation selbst angesichts von 795 000 Pkw, 244 000 Lastkraftwagen, 14 000 Omnibussen, knapp einer Million Motorräder und mehrerer Millionen Fahrräder, dazu über 23 000 Lokomotiven mit fast 700 000 Wagen. Im Volumen geht es also längst um eine wirkliche »Massenmobilisierung« und im Profil um die Entwicklung hin zu massenhaftem Individualverkehr als Folge einer wachsenden Differenzierung im Arbeits- wie im Freizeitbereich.

Bedürfnisse und Markt jedenfalls sind für das Pkw-Konzept vorhanden, so kommt es vor allem darauf an, den Volkswagen auch als ein besonderes ideologisch-ästhetisches Projekt zu verkaufen. Die Idee dazu hatte der Konstrukteur Ferdinand Porsche längst vor 1933 entwickelt, kann sie aber nun erst im Auftrag Hitlers und an der deutschen Automobilindustrie vorbei wirklich umsetzen. Ziel ist ein Volksauto, das weniger als 1000 Reichsmark kosten, in mehreren hunderttausend Exemplaren jährlich produziert und über Bestellverträge finanziert werden soll. Über 300 000 entsprechende Sparverträge werden denn auch bis 1939 abgeschlossen, bis die Kriegsvorbereitungen das Projekt und die gefertigten Automobile für sich in Beschlag nehmen. Kein Auto gelangt tatsächlich in zivilen Besitz, doch hat das Projekt bis dahin erhebliche propagandistische Wirkung erzielt.

Ähnlich verhält es sich mit dem Autobahnbau. Bis Anfang 1938 sind bereits über 2000 Kilometer Strecke fertig gestellt von bis zu 130 000 gleichzeitig tätigen Arbeitskräften. Zwar ist die Eisenbahn militärstrategisch bedeutsamer, aber dieser Autobahnbau ist vor allem auch von arbeitsmarktpolitischen wie propagandistischen Absichten bestimmt. Arbeit soll geschaffen werden und logistische Infrastruktur, vor allem aber soll das Werk auch von nationaler Größe künden und gleichsam auratische Qualität erhalten. Deshalb wird beim Bau der Reichsautobahn konsequent ein monumenthafter Neoklassizismus entfaltet, der sie wie die Großbauten in Nürnberg oder Berlin auch als »Bewegungsbau« erscheinen lässt, als ins Gewaltige und Pathetische hinein inszenierte Herrschaftsarchitektur. Alles wirkt wie aus einem Guss: abgesetzte Fahrbahnen und Mittelstreifen, sorgfältig gestaltete Brücken und Straßenmeistereien, Raststätten und Randbebauungen. Das Dramatische dominiert, und es soll das Fahrgefühl in dieser Autobahnlandschaft zu einer komplexen sinnlichen Praxis werden lassen, in der die Autobahn als »Band« und als »Werk« erlebt wird. Sie soll die Entgrenzung des räumlichen Horizonts symbolisieren, die Weite des Raumes für ein eroberndes Volk sinnlich erfahrbar machen, aber zugleich auch nationale Ästhetik verkörpern.[172]

Auch die Massenorganisation »Kraft durch Freude« (KdF) als Teil der »Deutschen Arbeitsfront« bemüht sich in diesem Sinne um Regeneration des deutschen »Volkskörpers«: »Durch Reisen ohne Klassenschranken sollte die Volksgemeinschaft gestärkt werden. Zusätzlich sollte die Organisation dafür sorgen, daß der Arbeiter sein Vaterland besser kennenlernte.« Dazu wird unter anderem eine Urlaubsregelung festgelegt, die den meisten Arbeitern ab 1937 einen sechs- bis zwölftägigen bezahlten Jahresurlaub garantiert. Seit 1934 fahren die ersten Arbeiter-Ferienzüge von Berlin, Hamburg, Danzig, Leipzig, Köln oder München aus an die deutschen Küsten, aber auch ins Riesengebirge, in den Harz oder den Bayerischen Wald. Einerseits beginnt damit ein neues Kapitel des Massentourismus, denn zwischen 1934 und 1939 werden von den KdF-Organisationen immerhin 7,5 Millionen Reisende betreut. Andererseits besteht der Großteil dieser Reisen lediglich aus regionalen Wander- und Wochenendfahrten. Sehr viel Welt lernt der deutsche Arbeiter dadurch also dann doch nicht kennen.

Die Inszenierung jedoch ist gewiss effektiv, weil die KdF als logistische Unternehmung der NS-Bewegung dient. Sie umsorgt Urlaubsbedürfnisse ebenso wie Reichsparteitage und andere braune Festanlässe: »Zum ›Erntedankfest des deutschen Volkes‹ auf dem Bückeberg bei Hameln waren 1936 insgesamt 437 Sonderzüge unterwegs – die Lokomotiven vielfach mit Eichenlaubornamenten bemalt, mit Korngebinden und Hakenkreuzfahnen geschmückt. Nimmt man die KdF-Reisen und diese politischen Massenwallfahrten zusammen, so ist der Schluß legitim, daß sich während der nationalsozialistischen Herrschaft die Mobilität der Deutschen vor allem unter Verwendung der Eisenbahn in einer Weise erhöht hatte wie nie zuvor.«[173]

Fahrten in den Tod

Diese innere Mobilisierung verbindet sich bald mit der nach außen gerichteten. Dabei vollziehen sich die Kriegsvorbereitungen als eine technologische und logistische Aufrüstung von Raum und Zeit. So werden die Reichsautobahnen auch als militär-strategisches Verkehrs- und Nachschubsystem ausgebaut und die Reichsbahn ab 1937 in zentrale Regierungsverantwortung übernommen, um große Transportkapazitäten und logistische Kompetenzen zu schaffen. Bereits durch den »Anschluss« Österreichs im Jahr 1938 wird der Ernstfall ein erstes Mal geprobt und im Blick auf den Massentransport von Gütern und Menschen in Richtung Osten auch bestanden.

Für den mit dem Angriff auf Polen beginnenden Weltkrieg spielt diese Mobilität der Truppen dank Eisenbahn- und Autotransport dann eine entscheidende Rolle, weil die militärische Strategie dadurch in völlig neuen räumlich-zeitlichen Dimensionen denken kann. Selbst quantitative Unterlegenheit scheint nun durch technologische Überlegenheit, also durch die Flexibilität und Mobilität der Militärtechnik kompensierbar. So meint die Metapher vom deutschen »Blitzkrieg« beides: die schnelle und skrupellose Kriegführung wie die hohe Mobilisierungs- und Invasionsgeschwindigkeit der deutschen Truppen dank der vorzüglichen Verkehrsinfrastrukturen im west- und mitteleuropäischen Raum. Je weiter östlich, umso schwieriger wird dann freilich die Situation, weil die Infrastruktur dort immer mangelhafter und die Logistik der Truppen- und Waffentransporte an die Fronten wie der Rohstoff- und Zwangsarbeitertransporte zurück ins Reich immer komplizierter wird. Ab 1942 wird die verzweifelte Parole »Räder müssen rollen für den Sieg« zum militärischen Überlebensgesetz in einem Krieg, dessen Fronten sich immer weiter von der Heimatbasis entfernen, um schließlich auch konsequent im Raum zu kollabieren. Insgesamt 152 000 Eisenbahnkilometer und Millionen Straßenkilometer allein in Europa sind weder logistisch zu nutzen noch militärisch zu kontrollieren, weil allmählich auch alle Ressourcen erschöpft sind: die Menschen als Bedienungspersonal wie als Arbeitskräfte, die Produktionskapazitäten und Rohstoffe, die Identifikation wie die ideologische Verführbarkeit. Die noch unerschlossene Weite des osteuropäischen Raumes trägt so wesentlich zum Ende nazistischer Herrschaftsträume bei.

Es ist auch ein Untergang im »fremden Raum«, ein Scheitern am Unbekannten. Der Raum selbst sollte genutzt und erobert, besessen und besiedelt werden – Herrschaft im Raum: Das war eine Grundidee nazistischer Weltpolitik. Was mit dem KdF-Programm als Idee des »mobilen Volks« begann, was als Urlaub und Reise für nicht wenige Deutsche zunächst eine heitere neue Realität bedeutete, das wird in einer bitteren Wendung der Geschichte zum Drama: Ab 1933 ziehen die Deutschen verstärkt in die Welt, ab 1938 in durchaus kriegerischer Absicht. 1945 dann kommt umgekehrt die Welt nach Deutschland, der Krieg wird ihm zurückgebracht – der Raum schlägt zurück.

Mit den spezifischen Möglichkeiten der Massenmobilität dieser Zeit hängt in tragischer Weise auch der Holocaust eng zusammen. Denn was ihn zwar nicht politisch und mental, aber materiell ermöglicht, ist ein mörderisches Lager- und Transportsystem, das ohne die Eisenbahnlogistik nicht denkbar gewesen wäre. Die Kontrolle, Erfassung und Verschleppung wie der systematische Transport von Millionen Menschen setzen einerseits die politisch-soziale Kontrolle über den »völkischen Raum« voraus, andererseits in der Tat jenes technisch-logistische Räderwerk des Todes. Seit Dezember 1939 rollen die Deportationszüge, die insbesondere die polnischen Juden zunächst in kontrollierte Gettos verbringen. Dieser Terror wird systematisch ausgeweitet auf neue Regionen im Reich wie in den besetzten Gebieten, überall stehen die Konzentrationslager und werden rasch zu Vernichtungslagern. Auf der Berliner Wannsee-Konferenz im Januar 1942 wird das Massenvernichtungsprogramm koordiniert, das seit dem Dezember 1941 in den ersten Konzentrationslagern bereits begonnen hat.[174]

So ist es ein tödliches Netz, das sich nun über Deutschland und die besetzten Gebiete legt. Vernichtungslager sind durch Vernichtungswege verbunden zu einer mörderischen Topografie. Millionen Menschen jüdischer Herkunft, aber auch aus den Reihen der Sinti und Roma sowie Angehörige diskriminierter Minderheiten und Mitglieder der politischen Oppositionsbewegungen aus ganz Europa werden buchstäblich liquidiert. Sie werden durch eine industrielle Tötungsmaschinerie ermordet und verbrannt, die sich in ihrem Ablauf so technologisch präsentiert, dass es eine Emotionalität der Täter während der Tat gar nicht zu geben scheint. Massenmord erscheint als logistische Mühe und Leistung, nicht als moralische Bürde. Am Ende wird gar der Transport selbst zum mobilen Hinrichtungsort, weil das Lagersystem zusammenbricht, weil die Vernichtungsorte die Lebenden und die Toten gar nicht mehr aufnehmen können. Dadurch wird die Zahl der Opfer noch größer, aber eben auch die Zahl der Täter. Viele von ihnen leitet dabei offenbar weniger Gefolgschaftstreue als vielmehr eine spezifische Mentalität, geprägt von militärischer Disziplin, technischer Effektivität und technologischer Rationalität, welche die individuelle Ethik der mörderischen Tat zur kollektiven Logik einer organisatorischen »Maßnahme« werden lässt.

Dies gehört gewiss mit zum Erschreckendsten des Holocaust: die professionelle Ignoranz und das industrielle Ethos der Täter. Und es gehört danach zum Erschreckendsten der Geschichte, dass sie und ihrer Helfer später kaum zur Verantwortung gezogen worden sind. Niemand hat etwas gesehen: Millionen Deutsche nicht, aus deren Mitte Nachbarn und Kollegen verschwanden; Hunderttausende Wehrmachtsangehörige und Eisenbahnbedienstete nicht, die das Transportsystem mitbedienten; Zehntausende Polizei- und SS-Angehörige nicht, die die Lager verwalteten und bewachten; Tausende Verwaltungsangestellte nicht, die am Schreibtisch Erfassungsaktionen und Verhaftungen einleiteten.

Auch dies ist also ein Kapitel in der »Wahrnehmungsgeschichte« von Zeit und Raum, ein besonders dramatisches und traumatisches, das in den Köpfen der Menschen präsent bleibt, sofern es nicht gleich wieder verdrängt wird, noch während es sich vollzieht, wie in Deutschland. Hier mag man sich zunächst nur der eigenen

Opfer erinnern. Denn eine »Fahrt in den Tod« bedeuten die Transportsysteme des Zweiten Weltkriegs natürlich auch für viele deutsche Soldaten. Wie im Ersten Weltkrieg bereits ist die Fahrt an die Fronten auch für viele von ihnen ihre erste große Reise in eine Welt, die den Deutschen nun als neuer »Lebensraum« versprochen scheint durch die neue Geografie des »Volkes ohne Raum«. Und wie eine Generation vorher erscheinen die Welt und der Krieg wiederum auch als Orte von Abenteuer, Kampf, Gefahr – keineswegs nur in ideologischer Hinsicht, sondern auch im Sinne einer unmittelbaren »Ästhetisierung des politischen Lebens« (Walter Benjamin). In dieser Ästhetik spielte die pathetische Verklärung von »Jugend« und »Tod« als Codierung einer männerbündischen Bewegung bereits historisch stets eine zentrale Rolle. Daran kann die NS-Bewegung anknüpfen, dies vermag sie bis zur tödlichen Konsequenz zu steigern. Entscheidend dafür ist freilich ein geschlossenes ideologisches System des Denkens und Handelns, in dem Abweichungen und Alternativen bis ins Private hinein schwierig bis unmöglich gemacht werden. Dafür sorgen in der nationalsozialistischen Diktatur Schulerziehung, ideologisierte Populärkultur und die totale Kontrolle der öffentlichen Kommunikation und Meinung.

Dieses geschlossene Denk- und Wertesystem setzt also auch absolut geschlossene Räume voraus, die alternative Meinungen und Informationen systematisch abschirmen. Darin liegt gewiss ein ganz wesentlicher Grund für die durchaus ambivalente Haltung des NS-Regimes gegenüber Technik und Medien. Einerseits bedient man sich ihrer virtuos zur Massen- und Kriegsmobilisierung. Andererseits verkörpert dieselbe Technik aber auch eine mögliche und schwer kontrollierbare Gegenwelt, die sich dem Austausch öffnen, die andere Informationen und anderen »Sinn« vermitteln kann. So erscheinen Radio, Telefon und die Fernverkehrsmittel eben auch als gefährliche Brücken nach draußen, als mögliche Übermittler von Nachrichten aus einer Wirklichkeit, die es drinnen – informatorisch wie ideologisch – längst nicht mehr gibt. Nie ist diese deutsche Gesellschaft daher hermetischer von Europa und der Welt abgeschnitten als in jener Zeit, in der sie Europa und vermeintlich »bald die ganze Welt« beherrscht.

Televisionen: Neue Welt-Bilder

Nach Kriegsende wird der europäische Raum in fundamentaler Weise neu geordnet. Denn zum einen hat die Zerstörungskraft des Krieges in der Weite der Landschaft, im Weichbild der Städte wie in den Köpfen der Menschen verwüstete Flächen hinterlassen, die erst wieder mit Leben zu füllen sind. Zum Zweiten sind riesige Menschengruppen unter den Bedingungen des Krieges wie der neuen Nachkriegsordnung zwangsmobilisiert, also aus bisherigen Siedlungs- und Kulturräumen verdrängt und in anderen angesiedelt worden. Zum Dritten schafft die sich verschärfende Dynamik des Kalten Krieges neue politische Systeme und neue politische Grenzen insbesondere im östlichen Europa, zu dessen markanter Grenzlinie nun der »Eiserne Vorhang« wird, der seinerseits wiederum neue regionale Abtrennungen wie Vernetzungen der Verkehrs- und Wirtschaftsbeziehungen auf beiden Seiten auslöst. Zum Vierten bewirken Rekonstruktion und Neukonstruktion nach dem Krieg einen erneuten Modernisierungsschub in den europäischen Gesellschaften, der sich sowohl in einem letzten Industrialisierungsaufschwung insbesondere in ländlichen Regionen und in den sozialistischen Staaten äußert als auch in der weiteren Ausdifferenzierung materieller wie ideeller Lebensformen in den städtischen Lebenswelten und Haushalten.

Die europäischen Zeithorizonte hingegen folgen zunächst ganz anderen Gesetzen. Denn vor ihnen vollzieht sich der Eintritt in einen schmerzhaften Prozess des individuellen wie gesellschaftlichen Erinnerns und Vergessens, in dem Tod und Holocaust, Kollaboration und Widerstand, Niederlage und Befreiung, Schuld und Hoffnung immer wieder neue Fragen markieren und Wunden aufreißen. Dass diese Fragen bald beiseite gelegt werden angesichts der ideologischen und politischen Konfrontation zwischen Ost und West, schafft ihnen noch keine Antworten. Gerade auch diese Verunsicherung trägt mit zum Ende des »europäischen Zeitalters« bei:

Nach fast einem halben Jahrtausend machtvoller Durchsetzung von Religion, Werten, Technik, Politik und Wissen in der Weltgeschichte und in der Welt »da draußen« endet nun die europäische Dominanz, weil die europäischen Gesellschaften von ihren Konflikten endlich »zu Hause« eingeholt und überwältigt worden sind.

Massen-Bewegungen

Das Ende des kurzen Tausendjährigen Reiches scheint wie der Neuanfang deutscher Gesellschaft nach 1945 in besonderer Weise markiert und symbolisiert durch dramatische Massenbewegungen. Zum Kriegsende hin führen die Truppen- und Ziviltransporte der flüchtenden Deutschen insbesondere aus dem Osten »heim ins Reich«, aber auch die KZ-Transporte und die Todesmärsche von Häftlingen kennzeichnen die Situation in Mittel- und Osteuropa. Nach Kriegsende dann sind es die Flüchtlinge und Vertriebenen, die sich ebenfalls überwiegend in Ost-West-Richtung bewegen. Gegen diesen Strom wiederum ziehen zahllose Zwangsarbeiter, die nach ihrer Befreiung versuchen, in ihre Heimatregionen zurückzukehren, meist eben Richtung Osten. Ob 15 oder 20 Millionen Menschen »entwurzelt« und unterwegs sind oder noch wesentlich mehr, ist letztlich unerheblich. Es ist jedenfalls ein letztes Szenario des Krieges als einer großen und gewaltsamen Massen-Bewegung.

In allen unmittelbar vom Kriegsgeschehen betroffenen Gebieten werden die Flüchtlingsströme nach 1945 zunächst überwiegend in den ländlichen Raum gelenkt, weil dort Infrastrukturen wie Wohnraum noch intakter scheinen, also eine raschere Grundversorgung ermöglicht wird. Dies gilt auch für Deutschland, und diese Entscheidung hat zur Folge, dass es in den ersten Nachkriegsjahren zunächst zu einer Art »Verländlichung« der deutschen Gesellschaft kommt. Die kleineren Gemeinden erfahren teilweise rasanten Bevölkerungszuwachs, während die Städte erst allmählich wieder aufgebaut werden und das Städtewachstum in den ersten Jahren stagniert. Dadurch erfolgt auch die soziale und kulturelle Integration der Flüchtlinge und Vertriebenen zunächst unter überwiegend ländlichen Bedingungen. Das heißt meist Ansiedlung an der dörflichen und kleinstädtischen Peripherie, räumliche Segregation der Neuankömmlinge und soziale Diskriminierung. Denn kleine Gemeinden sind meist noch wenig geübt im Umgang mit Fremden und Fremdem, reagieren daher auf die ungebetene Zuwanderung mit sozialer Ausgrenzung, weil ihnen Dialekt und Religionspraxis, Küche und Kleidung der Vertriebenen als Bedrohung ihres materiellen Besitzes wie ihres kulturellen »Selbst« erscheinen. Auch fühlen sie sich durch die Flüchtlinge mit einer Geschichte konfrontiert, die sie schnell vergessen wollen. Also drängt man beides ab: die Menschen wie die Erinnerungen – ab in die Nissenhütten und späteren Wohnblocks jener Tilsiter oder Memelstraßen. Erst als zwanzig Jahre später in Westdeutschland italienische und jugoslawische »Gastarbeiter« erscheinen, relativiert sich diese Fremdheit. Nun klingt das italienische Idiom offenbar doch noch fremder als das ostpreußische oder schlesische.

Mit dieser Zuwanderung der Flüchtlinge und Vertriebenen nach 1945 und jener der Gastarbeiter seit der Mitte der 1960er Jahre erfährt der ländliche Raum eine zweite Industrialisierung. Billige Arbeitskräfte sind nun in so großer Zahl verfügbar, dass sich beschäftigungsintensive Industrien wie die Textilindustrie an neuen ländlichen Standorten ansiedeln. Bei den Vertriebenen wie den Gastarbeitern erfolgt die Steuerung der Zuwanderung im Rahmen einer nationalen Ausgleichspolitik, die regionale Disparitäten zu vermeiden versucht. Dabei steht die Überlegung im Vordergrund, Gebiete nicht durch zu viel Zuwanderung wirtschaftlich, aber auch sozial und kulturell zu überlasten. Denn Zuwanderung scheint stets »Fremdheit« zu assoziieren, also Zumutung und Verlust, nicht Ergänzung und Bereicherung. Ein fremdenfeindlicher Zug ist in der jüngeren deutschen Geschichte ohnehin unübersehbar. In der DDR wiederum geht man diesbezüglich andere Wege. Dort versucht man vor allem über die Sozialisierung des Bodens zugleich auch eine Politik der sozialen Vermischung, die nach »neu« und »alt« nicht unterscheidet. Ohne die Auseinandersetzung jedoch mit Kriegserfahrung, Erinnerung und Heimatverlust erzielt auch diese Politik keine mentale Nachhaltigkeit: Allen Beschwörungen des proletarischen Internationalismus zum Trotz entwickeln sich auch hier immer wieder soziale wie ethnische Fremdenfeindlichkeitsdiskurse.

Massenbewegungen wie die der deutschen Ostvertriebenen finden nach 1945 aber auch in Polen statt, wo im Rahmen der stalinistischen Geopolitik Millionen Menschen von der ehemaligen Ostgrenze in das neue Westpolen zwangsumgesiedelt werden. Die Gebiete östlich des Flusses Bug werden damit ukrainisch, während die von dort verdrängten Polen an der polnischen Westgrenze angesiedelt werden. Polnische Vertriebene treffen dort 1945/46 auf Deutsche, deren Vertreibung bevorsteht. Auch in der UdSSR selbst werden nach dem Krieg im Rahmen von Wiederaufbauprogrammen wie im Zusammenhang mit politischen wie ethnischen Säuberungsaktionen immer wieder große Bevölkerungsgruppen mobilisiert, häufig durch Gewalt, seltener durch Überzeugung. Sibirien etwa wird das große Wanderungs- und Aufbauziel einer ganzen Generation junger, überzeugter Aktivisten, die Landschaft und Menschen sozialistisch formen wollen, aber auch von Millionen von Zwangsarbeitern. Auch in Frankreich und Italien ergeben sich durch die vorübergehenden politisch-militärischen Teilungen der Länder – in Frankreich durch das kollaborierende Vichy-Regime, in Italien durch die Landung der Alliierten – umfassende räumliche Umgruppierungen der Bevölkerung. Hinzu kommen bald noch dramatische Bevölkerungsverschiebungen, die nicht nur zwischen den europäischen Gesellschaften stattfinden, sondern interkontinental: Im Zuge der Dekolonisierung wandern seit den 1950er Jahren Millionen Menschen aus den ehemaligen afrikanischen und asiatischen Kolonien in die Mutterländer England und Frankreich ein und verändern deren kulturelle Selbstbilder nachdrücklich.

Durch die endgültige Niederlage des Faschismus wird der europäische Raum also radikal neu geordnet, nachdem er zuvor physisch, sozial und kulturell nachhaltig zerstört wurde. Und der gewiss nachhaltigste Verlust wird damals – keineswegs nur in Deutschland – zunächst kaum diskutiert: die Auslöschung jüdischer Menschen und jüdischer Kultur an zahllosen Orten der europäischen Geografie und Zivilisation. Eine der frühesten und prägendsten transnationalen Kulturen Europas ist durch den Holocaust nahezu zerstört.

Alle dieser Wanderungen, Umzüge, Vertreibungen innerhalb Europas basieren zunächst wesentlich auf dem Transportmittel Eisenbahn. Auch wenn dieses in den ersten Nachkriegsjahren schwer zerstört ist – insbesondere Lokomotiven, Bahnhöfe, Stellwerke, Weichen, Brücken –, bildet es doch die einzige noch teilweise funktionsfähige Infrastruktur, die solche Flüchtlingsströme aufnehmen kann. Aber auch der wieder beginnende Nahverkehr wie die »Hamsterfahrten« der Not leidenden Bevölkerung aufs Land wickeln sich über die Schiene ab, die fieberhaft wieder ausgebaut wird. In Deutschland vollzieht sich die Rekonstruktion des Schienen- und Straßennetzes zunächst in Eigenregie der vier Alliierten bzw. ihrer Besatzungszonen, wodurch sie vielfach eher unkoordiniert verläuft. Immerhin wird dabei das vorhandene deutsche Strecken- und Städtenetz im Wesentlichen rekonstruiert. Dann durchtrennt die europäische Teilung in Ost und West allerdings das deutsche Gebiet und seine Infrastruktur erneut, denn nun werden die Strecken- und Wegenetze entlang der innerdeutschen Grenze wiederum neu geordnet, die Karten und Geografien umgeschrieben.

Nun modernisieren sich die Infrastrukturen und die Lebensstile. Bis Mitte der 1960er Jahre werden wesentliche Eisenbahnstrecken in der BRD elektrifiziert, doch dauert es noch geraume Zeit, bis der erste Hochgeschwindigkeitszug auf der Strecke Hannover-Würzburg 1991 in Betrieb genommen werden kann. In Frankreich ist die Schnellverbindungen des TGV von Paris nach Lyon da immerhin bereits zehn Jahre in Betrieb. Nach der öffentlichen folgt die private Elektrifizierung. In den Haushalten werden langlebige Gebrauchsgüter wie Kühlschränke und Waschmaschinen angeschafft: 1959 besitzen 64 Prozent aller westdeutschen Haushalte schon einen Staubsauger, 32 Prozent eine Waschmaschine, 31 Prozent einen Kühlschrank. Bald folgt der Fernseher, aber noch vor ihm kommt das Auto.

Entscheidend dabei ist, dass diese Konsumgüter nicht mehr nur in den gehobenen Einkommensklassen angeschafft werden, sondern in fast allen Bevölkerungsschichten – wenngleich im sozialen Oben etwas früher als unten.[175] Auch die anderen westeuropäischen Gesellschaften der Nachkriegszeit gehen diesen Weg in die häusliche Moderne. Mitte der 1970er Jahre sind auch in England und Frankreich, in Spanien und Italien, in Belgien und Dänemark die Mehrzahl der Haushalte mit alldem ausgestattet. In den sozialistischen Gesellschaften Osteuropas hingegen verzögert sich diese »Moderne« doch erheblich: Waschmaschinen, Kühlschränke und Fernseher werden erst ein bis zwei Jahrzehnte später zum Normalstandard. Auf ein eigenes Auto muss man nicht nur in der DDR oft über zehn Jahre warten.

Auto-Landschaften

Insbesondere das Auto symbolisiert nun Vorstellungen von Mobil- und Modern-Sein, von Status und Individualität, Aufstieg und Zukunft. In Westdeutschland freilich nicht irgendein Auto, sondern jener »Käfer«, der ab 1946 vom Volkswagenwerk in Wolfsburg gebaut wird. Ihm mag man seine Abstammung aus Hitlers Bankrottmasse offenbar ebenso wenig mehr ansehen wie den deutschen Autobahnen. Vielmehr wird er mit seinem spezifischen Aussehen zum Symbol deutscher Nachkriegsgesellschaft, eines »motorisierten Biedermeier« (Hermann Glaser). Dass diese Identifikation mit diesem speziellen Auto wie mit dem Auto generell sich so reibungslos vollzieht, hat gewiss auch mit jener exotischen Zwischenphase vor und nach 1950 zu tun, in der eigenartige Automobile Deutschlands Straßen bevölkern. Fantasie und Provisorium feiern fröhliche Urständ, wobei der Streit darum geht, ob es sich bei diesen Kreationen tatsächlich um Autos handle: bei jenen Messerschmitts, Lloyd LP 300 oder Fuldamobils, die sogar dreirädrig daherkommen, teilweise aus Holz und Kunstleder gefertigt und offiziell wie volksmundig mit Namen bedacht wie Feuervogel, Leukoplastbomber, Pinguin oder Gnom.

Das Autofahren wird zu einer Erfahrung, die fast alle teilen, ob am Steuer oder als Beifahrer. Von 1951 bis 1959 weist die BRD fast durchweg die höchste Wachstumsrate der Motorisierung in Europa auf, weil sie nach dem Krieg einen erheblichen Rückstand aufzuholen hat. 1961 sind es 4,8 Millionen Autos, 1969 bereits

12 Millionen, so dass die »Frankfurter Allgemeine Zeitung« im selben Jahr titelt: »Ein Volk von Autofahrern«. Um 1980 besitzen 61 Prozent der westdeutschen Haushalte ein Auto, 58 Prozent der britischen und 52 Prozent der spanischen.[176] In Osteuropa liegen die entsprechenden Quoten sehr viel niedriger, was freilich nicht nur mit mangelnden Produktionskapazitäten zu tun hat, sondern auch mit anderen Verkehrs- und Stadtkonzepten, die erst allmählich den sich wandelnden individuellen Bedürfnissen angepasst werden.

Markant ist das soziale Profil dieser Entwicklung, denn längst ist es zu einer Motorisierung der Arbeiter und Angestellten gekommen. Das beginnt zunächst meist mit der billigeren Lösung von Motorrad oder Kleinwagen, bis dann der Mittelklassewagen zum ersten konsumtiven Klassenziel der westdeutschen Arbeiterschaft wird. Die ostdeutsche wird vorläufig noch mit den Wartelisten des »Trabbi« hingehalten. Diese Automobilisierung auch der mittleren und unteren Schichten in den europäischen Nachkriegsgesellschaften trägt wesentlich auch zu ihrer sozialen und kulturellen Integration bei. Sozialer Fortschritt scheint sich eben auch in der Lackkarosserie widerzuspiegeln, die für Eigentum und Mobilität steht, auch für eine Egalität auf den Straßen wie eine Individualität der Lebensstile, denn im Blick auf Autofarbe wie Fahrtgeschwindigkeit scheint man(n) nunmehr klassenlos frei. Offenbar bestätigt der Grad der Automobilisierung in den Augen des Publikums jene optimistischen Deutungen, die daran Aufstiegschancen, Selbstbestimmungsmöglichkeiten und Modernität der Gesellschaft insgesamt ablesen wollen. In einer Hinsicht wohl nicht zu Unrecht: Auch Frauen werden nun am Steuer geduldet, damit scheint die Epoche dieser männlichen Herrschaft über den Raum endgültig beendet. Bereits 1971 werden in Deutschland erstmals mehr Führerscheinprüfungen erfolgreich von Frauen absolviert als von Männern. Und die Modevehikel der 1970er Jahre wie Moped und Motorrad, Motorola und Vespa verweisen nachdrücklich auch auf die räumliche Mobilwerdung der Jugendkulturen – ein kulturgeschichtlich gravierender Einschnitt in die Generationsverhältnisse, denn insbesondere die jugendliche Freizeit entzieht sich nun räumlich wie symbolisch dem Seh- und Kontrollfeld der Eltern.

Statistisch schlägt sich diese Automobilisierung der Gesellschaft auch darin nieder, dass von 1960 bis 1970 die Zahl der beförderten Personen im europäischen Schienenverkehr drastisch zurückgeht – in Deutschland um ein volles Drittel –, besonders im Nahverkehr. Aber auch im Blick auf die Fernreise wird der Pkw zur Alternative, denn nun spielen Fragen von Kostenvergleich, Reisezeit und Komfort eine zentrale Rolle. Dabei wird das Auto schon damals schöngerechnet, um das eigentliche Motiv dahinter verbergen zu können: unterwegs zu Hause zu sein. Andererseits hat diese Zunahme des Autoverkehrs nun endgültig nachhaltige Folgen für die Gestaltung der Landschaft wie des städtischen Raumes. Der Ausbau automobiler Infrastruktur in Gestalt von Straßen und Tunnels, von Ampeln und Parkplätzen, von Tankstellen und Autohäusern, von Tiefgaragen und Parkhäusern sowie die Einführung von Parkscheiben und Parkuhren seit den 1960er Jahren schlägt sich nicht nur in dramatisch veränderten städtebaulichen Konzepten nieder, sondern auch in neuen sozialen Ordnungen des öffentlichen wie des privaten Raumes. In Verkehrsregeln und Zebrastreifen, in Ampelschaltungen und Fahrbahnbreiten drücken sich letztlich gesellschaftliche Diskurse darüber aus, wer wo Vorfahrt haben soll im sozialen Raum.

Angesichts von Energiekrise und entstehendem Öko-Bewusstsein scheint der Individualverkehr in den 1970er Jahren dann in die Defensive zu geraten – zunächst in Deutschland und in Skandinavien. Zumindest ist die Automatik jenes Mehr und Schneller des Verkehrs ins Wanken geraten. Städte werden als zu hektisch, zu laut, zu abgasgesättigt erlebt, und Energie wird zu etwas Begrenztem, Kostbarem. Fast scheint es, als ob Raum und Zeit nun vor der industriellen Technik gerettet werden müssten, nachdem man fast 200 Jahre lang geglaubt hatte, dass die raum-zeitliche Endlosigkeit sich nur mittels dieser Technik überhaupt werde beherrschen lassen.

Dieses Umdenken vollzieht sich natürlich auch in ästhetischen Begriffen. Und es liegt nahe, in dieser Hinsicht wenigstens einen kurzen Vergleich zwischen dem Abklingen der Industrialisierungseuphorie gegen Ende des 19. Jahrhunderts und dem Abklingen der Automobileuphorie am Ende des 20. Jahrhunderts anzustellen.

Denn die Symbolik ähnelt sich: Wie die Stadtbewohner vor 150 Jahren, die aus rauchenden Schornsteinen meinten Arbeitsplatzsicherheit ablesen zu können, und die Fabrikbesitzer, die sich stolz mit diesen Fabrikschornsteinen im Hintergrund porträtieren ließen, waren die Autoabgase in den ersten Nachkriegsjahrzehnten offenbar eine gleichsam olfaktorische Bestätigung gesellschaftlicher Prosperität und Fortschrittlichkeit. Das Hören und Riechen des Fortschritts scheint auch hier eine ganz wesentliche Rolle gespielt zu haben. Dann jedoch schlägt diese herbe Sinnlichkeit in ihr Gegenteil um: Dampf, Maschinenton und Abgasgerüche verlieren ihre Konnotation des positiven Duftes und Sounds »der Moderne«. Als Schattenseite des Fortschritts drohen sie nun den Menschen und seine Umwelt buchstäblich zu ersticken. Hier trennen sich freilich symbolische Bedeutungen und gesellschaftliche Wege: Während die Fabrik ästhetisch dem Verschwinden anheim gegeben wird, entweder dem Abriss oder der sozialen Umnutzung als Loft, die Autos werden zwar auch sauberer und leiser – aber dennoch immer mehr.

Trotz Arbeits- und Güterverkehr verkörpert die Urlaubsreise das zentrale Erlebnis der neuen Mobilität. Dabei ist erstaunlich, wie rasch der Tourismus nach dem Krieg in Deutschland wieder beginnt. Schon 1948 werden organisierte Urlaubsreisen per Bahn angeboten, und ein Jahr später zählt der bayerische Ort Ruhpolding bereits wieder 7000 Gäste. Allerdings brauchen die ersten Sonderzüge von Hamburg dorthin noch 23 Stunden, denn die Bahn hat das Vorkriegstempo noch längst nicht wiedergewonnen.[177] 1962 kommt bereits das Spitzenjahr des Bahntourismus überhaupt: 835 000 Deutsche fahren mit dem Zug in den Urlaub.

Exklusiver bleibt es noch in der Luft. Allerdings sind die Reisezeiten im Flugzeug noch vergleichsweise lang. Die ersten 1956 von Deutschland aus angebotenen Flugreisen nach Teneriffa dauern beispielsweise noch 44 Stunden, weil allein sechs Zwischenlandungen erforderlich sind. Immerhin ist das Fliegen dadurch noch abwechslungsreich. Denn als dann auch transatlantische Flüge technisch möglich werden, haben sie mit dem umgekehrten Problem zu kämpfen: mit der geringen Abwechslung und der Langeweile durch die langsamen Perspektivwechsel über dem Atlantik.

1971 zählt man in Deutschland bereits zwei und 1981 dann schon 44 Millionen Flugpassagiere. Dazu hat auch der Anbruch des Düsenzeitalters seinen Teil beigetragen. Am 2. 5. 1952 startet vom Londoner Flughafen Heathrow mit der »Comet 1« das erste zivile Düsenflugzeug der Welt mit 36 Passagieren an Bord. In der Folge wird die Reisezeit von London nach Johannesburg bei einer Spitzengeschwindigkeit von 840 Stundenkilometern auf 23 Stunden verkürzt, die nach Tokio von dreieinhalb Tagen auf 33 Stunden. Schwere Unfälle dokumentieren freilich auch, dass die Probleme der neuen Flugtechnologie noch keineswegs gelöst sind.

Für diese neue Reiselust und Mobilität steht natürlich auch die Entwicklung der »Freizeitgesellschaft« seit dem Ende der 1960er Jahre Pate. In den meisten westeuropäischen Gesellschaften hält ab 1965 die 40-Stunden-Woche als Normalarbeitszeit Einzug, so dass wöchentlich wie jährlich große Freizeit- und Urlaubskontingente entstehen. Allerdings muss diese »Freizeitgesellschaft« in der Tat in Anführungszeichen gesetzt bleiben, weil die Verringerung der Arbeitszeit keineswegs automatisch zu einer Zunahme der wirklich frei verfügbaren Lebenszeit führt. Der tatsächliche Freizeitgewinn ist sehr unterschiedlich verteilt zwischen den sozialen Gruppen wie zwischen Männern und Frauen, und auch die daraus resultierenden Reproduktionsmuster bleiben sehr unterschiedlich.

Gemeinsam scheint jedoch die Tendenz, den Status der Freizeit expressiv auszuleben: Die demonstrative Selbstinszenierung als Freizeit- und Urlaubsmensch zieht sich durch Lebens- und Kulturstile aller Klassen und Geschlechter, und der moderne Massentourismus nutzt nun die Möglichkeiten, das Inland, vor allem aber auch das nahe Ausland kennen zu lernen. Auch für die mittleren Einkommensgruppen in Deutschland und England, in Schweden und den Niederlanden werden die berg- und seenahen Regionen Italiens, Österreichs, Jugoslawiens oder Frankreichs zur vertrauten Urlaubskulisse. Noch ist der transatlantische Ferntourismus zumeist den Privilegierten vorbehalten, dennoch wird die Welt jetzt bereits kleiner durch den massenhaften touristischen Abbau kultureller Schwellen und Schranken.

Daran ist vor allem der Pauschaltourismus intensiv beteiligt als ein doppeltes Erlebnispaket aus kalkulierbarem Preis plus kalkulierbarer Fremde. In der Regel ist er kein Ländertourismus, sondern eher eine Art Ortstourismus. Er führt die Reisenden meist nur an einen Ort eines anderen Landes, meidet also die Weite des Raumes im Sinne von Erfahrung und Fremdheit und bietet eher Sicherheit und Vertrautheit durch das kleine und kontrollierte Abenteuer. Die Zimmer und Betten sind wie zu Hause, das Essen und ein wöchentlicher Ausflug stehen für das Abenteuer, der Kaffee am Morgen ist eine Katastrophe. Und seitdem es ihn so massenhaft gibt, ist dieser Typus des Pauschaltouristen auch ein Balken im Auge jedes (deutschen) Kulturkritikers, weil diese Spezies nicht nur völlig unsensibel im Ausland aufzutreten, sondern zudem jeder Fremde noch das »Fremde« zu nehmen scheint, sobald er mit seinem Badehandtuch erst einmal an Land gegangen ist. Dies zeugt freilich auch von kultureller Arroganz, weil geflissentlich übersehen wird, dass gerade diese kleinbürgerliche Weltläufigkeit des Pauschal- und Bustourismus längst auch eigene Wissensformen vom »Anderen« und »Fremden« entwickelt. Wissensformen, die mit dem eigenen und dem anderen Alltag oft schonender umgehen als manche Intellektuellen mit ihrer Suche nach dem Echten und Romantischen, das vom Rotwein bis zum Fischerdorf dann auch seinen echten Preis hat.

Jedenfalls werden Mobilität und Welterfahrung nun kulturelle Leitwerte, die auch in der gesellschaftlichen Breite wirken und den Urlaub damit verändern. Wenn es wichtig ist, »etwas von der Welt« gesehen zu haben, und wenn es den sozialen Status hebt, souverän davon erzählen zu können, wie man sich in der Fremde selbst gefunden hat, dann sind die simplen Modelle der Erholung, der Sommerfrische, des Bildungsurlaubs dafür nicht mehr hinreichend. Dann muss Neues entworfen, erlebt und erzählt werden. Mit Safaris und Abenteuerurlauben hält der Stress Einzug in die Urlaubswelten: Die Erlebnissucht wird zum fast hysterischen Bedürfnis.

Zugleich ist nicht zu vergessen, was die Teilung Europas durch den »Eisernen Vorhang« für die gesellschaftlichen Wahrnehmungshorizonte bedeutet. Nachdem sich über fast anderthalb Jahrhunderte gerade der europäische Raum zu öffnen und damit enger zu werden schien, weil man in ihm immer häufiger, immer schneller und überall unterwegs sein konnte, schließt sich in der

Nachkriegszeit nun der gesamte osteuropäische Raum selbst ab. Austausch durch Reisen und Literatur, durch Massenkultur und Wissenschaft findet kaum mehr statt. Hinter Stacheldraht und Grenze entfernt sich der Raum vielmehr, er wird fremder, freilich nicht etwa geheimnisvoller und lockender, sondern feindselig und beängstigend.

Vielleicht verursacht gerade dies auch eine Gegenreaktion. Nach den Verlusterfahrungen der Kriegsjahre und der Nachkriegszeit, nach Flucht und Vertreibung, nach Kaltem Krieg und Eisernem Vorhang wird das Versichernde des Lokalen und Regionalen keineswegs nur in Deutschland wiederentdeckt. Hier rollt jedoch bereits in den 1950er Jahren eine Heimatwelle an, die sich in Heimatfilmen und Heimatgedichten, in Heimatvereinen und Heimatfesten niederschlägt. Anstöße dazu liefern die Versuche der Heimatvertriebenen und Flüchtlinge, sich nach den ersten Ankunfts- und Orientierungsjahren eigene »Erinnerungsorte« ihrer Lebensgeschichten und kulturellen Traditionen zu schaffen. Als solche Erinnerungsorte wirken Vertriebenentreffen und Landsmannschaften, lokale Vereine und Feste, und das scheint wiederum manche »Einheimischen« zur symbolischen Gegenoffensive zu ermuntern. Aber natürlich spielt auch die beginnende Nachkriegsmoderne dabei eine wesentliche Rolle, die über Kino, Schlager und Fernsehen die regionale Kultur zu vergessen scheint. Dagegen blüht die Szenerie der Dorf- und Lokalfeste nun auf, in der Bundesrepublik in wesentlich höherem Maße als in der DDR, wo alle Bestrebungen zur Pflege einer Vertriebenentradition unterbunden und lokale Kulturinitiativen auch nicht besonders geschätzt werden.

In den 1970er Jahren wird dann diese westdeutsche Heimatkultur kritisch inspiziert. Man fragt nach dem sozialen Horizont solchen lokal-regionalen Denkens, auch nach seiner Verwurzelung im deutschen Nationalsozialismus und schlägt eine »Emanzipation« dieser Bilder von ihren problematischen geschichtlichen Erbschaften vor: Heimat nicht als die verhockte Idylle der Eingeborenen und Angestammten, sondern als eine offene Welt, die all denen Beheimatung gewährt, die sich in ihr engagieren. Diese Idee bleibt vielfach Utopie, aber sie führt doch zu bewussten Auseinandersetzungen mit der NS-Geschichte wie mit lokalborniertem Denken, die »bleierne« deutsche Zeiten beenden helfen. Vor dem Hintergrund des Holocaust und in der Gegenwart von Migration und Multikultur verändert sich deutsche Gesellschaft zweifellos nachhaltig.

Technik- und Medienwelten

In dieser Nachkriegsmoderne wachsen damit auch Kulturkritik und Technikskepsis. Insbesondere Theodor W. Adornos Technikschelte wird aufmerksam wahrgenommen: »Die Technisierung macht einstweilen die Gesten präzis und roh und damit die Menschen. Sie treibt aus den Gebärden alles Zögern aus, allen Bedacht, alle Gesittung. Sie unterstellt sie den unversöhnlichen, gleichsam geschichtslosen Anforderungen der Dinge. So wird etwa verlernt, leise, behutsam und doch fest eine Tür zu schließen. Die von Autos und Frigidaires muß man zuwerfen, andere haben die Tendenz von selber einzuschnappen. [...] Und welchen Chauffierenden hätten nicht schon die Kräfte seines Motors in Versuchung geführt, das Ungeziefer der Straße, Passanten, Kinder und Radfahrer, zuschanden zu fahren?«[178]

Da wird Technik fast dämonisiert, um Nachdenken zu provozieren. Die Kulturkritik fügt dem noch die Warnung vor einer »Amerikanisierung« des Lebensstils hinzu, die Tradition, Gehalt und Eigenart der europäischen Kulturen verdrängen werde. »Was Amerika zu bieten hat: Komfort, die beste Installation der Welt, ready for use, die Welt als amerikanisiertes Vakuum, wo sie hinkommen, alles wird Highway, die Welt als Plakat-Wand zu beiden Seiten, ihre Städte, die keine sind, Illumination, am andern Morgen sieht man die leeren Gerüste, Klimbim, infantil, Reklame für Optimismus, alles Neon-Tapete vor der Nacht und vor dem Tod«, lässt Max Frisch seinen Homo faber sinnieren.[179] Dem behagt das Werbe- und Warenförmige der amerikanischen Produkt- und Medienkulturen nicht, auch die unübersehbare Beschleunigung des Lebens in seinen Alltagsroutinen. Instant-Kaffee und Coca-Cola-Automat, Werbeclip und Telefonitis treten als transatlantische

Importe auf, die zunehmend auch das soziale und private Leben rationalisieren. Doch spricht der Homo faber natürlich als geschmäcklerischer Intellektueller. Anderen erscheint dieser »American Way« als ein Modernisierungspfad, der die neue technisch-mediale Welt nunmehr allen zugänglich und erschwinglich macht. Sie sehen in einer gewissen Vereinheitlichung von Konsummustern und Freizeitformen durchaus auch das »demokratisierende« Wirken der Nachkriegsmoderne.

Einerseits Hektik und Tempo, andererseits Statik und Warten: Diese Ambivalenz im Umgang mit Zeit wird zum Charakteristikum dieser Massenkultur. Denn Technik bedeutet nicht nur Zeitersparnis, sondern auch die Produktion neuer Wartezeit. Wie die Zeit in der Schlange, in der Menschen etwas gleichzeitig wollen, was nur nacheinander erreichbar ist: Tickets für das Fußballspiel, Waren aus dem Supermarkt, Platz in Bussen und U-Bahnen, freie Fahrt mit dem Auto in den Urlaub oder auch Karten für Oper oder Ballett, die als »hohe Kultur« auch längst Massenphänomen sind. Wie bestimmte Gesellschaften mit diesen kollektiven Wartesituationen umgehen, scheint für Mentalitätsstudien nun besonders aufschlussreich: »Die Briten beispielsweise sind sehr stolz auf die Ordnung, die in ihren Schlangen herrscht. Die Israelis dagegen weigern sich hartnäckig, richtige Schlangen zu bilden. Doch als Leon Mann Israelis an Bushaltestellen beobachtete, stellte er fest, daß sie versteckte Regeln entwickelt hatten, so daß die Fahrgäste den Bus fast immer genau in der Reihenfolge ihres Eintreffens an der Haltestelle bestiegen.«[180]

Insbesondere die Zeitbudget-Forschung versucht, solchen sich verändernden Formen sozialer Zeitnutzung auf die Spur zu kommen. Zum einen geht es dabei um die Zeitroutinen und Alltagsschemata unterschiedlicher sozialer Gruppen wie Generationen, zum anderen wird nach nationalen Zeitkulturen gefragt, also nach übergreifenden Ordnungssystemen, in denen historische und zivilisatorische Prozesse ihre Spuren hinterlassen haben. Die bisherigen Befunde bestätigen die Vermutung, dass solche Zeitkulturen als symbolische Ordnungen in den Gesellschaften vorhanden sind und in deren Lebenswelten hineinwirken, um dort Gemeinschaft wie Distinktion, Identität wie Differenz zu bekräftigen.[181]

Zeit und Raum werden nun aber vor allem auch medial übermittelt und erfahren. Insofern sind Kino und Fernsehen für die Bild- und Vorstellungswelten der europäischen Nachkriegsgesellschaften von ganz entscheidender Bedeutung. Einerseits kann hier an eigene nationale Traditionen angeknüpft werden, wobei vor allem in Frankreich und Italien nun die Filmproduktionen des Neorealismus die politische Auseinandersetzung mit der Vergangenheit nachhaltig beeinflussen. Namen wie René Clair, Jean Renoir, Vittorio de Sica oder Roberto Rossellini stehen nicht nur für gute Unterhaltung, sondern zugleich für ein filmisches Nachdenken über Gesellschaft. In Westdeutschland setzt sich eher die ideologische Tradition der Ufa-Politik und -Ästhetik fort, nur wenige »Trümmerfilme« versuchen einen nachdenklicheren Gegenkurs einzuschlagen. Die DEFA der DDR wiederum orientiert sich an der sowjetischen Filmkultur mit ihrer ebenfalls ideologiegesättigten Weltsicht. Andererseits gelingt in den ersten Nachkriegsjahren der amerikanischen Filmproduktion nun endgültig der Einbruch in den europäischen Film- und Bildermarkt. Hollywood wird zum Synonym einer weltumfassenden Bilderindustrie, die ihre schlichten Idole und Ideale in hübscher Verpackung präsentiert. Mit dem amerikanischen Western oder dem Abenteuerfilm werden dabei auch neue ästhetische Raumperspektiven in europäische Seh- und Wahrnehmungsgewohnheiten integriert. So setzen sich die Westernlandschaft, die endlose Eisenbahntrasse und die abenteuerliche Amazonasfahrt via Hollywood als feste Topoi in europäischen Köpfen fest, werden dort zu typischen Landschaftsmodellen, in denen wiederum spezifische Semantiken und Erinnerungen gespeichert sind: Träume und Erinnerungen, Gefühle und Idole. Der klassische europäische Raum der Malerei, der Fotografie und des Vorkriegskinos erweitert und verändert sich unter dem Einfluss von Hollywood auch dadurch zum Welt-Raum, dass von Dublin bis Moskau ein inzwischen immer größerer Kanon an gemeinsamen Bildern verfügbar wird.

Noch stärker integrierend und homogenisierend als das Kino wirkt dann das Fernsehen, weil es näher am empirischen Alltag steht und unmittelbar in ihm konsumiert wird. Fast überall in Europa startet das »TV« freilich nicht mit Alltäglichem, sondern im Gegenteil mit der Übertragung von besonderen nationalen wie internationalen Ereignissen. In Deutschland beispielsweise beginnt das Fernsehzeitalter mit Probesendungen anlässlich der Olympiade von 1936 und wird dann zur Krönung von Königin Elisabeth II. im Jahr 1953 bzw. zur Fußballweltmeisterschaft in der Schweiz 1954 offiziell eröffnet. Dabei dauert die technische Inkubationsphase des Fernsehens erheblich länger als beim Radio, weil erst die Einführung elektronischer Aufnahmeverfahren die neue Technik beherrschbar und bezahlbar macht. Dann jedoch vollzieht sich die Entwicklung rasant: Bis 1970 sind drei Viertel aller deutschen Haushalte an das Fernsehnetz angeschlossen. Ähnlich verhält es sich in den europäischen Nachbarländern, wobei in Osteuropa auch die Fernsehuhren etwas langsamer gehen.

In seiner zeitlichen wie räumlichen Gestalt ist das Fernsehen damit zum wichtigsten Massenbedürfnis geworden. Selbst noch im kleinsten Zimmer wird »die Glotze« untergebracht, und sie genießt mehr Aufmerksamkeit und Zuwendung als die meisten Familienmitglieder oder Haustiere. Sie vermittelt das Gefühl, die Welt nun endgültig daheim zu Gast zu haben, dabei sein und mitreden zu können. Dabei entwickelt sich der Fernsehkonsum zunächst durchaus in kommunikativen Formen, da man bis in die 1960er Jahre hinein vielfach noch den kollektiven Fernsehabend beim Nachbarn oder in der Gaststätte pflegt. Erst dann setzen sich in der Fernsehkultur Privatisierung und Individualisierung endgültig und dramatisch durch: Während das Fernsehgerät in die Haushalte einzieht, geht die Zahl der Kinobesuche in Deutschland von 800 Millionen im Jahr 1956 auf 160 Millionen im Jahr 1970 zurück.[182] Damit verliert das Film- und Kinoerlebnis wieder einen Teil seines Einflusses auf die Gestaltung kollektiver Bilder und Gefühle. Zugleich verspricht das Fernsehen den Anschluss an die große Welt, also die informationstechnische Teilhabe an einem Geschehen, das bislang in räumlicher wie zeitlicher Distanz geblieben war und das nun immer näher rückt. Die Welt scheint neue Authentizität zu gewinnen, weil Geschehen und Erfahren offenbar zusammenzufallen: Die Live-Übertragung zeigt uns, was passiert, während es passiert.

So prägt das Fernsehen Wahrnehmungen und Erfahrungen über gemeinsam »erlebte« Bilder. Und da sich der tägliche Fernsehkonsum des Durchschnittseuropäers bald auf ein Zeitvolumen zwischen ein und zwei Stunden einpendelt, ist der dadurch entstehende kulturelle Vereinheitlichungseffekt in der Tat dramatisch. Zwar sehen nicht alle dasselbe und nicht alle sehen es gleich, aber die Stoffe, Bilder und Rezeptionsweisen beginnen sich doch anzunähern. »Dallas« nimmt sich in Madrid trotz all der Unterschiede nationaler Mentalitäten und Synchronisationen wohl doch nicht so viel anders aus als in London oder Berlin.

Gerade die durch Krieg, Vertreibung und Fluchterfahrung so beispiellos zerrissen und heterogen gewordene deutsche Nachkriegsgesellschaft wird durch das neue Medium neu »vergemeinschaftet« – ideologisch wie symbolisch wie ästhetisch. Es sind dieselben Bilder, dieselben kulturellen Codierungen und dieselben Interpretationen von Wirklichkeit, die von ihm nun medial an alle vermittelt werden. Etwas noch nie da Gewesenes geschieht: Millionen von Menschen sehen zur selben Zeit dieselben Bilder – gleichgültig, ob Filmszenen, Sportübertragungen oder Nachrichten. Wie Kino und Radio zuvor, aber auf eine noch viel intensivere Weise als sie, wird das Fernsehen so zum großen Weltbild-Lieferanten. Namentlich die »Straßenfeger« der 1970er Jahre schaffen neue imaginäre Gemeinschaften, wenn alle am Samstagabend die Shows von Lou van Burg oder die Kriminalfilme von Francis Durbridge sehen. Es ist eine Vergemeinschaftung im großen nationalen Konsens, gerade auch durch Sport- und Politikerfolge. Weil das Fernsehen jedoch so idol- und gemeinschaftsbildend wirkt, indem es auch zu allem und jedem Kommentare und Haltungen abverlangt, produziert es umgekehrt und zugleich beständig auch neuen Dissens. Es spaltet also auch – nicht unbedingt in den Schicksalsfragen der Nation, sondern in ihren Lebensstil- und Geschmacksfragen, die durch das Fernsehen gleichwohl oft zu Schicksalsfragen stilisiert werden. Vergemeinschaftungs- und Vergesellschaftungseffekte bedingen und ergänzen sich also medial.

Auto, Fernsehen und Telefon sind zu Anfang der 1970er Jahre in mehr als 50 Prozent der deutschen Haushalte vorhanden. Auffällig dabei ist, dass sich in den Arbeiterhaushalten der Pkw als große Investition sehr viel rascher verbreitet hat als das vergleichsweise billige Telefon. Der soziale und kulturelle Nutzen technischer

Neuerungen spielt also bei der Anschaffung offenbar eine entscheidende Rolle, und er wird sehr unterschiedlich beurteilt, abhängig von spezifischen Mobilitäts- und Kommunikationspraxen, von sozial unterschiedlichen Beziehungs- und Prestigestrategien.

Der kanadische Wissenschaftler Marshall McLuhan resümiert diese technisch-zivilisatorische Entwicklung so: »In den Jahrhunderten der Mechanisierung hatten wir unseren Körper in den Raum hinaus ausgeweitet. Heute, nach mehr als einem Jahrhundert der Technik der Elektrizität, haben wir sogar das Zentralnervensystem zu einem weltumspannenden Netz ausgeweitet und damit, soweit es unseren Planeten betrifft, Raum und Zeit aufgehoben.«[183] Dabei vollzieht sich diese Aufhebung von Raum und Zeit vor allem auch gedanklich und imaginativ. So beginnt die Science-Fiction-Welt nun ein Massenpublikum zu erreichen. Zuvor bei den Nazis verboten, entsteht auch in Deutschland ein eigenes trivialliterarisches Genre, das durch Übersetzungen aus dem Amerikanischen ergänzt wird. Angeregt durch die neue mediale Übermittlung der Welt, aber auch durch das Projekt Raumfahrt, das im Wettlauf der beiden Supermächte nun energisch betrieben wird, entwickelt sich daraus eine reale wie imaginäre Ost-West-Konkurrenz im Kampf um die Herrschaft am Himmel. Astronaut oder Kosmonaut: Das teilt nicht nur den Weltraum, sondern auch die Welt. Dabei haben zunächst die sowjetischen Kosmonauten die Nase vorn, denn 1957 wird der unbemannte Sputnik 1 als erster Raumflugkörper in seine Umlaufbahn geschossen und 1961 umkreist Gagarin als erster Mensch die Erde. 1969 dann betritt der US-Amerikaner Armstrong als Erster den Mond, bevor 1971 wiederum die Sowjetunion die erste Raumstation einrichtet.

Die Wirklichkeit hat damit die alten Utopien vom Sphärenflug eingeholt. Der Raum explodiert als Weltraum, und er schrumpft zugleich als Flugraum. Doch weil in diesen Utopien der Weltraum eigentlich bereits durch den Menschen angeeignet schien, ist das tatsächliche Ereignis für die Zeitgenossen nun offenbar weniger sensationell und weniger dramatisch als erwartet. Denn alle wussten schon längst: Der Raumflug wird kommen! Und alle kannten schon längst Bilder davon, bevor es ihn wirklich gab. Kino- und

Fernsehfilme waren in ihren Weltraumsimulationen oft gar nicht so weit entfernt gewesen von der Wirklichkeit der Raumfahrt.

Utopien und Fantasien waren und sind zugleich jedoch immer auch eine spezifische Form des »Wissens von der Welt«. Eines Wissens, das die Welt in eins und nach vorn denken will, das unzufrieden ist mit der Gegenwart und ihrer Genügsamkeit, das den Menschen und seine Welt daher immer wieder neu »erschaffen« will. Siegfried Giedion hatte dazu bereits am Ende des Zweiten Weltkriegs vorausschauend geschrieben: »Der Typ des Menschen, den unsere Zeit braucht, ist ein Mensch, der das verlorene Gleichgewicht zwischen innerer und äußerer Realität wieder finden kann. Dieses Gleichgewicht kann nie statisch sein. Wie die Realität selbst ist es ununterbrochenen Schwankungen unterworfen. Eine Art schwebenden Gleichgewichts ist in dieser Beziehung zu erreichen, etwa wie jenes Seiltänzers, der durch kleine Anpassungen eine Balance zwischen Existenz und Nichts herstellt.«[184] Sein Seiltänzer könnte bereits eine Figur der sich nun ankündigenden Spätmoderne sein – auf einem schmalen Seil über dem Nichts, doch (noch?) im Gleichgewicht.

Lokale Globalität: Jenseits von Zeit und Raum?

Wer heute von Zeit- und Raumperspektiven redet, tut dies längst in der Sprache des Globalisierungsdiskurses. Denn beschrieben wird ein vermeintlich irreversibler Prozess der Auflösung von Welthorizonten, von gewohnten Systemen der Information wie der Wahrnehmung, von gewohnten zeitlichen und räumlichen Ordnungen des Lebens, von gewachsenen sozialen Bezügen und Bindungen. Wieder werden Zeit- und Raummetaphern benutzt, um einen bruchhaften und dramatischen Wandel in den Gesellschaften zu umschreiben. Der »Zeitpfeil« des Fortschritts sei zerbrochen, »Territorialität« im aufbrechenden Raum nicht mehr möglich, das nationalgesellschaftliche Kategoriensystem der sozialen Welt endgültig obsolet, eine dauerhafte Verortung unserer Identität nur mehr rückwärts gewandte Utopie.[185]

Manche Diagnostiker datieren diesen Bruch auf die frühen 1970er Jahre, als ein weltweiter »sea-change«, also ein springflutartiger Wandel in den ökonomisch-politischen wie den kulturellen Beziehungen eingetreten sei. Damit habe ein neues Stadium des postindustriellen Kapitalismus begonnen mit neuen globalen Formen vor allem auch der technologischen wie der kulturellen »Zeit-Raum-Kompression«: Durch Geschwindigkeit sei dabei das integrierte Prinzip von Entfernung und Dauer außer Kraft gesetzt. Nicht erst heute, sondern bereits in Technologieschüben vergangener Epochen, heute jedoch besonders radikal und dramatisch, weil die neuen Reise- und Kommunikationsgeschwindigkeiten den globalen Raum völlig verfügbar machten. Und dies eben nicht nur in technischer, sondern nun auch in ökonomischer sowie kultureller Hinsicht, denn für Internetgeschwindigkeit und Satellitenkommunikation bleibt es sich zeit- wie kostenmäßig fast gleich, ob sie über 10 oder 10 000 Kilometer Entfernung stattfinden.

Raum und Distanz erscheinen als kein wirkliches Hindernis mehr: Diese Erkenntnis bestimmt mittlerweile kapitalistische Operationslogiken wie kulturelle Konsumentenhorizonte.[186] Andere Diagnosen bleiben in dieser Hinsicht eher vage. Jedenfalls sei die Zeit lokaler Welten nun endgültig vorbei, und damit auch die Zeit der Ideologisierung und Mystifizierung jenes Heimatlichen, in dem sich Erinnerungen und Gefühle ihr behagliches »Memotop« schaffen konnten. In einer Welt, in der sich die menschlichen Existenzformen entlokalisierten, in der die globalen Migration die Unterschiede einander weltweit konfrontiere, in der auch durch die globalen Medien nicht mehr der nötige, weil identitätsstiftende Abstand zwischen den Lebenswelten und Kulturen einzuhalten sei, verliere die »Droge Heimat« endgültig ihre Wirkung. Daher sei die Erfahrung von Auflösung und Vermischung zwangsläufig die zutiefst verwirrende »condition postmoderne«.

Der englische Soziologe Anthony Giddens versucht, solche »Konsequenzen der Moderne« systematisch in die Gesellschaftshorizonte einzuzeichnen. Einerseits geht er dabei von einer Neuordnung der Erfahrungswelten in veränderten Raum-Zeit-Zonen aus, andererseits von einer »Entbettung« der herkömmlichen sozialen Beziehungen, die kulturell neu geformt werden müssen und in deren Neugestaltung auch die neue Reflexivität des gesellschaftlichen Wissens eingeht. Für ihn haben sich also die äußeren, die ökonomischen und materiellen Bedingungen der gesellschaftlichen Produktion von Wahrnehmung und Erkenntnis substanziell verändert, zugleich aber auch deren innere Möglichkeiten, also die kognitiven wie die sinnlichen Modalitäten unseres Begreifens von »Welt«. Im Zusammenwirken beider Konsequenzen sieht Giddens damit ein soziales Raum- und Wertevakuum entstehen, in dem wesentliche geografisch wie historisch, sozial wie moralisch versichernde Horizonte fehlen. Er setzt daher auf zivilgesellschaftliche Konzepte der Wiedergewinnung von Identität in Raum und Zeit, die »posttraditional« beschaffen sein müssen, um jenseits der eng nationalstaatlich und fortschrittsideologisch geprägten Ordnungen der Ersten Moderne dem Einzelnen wie den sozialen Gruppen künftig neue Reflexivität abzuverlangen, aber auch »aktives Vertrauen« zu ermöglichen.[187] Andere Autoren haben diese integrative Perspektive längst aufgegeben und sprechen in kulturpessimistischem Gestus von Auflösung, Zerstörung, Vernichtung aller überlieferten und gedachten Ordnungen, von einer unentrinnbaren Globalisierungsfalle.[188]

An solchen Befunden zur Zeit-Raum-Kompression in der Postmoderne leuchtet gewiss vieles ein, manches erscheint freilich auch als sehr spekulativ. Zwar bewegen sich große Teile der Weltbevölkerung im Rahmen von Migration, von temporärer beruflicher Mobilität oder von Reisen durch ihr Land wie durch die Welt; aber die gesellschaftlichen Mehrheiten bleiben nach wie vor recht ortsfest. Zwar telefoniert jeder Europäer heute täglich im Schnitt zwischen 20 und 90 Minuten – mit Spitzenwerten in Schweden –, hat also täglich potenziell tatsächlich die Welt »am Draht«, eine integrierte Ferne; aber die meisten Telefoneinheiten werden dennoch im engeren lokalen oder regionalen Raum verbraucht. Zwar wird das Verkehrs- und Reisetempo in seiner Spitze immer schneller; aber das nützt aufs Ganze gesehen wenig, wenn man zuvor im Autobahnstau zum Flughafen oder unterwegs im stickigen Warteraum die vermeintlich gewonnene Zeit wieder verliert. Zwar bilden sich weltweite Lebensstilströmungen und -gruppen heraus, die sich unter bestimmten Werte-, Mode- oder Musiklabels versammelt und vergemeinschaftet fühlen; aber diese Versammlungen finden physisch doch nur recht selten statt. Zwar wurde das meiste Geld mit den neuen Technologien vorübergehend scheinbar außerhalb von Zeit und Raum verdient (falls der klassische Aktienhandel noch solche Geld-Zeit-Räume verkörpern kann); aber »dort draußen« wurde es auch am schnellsten wieder verloren.

Deutlich ist jedenfalls, dass sich wohl nicht das Feuilleton, sondern die Wissenschaft ausgesprochen schwer damit tut, den neuen Umgang mit Zeit und Raum in der Nachmoderne empirisch zu belegen und sinn-voll zu präsentieren. Denn verloren gegangen scheinen keineswegs die Orte generell, vielmehr ein ganz spezieller Ort: der Standort gesellschaftlicher Erfahrung wie wissenschaftlicher Diagnostik.

Nirgendwo? Migration und Mobilität

Ortlosigkeit und Grenzenlosigkeit gehören kognitiv wie kulturell in gewisser Weise zusammen, weil wir gewohnt sind, unsere Position vor Horizontgrenzen zu definieren. Inzwischen jedoch ist der Eiserne Vorhang verschwunden, »die« Grenze schlechthin. Und wir begreifen bislang weder so recht, was jene politischen Grenzen des Kalten Krieges als sinnliche Grenzerfahrung von Distanz und Dauer für unsere mentale Landkarte Europas bedeutet haben, noch was die neuen, heutigen Grenzen bedeuten wie die europäischen Migrationsgrenzen an der Oder oder in Gibraltar, die wir kaum zur Kenntnis nehmen, weil sie nicht uns betreffen, sondern »die Anderen«.

Durch die sich in den 1990er Jahren verstärkende globale Fernmigration gestalten sich die Bedingungen und Formen der Mobilität nochmals neu und unübersichtlich. Denn dabei scheinen nun ganz unterschiedliche politische, wirtschaftliche und kulturelle Migrationsmotive zu gelten wie auch ganz unterschiedliche rechtliche Bedingungen der Abwanderung und der Zuwanderung. Durch die dramatische Veränderung der internationalen Wanderungsrouten, der kulturellen Begegnungsformen und teilweise der Zielländer treffen neue soziale Partner aufeinander, die sich bislang »fremd« waren und in ihrer kulturellen Kompetenz hoffnungslos überfordert sind. Asylsuchende in Auffanglagern und auf Flughäfen, illegale Migranten und Saisonarbeiter mit Touristenvisa in den großen Städten, Rückkehrer aus ethnischen Diasporagemeinden, Green-Card-Bürger: Das beschreibt nicht mehr einfache Wanderungsbewegungen zwischen zwei Orten, nicht mehr die eher vertrauten Gruppen der Gastarbeiter oder der postkolonialen Migranten, sondern komplizierte multilokale Migrationsprozesse oft über verschiedene Länder und mehrere Kontinente hinweg.

Daraus entstehen neue Arten kultureller »Fremdheit« als Resultat aus Überforderungsgefühlen in den Einwanderungsgesellschaften wie aus Desintegrationserfahrungen bei den Einwanderern, die sich in wechselseitiger Projektion zuspitzen. Durch die Verschärfung der Einwanderungspolitik ergeben sich vielfach sogar dauerhafte Existenzen im »Transit«: Lebensformen im Unterwegs der

Großstädte, der Flüchtlingslager und Flughäfen, also an den offenen Rändern der Gesellschaft. In solchen Transiträumen kreuzen sich die Wege dieser Migranten momenthaft mit denen von ganz anders und doch ähnlich Mobilen: von wohlhabenden Kosmopoliten, die als Künstler, Manager oder Journalisten zwischen den Weltstädten und Welt-Räumen ebenfalls ständig »unterwegs« sind oder von Senioren, die sich ihren Alterssitz zu Hunderttausenden an exotischen Sonnenstränden suchen.

Wir erleben also auf eine neue und überaus verunsichernde Weise den Verlust von bislang biografisch und lebensweltlich dauerhaft fixierten Raum- und Zeit-Punkten. Stattdessen scheinen migratorische Lebensformen immer mehr zu dominieren. Vieles ist offenbar im Fluss und nur noch fragmentarisch aufzufinden, zu wenig erweist sich als sicher und stetig. Der Schriftsteller Sten Nadolny hat Momente dieser Welt-Wahrnehmung bereits 1981 in seinem Roman »Netzkarte« vorweggenommen, in dem er seinen Helden mit einer solchen Fahrkarte ruhelos durch Westdeutschland reisen lässt, ein »System des ziellosen Reisens« als Ziel seines Lebens. Ihm lösen sich die Orte auf in räumliche Fragmente, und Kultur erscheint als Funktion der Zeit: als Geschwindigkeit, als Tempo, als hektischer Prozess permanenter Selbst-Vergewisserung. Auch das Ich ist offenbar nur mehr unterwegs, auf der vergeblichen Suche nach seinem Zentrum, das nicht mehr im nahen Innen, sondern immer weiter im unerreichbaren Draußen zu liegen scheint. Umgekehrt verschwindet dort draußen das erhoffte »Fremde« im inzwischen Bekannten und Immergleichen, erstickt im längst Alltäglichen des Außerordentlichen. Die Fremde ist überall und nirgends: Das ist die banale Erfahrung unseres Reisens, die indes selbst als Enttäuschung dennoch süchtig macht.

Der französische Ethnologe Marc Augé sieht in diesem permanenten physischen wie mentalitären Unterwegssein einen Trend, in dem sich die Orts- und Heimatlosigkeit der Postmoderne besonders deutlich zu erkennen gibt. Hochgeschwindigkeitszüge, Autobahnen, Flughäfen, Shopping Malls, Tourismuszentren, Konferenzgebäude, Flüchtlingslager sind für ihn »Nicht-Orte«, die keinerlei Geschichte und Erinnerung besitzen. Es sind Passageräume der »Übermoderne«, die als Transit von einer Mobilitätsform in die

George Grosz, Ohne Titel (1920)

andere dienen: »An den Nicht-Orten in der Übermoderne gibt es stets einen speziellen Platz (im Schaufenster, auf einem Plakat, rechts von der Maschine, links der Autobahn), an denen ›Sehenswürdigkeiten‹ als solche präsentiert werden – Ananas von der Elfenbeinküste, Venedig, die Stadt der Dogen, Tanger, die Ausgrabungen in Alésia. Doch sie schaffen keine Synthese, sie integrieren nichts, sondern autorisieren lediglich für die kurze Zeit, in der man sie passiert, die Koexistenz unterschiedlicher, vergleichbarer und gegeneinander gleichgültiger Individualitäten.«[189]

Dies scheint in der Tat die »condition postmoderne«: für bestimmte soziale Gruppen gleichsam austauschbare Orte zur Verfügung zu halten, die im Raum nicht mehr durch Geschichte und Aura »existieren«, sondern nur mehr kurzfristig durch Imagination und Symbolik neu produziert und durch Nutzung wiederum konsumiert werden. Jene altbekannte Anekdote ist damit fast schon überholt, in der ein US-Bürger, unterwegs auf einer Sightseeing-Tour durch Europa und danach gefragt, ob er wisse, wo er gerade sei, mit Blick auf den Kalender und Uhr antwortet: »Mittwoch, 11 Uhr – das muss hier Neapel sein.« Zu jeder Tageszeit sind heute 500 000 Menschen gleichzeitig irgendwo im Flugzeug um den Globus unterwegs.

In diesem Reisen scheinen langfristige Störungen eines anthropologischen »Raumsinnes« angelegt: »Die ›Elf-Hauptstädte-Tour‹ durch Europa ist ein Erlebnis von ›Punkt zu Punkt‹, weil die Verbindungen zwischen diesen Punkten normalerweise unbekannt sind.« So erfahren die Reisenden nichts mehr über räumliche und geografische Zusammenhänge, denn zwischen diesen Punkten herrscht nur Leere und an den Punkten selbst dieselbe Hotelarchitektur und -gastronomie.[190] Italo Calvino klagt: »Fliegen ist das Gegenteil von Reisen: du durchquerst einen Sprung im Raumkontinuum, eine Art Loch im Raum, verschwindest im Leeren, bist eine Weile, die gleichfalls eine Art Loch in der Zeit ist, an keinem Ort, nirgends; dann tauchst du wieder auf und befindest dich in einem Dort und Dann ohne jeden Zusammenhang mit dem Wo und Wann, aus dem du verschwunden bist.«[191]

Dabei ist die Passivität der Flugzeugpassagiere eine Erlebnispassivität, wie sie in Ansätzen auch das Automobil bereits durch seine sensorische Isolation hervorgerufen hat. Nicht einmal die romantische Sicht der Eisenbahnreise gibt es mehr, wenn der ICE durch Tunnel rast, an Schallschutzwänden vorbeifliegt, in Terminals einfährt, die allesamt den einstigen Blick auf Landschaften und Städte versperren. Und diesen Effekt verstärkt noch die Architektur. Terminals, Bürogebäude, Hotels, Fußballarenen: Funktionale Gebäude werden in einer Ästhetik geschaffen, deren Modellierung und Nutzung keinen »Ort« mehr bezeugen, da jedes Wirksamwerden von Atmosphäre, Geschichte, Regionalität, Unverwechselbarkeit verhindert wird durch die aufdringliche Betonung des exklusiven Immergleichen. Rund um den Globus sind diese Nicht-Orte gerade durch ihre Nicht-Identität wiederum identifizierbar. Denn in den Flughafenlounges, in den Bürolandschaften, in der Hotellobby, im Chatroom erkennt der Weltreisende stets »seinen Ort« wieder, seine Eincheck-Daten, die ihn sein immergleiches Ticket, sein immergleiches Zimmer und seinen immerkühlen Drink wieder finden lassen.

Unterwegs sind wir heute aber ständig auch im terrestrischen Alltag. Das Projekt »sicher Rasen« etwa befindet sich auf seinem automobilen Höhepunkt. Denn mit Fahrercockpit und Air-bag, mit Computerleitsystem und einer immer komplizierteren Benutzeroberfläche von der Klimaanlage bis zum CD-Player wird nicht systematische Unfallverhinderung betrieben, sondern – mindestens theoretisch – Höchstgeschwindigkeit ermöglicht bei – ebenfalls theoretischer – Absenkung der Todesgefahr. Sicherheit bleibt der Geschwindigkeit, dem Tempo, dem Rasen deutlich untergeordnet. Immer noch ist das Auto als Fortbewegungsmittel die Regel: Über 45 Millionen Autos fahren allein in Deutschland, fast 90 Prozent der Personenkilometer in Deutschland und in den USA werden mit dem Auto zurückgelegt, in Japan nur 60 Prozent.[192]

Auch in den Städten gilt dieses Unterwegssein, wenn man etwa an den Trend zur »Suburbanisierung« der Märkte und Freizeitangebote denkt, die als »Shopping Malls« die Konsumenten nun aus den Innenstädten an die Stadtränder ziehen, oder an das weite Feld des Sports, der vor allem an den Wochenenden die städtischen Straßen- und U-Bahnen mit Aktiven wie Publikum füllt. Und dort zeigt sich gleich ein weiterer Effekt: Trotz der Rekordzahl von heute allein 27 000 Fußballvereinen in Deutschland nimmt die Bereitschaft zur festen zeitlichen Bindung in Vereinsform deutlich ab zugunsten ungebundener und spontaner Betätigungsmuster. Selbst der eingefleischte Fußballfan genießt heute die Freiheit des Raumes. Über Fanreisen, Fernsehübertragungen und Internet-Seiten der großen Vereine kann er sich »seinen« Klub jenseits aller lokalen und regionalen Begrenzungen frei wählen und sich seinen Idolen fast beliebig weit annähern. In dieser Hinsicht waren die Nachkriegsidole Fritz Walter und Uwe Seeler, deren Volksnähe immer gepriesen wurde, mit ihren lokalen Amateurexistenzen in Kaiserslautern und Hamburg viel weiter »entfernt« als die Stars der Gegenwart, die man medial »hautnah« treffen und mit denen man auch viel mehr »eigene Zeit« verbringen kann.

Unterwegs, zugleich aber auch immer »da« sind schließlich jene Berufsgruppen, die inzwischen von und in Telepräsenz leben. Künstlerische Performance und mediale Präsenz ermöglichen heute das Vorhandensein des Abwesenden, die Gleichzeitigkeit des Ungleichzeitigen. Längst scheint das Problem dabei nicht mehr die Abwesenheit, sondern eher umgekehrt die permanente Anwesenheit von medialen Akteuren, die ihre Botschaften und Lieder in Dauerschleifen auf allen Kanälen trällern und deshalb nicht einmal mehr durch energisches Zappen zum Verschwinden zu bringen sind. Umgekehrt versucht der einfache Fernsehkonsument ebenfalls, mit der Fernbedienung eine »Gleichzeitigkeit des Ungleichzeitigen« zu simulieren. Denn auch er zappt sich seine eigene visuelle Welt zusammen aus Fragmenten elektronisch verfügbar gemachter anderer Welten, verschiebt Zeiten und Räume, schafft neue temporale und konsekutive Abfolgen – ist ständig zu Hause »unterwegs«.

Alltagstexturen: Differenz und Beschleunigung

Migration wie Medien bringen das Entfernte und Fremde also materiell wie imaginär immer weiter in die Nahwelt: »die Welt bei uns zu Haus«. Und deren exotische Bilder scheinen willkommen, deren unbekannte Menschen freilich nicht. So stolz die europäische Kunst und Kultur immer auf ihre eigenen Mobilität und Offenheit war, so sehr stets soziale Bewegung und kulturelle Aufnahmebereitschaft gelobt wurden, so freudig man insbesondere auch die Welt der Anderen aufsuchte, mit missionarischem Eifer wie mit kolonialer Gewalt, so wenig gilt dies alles offenbar nun umgekehrt für die eigenständige Bewegung und Mobilität »der Anderen«. Deren Öffnung und Wanderung wird in überwiegend negativen Bildern von Einbruch und Flut gefasst, wird angstvoll als Bedrohung erlebt. Auch hier ist wie einst beim europäischen »Aufbruch in die Neue Welt« das Szenario vorgegeben: Nicht Erfahrung in der sozialen Begegnung wird gesucht, sondern Bestätigung der vorformulierten Erwartungen, entworfen in den klassischen europäischen Diskursen über das Fremde und das Eigene.

Nun jedoch verspricht die Postmoderne, dass ihr »Wir« tatsächlich stets den Plural in sich trägt, dass in ihr die Vielfalt der Welten und Wirklichkeiten, der Identitäten und Wahrheiten gelten soll. Das Eine und das Ganze gebe es nicht mehr, stattdessen die Vielen und die Anderen, die sich nicht mehr in die alten ethnisch-nationalen Räume und Erzählungen integrieren und damit auch nicht mehr dominieren lassen. Allerdings ist mit dieser Offenheit auch keine naive Vorstellung jener multikulturellen Gesellschaft mehr gemeint, die übereifrig versuchte, den Unterschied und die Vielfalt zu integrieren. Vielmehr geht es um ein neues Gesellschaftsszenario von Wir-Bildern mit eher geringer Präge- und Bindungskraft. Nicht das Gemeinsame steht im Vordergrund der darin entworfenen Identitäten und Loyalitäten, sondern eher das Trennende im Blick auf Andere: auf andere Interessen, Geschmäcker, Lebensstile, Werte. Heterogenität und Differenz erscheinen so als zentrale Leitvorstellungen sozialer Orientierung, Abgrenzung als dominante Geste der Alltagspraxis.

Damit verschieben sich gesellschaftliche Beziehungen und Bindungen von der räumlichen auf die zeitliche Ebene, als ob uns künftig nur noch kulturelle Phänomene identifizieren könnten, nicht mehr soziale Orte. Nicht mehr »wer« und »wo«, sondern »wie« du bist, erscheint als die ständig neu zu beantwortende Frage. Zum wesentlichen Charakteristikum kultureller Selbstbilder avanciert offenbar das Kontingente, Distinktive, Ambivalente. Dem Nationalen wird das Regionale entgegengestellt, dem Globalen das Lokale, der Zukunft die Geschichte, der Gesellschaft das Individuum. Hier und Jetzt und Ich zu sein, verspricht allein Authentizität. Dabei ist dieses Ich freilich nicht nur freigegeben, vielmehr ist es auch dem unmittelbaren Zugriff ökonomischer, politischer wie kultureller Markt- und Machtmechanismen preisgegeben. Raum und Zeit schützen uns längst nicht mehr gegen globales Handeln aus der Ferne, wenn ein Funksignal rund um den Globus weniger als eine Sekunde und eine »feindliche« Firmenübernahme nahezu keine Zeit und Begründung mehr benötigen.

In der Nähe stellt sich die Globalisierung ohnehin immer nachdrücklicher auf der Zeit- und Temposkala ein: Schnelligkeit ist (fast) alles. Dabei ist es nicht mehr jene »fordistische« Schnelligkeit der arbeitsteiligen Industrieproduktion, die ein Jahrhundert lang ein recht starres Schema kapitalistischer Rationalität verkörpert hatte. Nun geht es vielmehr um flexible Tempodynamiken, die bereits in sozialen Abläufen und Gruppenprozessen eingelagert sind. Um Dynamiken also, die inzwischen weit vor dem und über den Produktionsbereich hinaus auch in die anderen Sphären der alltäglichen Lebensführung eingreifen und den Handlungen dort durch Tempo und Effizienz höchste Legitimität verleihen.

Viele Symptome dieser Beschleunigung der Handlungsroutinen sind keineswegs neu: Reisen und Arbeiten, schnelles Essen und rascher Einkauf, electronic banking und Pausen-Jogging, schnelle Zigarette und »kurzer« Schnaps haben uns segmenthaft-nervöse Praktiken historisch längst antrainiert. Diese werden nun durch postforditische Wertmuster und Zeitordnungen weiterentwickelt, wobei uns das Zeitdiktat immer weniger abstrakt gegenübertritt, vielmehr integriert in Rationalitäten und Terminzwänge, in Handy- und E-Mail-Kommunikationen, in Schnittsequenzen der Werbe- und Musikvideos, also in kulturell besonders ausgestalteten Kommunikations- und Handlungsreflexen. Auch die Werte und Moden scheinen immer schneller zu verfallen und zu wechseln. Denn gerade in unserem Alltag produziert die »Wegwerfgesellschaft« eine permanente Kette kleiner Verlust- und Trennungserfahrungen, wenn wir uns der Dinge zunächst lebensstilgeleitet bemächtigen, um uns ihrer modisch und hektisch sofort wieder zu entledigen.

Diese damit verbundenen Irritationen fordern natürlich Zeittheorien heraus – erhellende wie überflüssige. Erhellend haben sie etwa Norbert Elias und Niklas Luhmann in historisch argumentierende Sozialwissenschaften eingebracht, Jacques Derrida, Jean-François Lyotard oder Gianni Vattimo in die Existenzphilosophie, Ilya Prigogine und Humberto Maturana in den Naturwissenschaften oder Richard Rorty und Norman Goodman in die postanalytische Philosophie.[193] Auf der Grundlage von deren Überlegungen wiederum werden Reaktionsmuster entworfen, die dem Einzelnen unter derartigen gesellschaftlichen Zeit-Verhältnissen noch »Überlebenschancen« zu eröffnen vermögen: Techniken etwa der selektiven Wahrnehmung, der Empathie wie Distanz oder der »übermäßigen Vereinfachung«, also selbstschützerische Kulturtechniken.

Am spektakulärsten tritt wohl Paul Virilios »dromologische« Medientheorie auf, die bereits 1977 eine medientechnologische »Ästhetik des Verschwindens« beschwor, also nichts weniger als die Auflösung und Destruktion aller herkömmlichen Zeitlichkeitskonzepte prognostizierte. Natürlich-empirisch aufgefasste Kommunikationszusammenhänge seien nicht mehr erforderlich, denn an ihre Stelle trete nun das Zeitregime der reinen Geschwindigkeit, basierend auf den Konzepten der Digitalität und Elektronik. Sensorisch seien die Menschen der Moderne damit »depraviert«, weil sie nicht wirklich mehr fühlen und sich nicht wirklich mehr bewegen, sondern dies nur mehr mittels technologischer Prothesen tun. »An dieser drohenden Gefahr des Stillstands kann man sehen, daß sich auch hier ein ›dromologisches‹ Gesetz durchsetzt [...]: jede höhere Geschwindigkeit grenzt zuerst niedrigere Geschwindigkeiten aus, um sie dann zu verdrängen. Ähnlich wie bei den Pferden, die man ja nicht abgeschafft, sondern auf die Pferderennbahnen verbannt hat, wird die körperliche Aktivität des Menschen auf Spiel und Sport begrenzt.«[194] Allerdings wird diese Theorie auch heftig bestritten, weil Virilio damit den Alltag und die Medien in eins setze. Nur wenige Menschen spielten schließlich die »Lindenstraße« auch im Alltag ihrer eigenen Straße nach, selbst wenn deren

Tempo, wie andere sagen, tatsächlich »das Tempo der Realität« sein mag.[195]

Georg Simmel hatte einst den Begriff vom »Tempo des Lebens« geprägt, mit dem er die um 1900 als zu dramatisch empfundenen Beschleunigungseffekte der Moderne diskutierte. Er sah im Tempo, in der Flüchtigkeit, im Wechsel die eigentliche Signatur der Moderne, die alles Leben prägt. Dieses »Lebenstempo« ist einhundert Jahre nach Simmel in 31 Ländern der Welt erneut wissenschaftlich erforscht worden. Verglichen wurden dabei die durchschnittliche Gehgeschwindigkeit der Passanten im Alltag, die Bedienungszeit bei der Post und die Genauigkeit der öffentlichen Uhren. Im Ergebnis findet sich die Schweiz dabei auf Platz eins vor Irland, Deutschland, Japan, Italien und England.[196]

Über Parameter und Rangfolgen mag man streiten, aber die Tendenz ist eindeutig: Gesellschaften im Zentrum der Industrialisierung unterliegen seit deren Beginn einer wachsenden Beschleunigung dieses »Lebenstempos«, wobei es zu immer stärkerer Verdichtung und Intensivierung der alltäglichen Zeitrhythmen auch außerhalb der Arbeit kommt. Denn durch die Flexibilisierung und Vervielfältigung der Lebensstil-Modelle ist in Mode und Sport, in Musik und Film, in Selbstinszenierung und Starkult ein immer schnellerer Wechsel der Stile und Trends zu verzeichnen, damit auch eine immer schnellere Verfallszeit des Geltenden und Bestehenden. Dies gilt – mit Simmel – natürlich bereits seit dem Eintritt in die kulturelle Moderne um 1900, scheint sich jedoch seit den 1980er Jahren deutlich zu beschleunigen. Mikrowelle und Fünf-Minuten-Terrine, Pizza-Service und Anrufbeantworter, TV-Fernbedienung und Werbespot, E-Mail und Handy greifen in Alltage und Freizeiten in nachdrücklicher Weise ein, die Warten zur Tortur und Eile zum Stress werden lässt. Zeitnot wird zum existenziellen Grundgefühl, und umgekehrt wird Zeitknappheit zum Statussymbol des unentbehrlichen »Machers«, das pathogen macht, weil selbst die Freizeit hektisch genutzt und genossen sein muss.

Auch die Kultur-Produktionen selbst gewinnen damit nachdrücklich an Tempo und Marktbedeutung. Und auch sie werden dadurch für die Akteure wie für das Publikum immer stressiger, so dass Kultur generell ihre ursprünglich kontemplative Qualität zu verlieren scheint. Das Konzert, das Buch, der Film, die CD schaffen kaum mehr Entspannung, denn »Medienzeit korreliert mit Gehirnzeit – sowohl hinsichtlich der höheren Verschaltungsgeschwindigkeit [...] als auch der Gleichzeitigkeit in der Aktivierung mehrerer zeiträumlicher Muster«.[197]

Dagegen entwickelt sich allmählich ein Bedürfnis nach »Zeitoasen« wie Sabbatical oder Wellness, Urlaub oder klösterlichen Exerzitien, die bewusst versuchen, solche Zeittakte und Zeitlogiken situativ außer Kraft zu setzen. Städte und Regionen beispielsweise haben dieses Konzept, demonstrativ gegen den »Strom der Zeit« anzuschwimmen, als symbolische Geste bereits aufgenommen und in das Konzept einer »Slow-City-Bewegung« umgesetzt. Selbst ernannte »Zeitrebellen« nehmen die neue »Entdeckung der Langsamkeit« (Sten Nadolny) als Vorschlag eines reflexiven, humaneren Lebenstempos auf, damit nicht allein Hektik und Stress in den spätmodernen Lebenswelten dominieren. »Slow food« ist eine Kampfansage an McDonald's. Und in der Nähe von Genua haben sich vier Kleinstädte zu einem »langsamen« Stadtraum zusammengeschlossen, der damit insbesondere auch ein Marketing für zeitintensive Handwerke, Dienstleistungen und Erholungsformen anbietet.

Ob sich daraus tatsächliche »Zeitoasen« ergeben, bleibt offen. Auf jeden Fall aber sind es Fragezeichen, die damit in die flüchtige Welt gesetzt sind, symbolische Aufforderungsgesten zu mehr Nachdenklichkeit und Selbstbeobachtung. Diesen Tugenden wollen auch viele »Zeitschulen« und »Zeitseminare« behilflich sein, die den Menschen einen anderen Umgang mit ihrer »Eigenzeit« beibringen sollen. Spanien ist in dieser Hinsicht offenbar der Zeit voraus – oder hinterher: Dort hat eine intensive Diskussion darüber begonnen, ob die einheimische Siesta nun als lokale kulturelle Institution auch noch das Zeitalter der Globalisierung überstehen soll.

Ortlos? Blicke aus dem Cockpit

Ähnlich wie mit der Zeit geht es uns auch mit dem Raum. Auch in ihm benötigen wir längst Orientierungshilfen, um uns zurechtzufinden: elektronische und mediale Navigationsinstrumente, die uns wie im Cockpit der Piloten und Astronauten Sehhilfen und Kurshinweise geben. Denn wie sie vermögen wir unser Universum der alltäglichen Orte und Beziehungen, Kulturen und Werte nur noch medial zu überblicken. Auch für uns gibt es offensichtlich immer weniger primäre Erfahrungen von Raum und Zeit, denn auch wir sind längst eingebunden in raum-zeitliche Verortungssysteme. Ohne Karte und Uhr, ohne Tachometer und Kalender, ohne die ästhetische wie kognitive Versicherung durch Richtungsangaben und Verkehrsleitsysteme fühlen wir uns in Raum und Zeit eher hilflos und ortlos, weil wir diese Rasterung unserer Wahrnehmung von »Wirklichkeit« gewöhnt sind. Nur der Unfall, der Absturz, der Tod, der in diesen Rastern nicht explizit vorgesehen ist und dadurch zum Erlebnis, zum Authentischen wird, vermag diese kognitive Displayebene noch zu durchbrechen und uns ein »Fenster zur Wirklichkeit« zu öffnen – womöglich das Letzte!

Formale Orientierungshilfen sind aber auch nötig im Feld der Zeit. Nicht nur, weil die Beschleunigung von Verkehr, Arbeit wie Freizeit weiter fortschreitet, sondern auch, weil sich die Alltagszeitordnungen fundamental verändern. Etwa im Blick auf die Jahreszeiten: Obst und Gemüse des Sommers werden längst auch im Winter angeboten, Weihnachten ab September vorbereitet, Skifahren im Sommer möglich gemacht, Badeurlaub im Winter. Zeitliche Erfahrung und zeitliche Verortung sind nicht mehr kulturgeschichtliche Konstanten, die sich in menschlichen Routinen identifizieren lassen und dauerhafte zeitliche Ordnungen ausdrücken. Vielmehr müssen Kalender, Planer, Medien zu Hilfe genommen werden, um die verschiedenen individuellen und kulturellen Zeitschemata wiederum in kollektiven Alltagshandlungen zu koordinieren. Damit scheint die Entwicklung auf eine Beschleunigung und Verkürzung von »Erfahrungszeit« zuzusteuern zugunsten einer unspezifischen und unruhigen »Erwartungszeit«, die ihrerseits nun die langen Alltage bis zum Außergewöhnlichen des Erlebnisses, des Festes, des Urlaubs überbrücken soll.

Diese Unruhe drückt sich ästhetisch auch im Medienrhythmus deutlich aus. Das Stakkato der Werbe- und Musikvideos mit ihren immer kürzeren Motivfenstern und Schnittlängen lässt kein Begreifen mehr zu, nur mehr ein flüchtiges Erhaschen im Sinne eines Wiedererkennens. Ein Logo kann noch erfasst werden, kein kompliziertes Bilderwerk mehr. Dem entspricht auch die ästhetische und ökonomische Logik dieses medialen Brand-Market: immer wieder dieselbe Musikfarbe, dieselbe Konfiguration der Körper, dieselbe Firma, die sich uns durch Symbol und Repetition einprägen sollen. Wem das Motiv zuvor fremd war, dem bleibt es auch im Sekundenbruchteil der Sichtbarkeit fremd, der versteht »die Sprache« nicht. Auch die Film- oder Musikerfahrung ähnelt so in gewisser Weise dem Cockpit-Modell, das letztlich deutlich macht, dass Erfahrung ohne mediale Hilfe und Übung nicht mehr hinreichend gelingt.

Dieser Zwang zum Medienkonsum, um »dabei« zu sein, charakterisiert insbesondere die Jugendkulturen und ihre ästhetischen Stile und Szenen. Aber auch der Fernsehkonsum wird immer stärker vom »Sesselcockpit« aus gesteuert, wo die diversen Fernbedienungen gleichsam die Armaturen ersetzen und damit eine permanente Orientierung über Programmanzeigen ebenso ermöglichen wie die zusätzliche Aktivierung anderer Bild- und Tonquellen. In diesem Heimcockpit muss ebenso zwanghaft agiert werden wie im Flugzeug, weil Prinzipien von Wechsel, Bewegung und Fragment die Haltung bestimmen. Bilder und Filme werden nicht mehr als komplexes Angebot und als Ganzes wahrgenommen, sondern in Sequenzen und Segmente »zer-zappt«. Medienkonsum scheint überwiegend aus Erwartungshaltungen zu bestehen, aus dem beständigen Hoffen auf das Sensationelle und Neue im nächsten TV-Kanal und aus der ebenso permanenten Sorge um das gleichzeitig Versäumte im übernächsten.

So erscheint die Figur des postmodernen Zappers heute als Gegenbild zu der des modernen Flaneurs. Wo der letztere gemessen und gemächlich durch städtische Wirklichkeiten schlenderte, die durch ihn empirisch »echt« wurden, hastet Ersterer von einer imaginären Welt zu nächsten, ohne von seinem Fernsehsessel wirklich wegzukommen. Ein Einlassen auf das Hier und Jetzt ist ihm nicht möglich, weil medial nun alles hier und jetzt verfügbar ist und damit auch genutzt werden muss: der Computer als »totale« Welt.

Allerdings – und dies scheint tröstlich – folgt die Nutzung der Medien keineswegs immer der medialen Gebrauchsanweisung, weil sich die Nutzer eben auch vielfältige Formen von Kreativität und Eigensinn im Umgang mit Medien und Welt bewahren. Gerade im Blick auf das je individuelle Zeitmanagement bilden sich unterschiedliche »Zeittypen« heraus, die ihre Alltagszeit durchaus strategisch und reflexiv anordnen. Eine Studie spricht im Blick auf diese Gruppen extrem zeitorientierter Akteure von einem »technikfaszinierten Wellenreiter«, dem der »kommunikationsorientierte Skeptiker« oder der »zeitjonglierende Spieler« gegenüberstehe.[198] Der Befund jedenfalls, wonach sich technikgeleitetes normatives Handeln mischt mit individuellen technikfernen Dispositionen, die sich der vorgegebenen Handlungsrationalität unbewusst wie absichtlich entziehen und anderen kulturellen Regeln folgen, wendet sich gegen jene pessimistischen Szenarien, die uns als hilflose Opfer in eine immer enger werdende Raum-Zeit-Spirale taumeln sehen. Weder die neuen Verkehrssysteme des 19. und 20. Jahrhunderts noch die Daten- und Kommunikationshighways des 21. haben den Raum wirklich »verschwinden« lassen. Sie haben lediglich seine Nutzung und seine Wahrnehmung durch uns verändert – freilich nachhaltig. Umgekehrt wird deutlich, dass Anwesenheit, Verfügbarkeit und Schnelligkeit nicht nur eine mediale und kommunikationstechnische, sondern auch eine symbolische Seite besitzen: Präsenz lässt sich zumeist immer noch mit eigener Hand her- oder abstellen.

Ähnlich widersprüchlich in seinen Raum- und Zeiterfahrungen erscheint heute das Reisen mit seinen Wechseln von Tempo- und Wartesituationen. Dabei werden die Pausen nicht mehr als Annäherungszeiten erfahren, als notwendige und oft auch willkommene Zwischenstationen im weiten Raum gleichförmiger Fahr- und Flugbewegungen. Stattdessen nehmen wir sie als Unterbrechung, als Lebenszeit-Verlust wahr. In dem Maße, in dem wir an Reisegeschwindigkeit gewinnen, verlieren wir offensichtlich an

Erfahrungsfähigkeit: »Der Aufenthalt im klimatisierten Tropenhotel mit TV und Telefon, der Flug, die Autofahrt, das alles sind nur Simulationen einer Erfahrung. Sehenswürdigkeiten werden nicht mehr wahrgenommen, sondern mittels Fotoapparat und Videokamera gleichermaßen vom Leib gehalten wie zu neuem Kartenmaterial verarbeitet; der Blick aufs Armaturenbrett und durch die Windschutzscheibe gleicht jenem auf Tastatur und Monitor, die Wirklichkeit bleibt draußen.«[199] Längst ist also auch an den Zielorten ein »ortloser Tourismus« entstanden, der auf kulturellen Kulissen aufbaut, die als Zeit und Ort fast beliebig konstruierbar und exportierbar sind. Versatzstücke regionaler Kultur, ästhetische Modelle und infrastrukturelle Einrichtungen lassen sich so arrangieren, dass man das Bayerische auch in Mallorca und das Italienische auch in Bulgarien finden kann. Orte und Regionen, Anlässe und Feste existieren in den Tourismusregionen nicht mehr »für sich«, sie werden vielmehr nach touristischen Wunschbildern und Reisefrequenzen inszeniert. Es sind Erlebnisräume und Erlebnisregionen eines postmodernen Tourismus, der sie sich auch bereits eigenhändig zusammensetzen kann bei der Reiseprogramm-Montage im Internet.

Dabei ändern sich offenbar die Ziele. Statt jenes klassische »sun, sand and sea«, das »ortlos« im Raum steht, nur durch Sonnenschirmfarbe und Begrüßungscocktail noch differenziert, erscheinen heute »culture, nature and traditional rural life« als die neue Dreieinigkeit des – keineswegs mehr nur alternativen – Tourismus.[200] Der lässt damit Geschichte, Mythos und Kultur wieder an »ihren Ort« zurückkehren – jedenfalls glaubt er dies. So gewinnt die Vorstellung des einzigartigen, des »authentischen« Ortes wieder an Boden, wie sie bereits für den historischen Tourismus galt. Diesmal freilich im Kontext einer Strategie der »Authentifizierung«, die Reiseregionen in diesem Sinne nun aktiv als authentisch konstruiert. Die Strategie selbst ist nicht neu, wohl aber sind es die Mittel zu ihrer Realisierung, weil die ökonomischen und technischen, insbesondere aber auch die medialen und ästhetischen Möglichkeiten der Gestaltung von Regionen durch die Tourismusindustrie unglaublich angewachsen sind. Dadurch wiederum kommt es zu einer neuen Qualität der »Produktion von Lokalität«: Das Lokale wird vom Reisenden nicht einfach vorgefunden, natürlich verhübscht und geschönt nach seinen vermeintlichen Bedürfnissen. Vielmehr entsteht es überhaupt erst durch den Tourismus, wird entsprechend der medial vorformulierten Erwartungen gebaut, samt lokalem Flair und künstlicher Alterung des Materials.

Was sich tourismusgeschichtlich insbesondere im Alpentourismus des 19. Jahrhunderts mit seiner Folklorisierung des Erscheinungsbildes von Regionen wie dem Zillertal bereits andeutete, findet so heute seine Erfüllung etwa in den spezifischen regionalen Varianten des mediterranen Stils auf Mallorca oder Zypern. In neuen »alten« Dörfern werden Materialien, Formen und Farben von den Mauern bis zu den Mülleimern sorgfältig aufeinander abgestimmt, angeblich klassischen lokalen Vorbildern folgend. Sie sehen »typisch zypriotisch« aus, und sie sind es auch, weil es etwas anderes »typisch« Zypriotisches in dieser extremen und homogenen Form vorher gar nicht gegeben hat. In dem Maße, in dem immer mehr einheimische Familien vom Tourismus abhängen, wird dieser Stil dann allmählich tatsächlich auch eine Facette von deren »Zyprisch-Sein«. Denn nun ist es ihr Alltag, ihre »Tradition«. Letztlich ist das »zyprische Dorf« in diesem Sinne dann tatsächlich am typischsten als künstlich patinierter Neubau.[201]

Insofern vollzieht sich Reiseerfahrung heute nicht mehr in den empirischen Wahrnehmungsmodi von lokalem Raum und lokaler Zeit, auch sie basiert vielmehr auf dazwischengeschalteten universellen Folien und Medien. Einerseits sind das kulturelle Bilder und Stereotypen, andererseits raum-zeitliche Verortungssysteme wie Karte und Tachometer, Auto-Navigationssystem und Handy. So projiziert sich die Wahrnehmung der Welt auch auf der Reise im Display unseres Cockpits, das wir in Auto wie Flugzeug zur Verfügung, zugleich aber auch selbst bereits im Kopf haben: Wir denken uns die Bilder und Daten schon automatisch mit. Und auch hier ist es nur noch der Unfall, der Absturz, der Tod, der allein diese Display-Ebene noch zu durchbrechen vermag, der noch »authentisch« scheint wie ein Fenster hin zur Wirklichkeit. Freilich auch hier nicht mehr »wirklich«, weil das Handy selbst dem Drama letztlich das Dramatische nimmt. Telefonieren vom untergehenden Schiff, aus dem Notcamp in der Eigernordwand, aus dem Dschungelversteck als Geisel – wahlweise mit Angehörigen zum Abschiedsgruß oder mit Illustriertenredaktionen zum letzten Exklusivinterview samt Honorarvertrag für die Hinterbliebenen: Dies alles ist keine Fiktion mehr, sondern längst gewesene Realität. Nicht einmal mehr das Fiktionale lässt uns eine echte Erlebnischance.

So retten wir uns in Selbstironie wie in jene kleine Geschichte aus dem Genre der Zeitreisen: »Nein, das Schlimme an Zeitreisen ist die Grammatik. Angenommen, man reist in das Jahr 1955 wie der Teenager Marty McFly in ›Zurück in die Zukunft‹. Er wird dort von einem Mädchen Calvin genannt, weil der Name in der Unterwäsche in den 50er Jahren nicht den Hersteller, sondern den Eigentümer bezeichnete.«[202]

So wäre diese Ambivalenz wohl als Verkörperung menschlicher Subjekthaftigkeit zu beschreiben: einerseits physisch wie kognitiv den irdischen Raum-Zeit-Koordinaten unterworfen zu sein – diese jedoch andererseits und zugleich als Produzent von Bewusstsein selbst mitzukonstruieren. Für Kant waren am Ende des 18. Jahrhunderts Raum und Zeit noch Anschauungsformen a priori. Im 19. Jahrhundert dann schienen sie bereits durch Erfahrung erworben und ständig neu erwerbbar. Im 20. Jahrhundert erschlossen sich Raum und Zeit als neue, komplexe Erfahrung, als Empfinden von Bewegung, Prozess, Perspektivwechsel. Und heute, dank der Erkenntnisse von Biologie wie Mikro- und Makrophysik, erwartet uns bereits eine vierdimensionale Raum-Zeit, deren einzige Beständigkeit in ihrer Relativität liegt, also in ihrer Unbeständigkeit.

Damit formen sich im Licht der Globalisierung neue Welt-Räume als neue symbolische Topografien und Geografien, neue Nähen und Distanzen werden geschaffen. Aber auch darin ist bereits wieder ein Gegentrend enthalten: eine »Wiederkehr des Raumes« im Kampf um eben diese symbolischen Geografien als »Orte« der Heimat und der Region, der Reise und der Utopie. So konstruiert und klischeehaft sie auch sein mögen, fixieren sie für uns offenbar doch überlebensnotwendige Horizonte im Raum.

Denn noch ist es mehr Vision, Diskurs über Mögliches: die Vorschau auf die analoge und auf die digitale Welt. Hier ist es der noch vorzufindende physische Zusammenhang, dort die bereits zerlegte, datengenerierte und medial vermittelte Imagination. In beiden aber wird uns das Fragmenthafte, das unsere Horizonte aufzulösen und ihren Zusammenhang zu dementieren scheint, als das entscheidende Charakteristikum spätmoderner Erfahrung beschrieben. Jedenfalls dann, wenn wir diese Welten in reflexiver Geste vor uns und gegen das Licht zu halten versuchen. Und das tun wir typischer- wie ironischerweise zunehmend und ausgerechnet in den Medien. Dort vor allem wird die Kontingenz beschworen, der Orientierungsverlust, die »Nanosekundenkultur«. Dort dominieren Visionen, die gegenwärtig noch mehr ambitioniertes Feuilleton als normalen Alltag verkörpern, wenn konstatiert wird: »Das zeitliche Intervall, das traditionell Produktion und Rezeption von Botschaften trennt und begrenzt, schrumpft bei Übermittlung in Lichtgeschwindigkeit gegen null.«[203]

Faktischer erscheint da doch die Tatsache, dass die Informationsübermittlung durch Satelliten heute die Kosten für die mediale wie die private Fernkommunikation weitgehend entfernungsunabhängig macht. Das Auslandstelefonat ist für die meisten Europäer längst kein Luxus mehr, sondern fast Alltagsroutine und in der Regel bereits billiger, als die Aufrechterhaltung der lokalen Kommunikations- und Beziehungsnetze über Handy, öffentlichen Nahverkehr oder Auto. Das verändert und erweitert den Raum als Informations- und Kommunikationshorizont nachhaltig, weil geografische Ferne nun soziale Nähe nicht mehr ausschließt. Gleichzeitig aber entwertet sich diese informative und kommunikative Weite dadurch, weil sich durch diese Vergrößerung, Vernetzung und Digitalisierung der Beziehungs- und Wissenswelt der Bereich unserer eigenen empirischen Erfahrung reziprok verengt. »Unsere Welt« wird in dieser Welt deutlich kleiner, ausschnitthafter und unsicherer. Jedenfalls gewinnen wir diesen Eindruck angesichts der »Online-Erfahrungsmöglichkeiten« der Gegenwart, die unerschöpflich scheinen, aber in dieser Unerschöpflichkeit eben auch nicht zu bewältigen, lediglich medial und digital zu verwalten sind.

Wieder ist es jene Cockpit-Wirkung, die uns unseren Alltag offenbar allein noch mit Hilfe technologischer und medialer Orientierungsinstrumente bewältigen lässt – weil Erfahrung und Wissen immer kürzere Verfallszeiten besitzen, weil wir in immer kürzeren Abständen auf den Online-Wissensspeicher zurückgreifen müssen und weil dieses Online-Prinzip zu bedeuten scheint, dass alles nur noch im Fluss ist, nichts mehr end-gültig. Die unendlichen Möglichkeiten der Datengewinnung und Problemdifferenzierung auf dem Informations-Highway lösen gleichsam die Informationssubstanz selbst auf: Kein eigentlicher Kern ist mehr erkennbar, und die Analyse ist im Moment ihrer Präsentation bereits überholt.

Auch das ist nicht völlig neu, denn die kognitive Bewältigung von gesellschaftlichen Zeit-Raum-Horizonten wurde kulturgeschichtlich stets von Medien unterstützt und bestimmt: zunächst von einfachen Zeichen und Signalen, von Text und Bild, dann von Telefon und Television, nun von PC und Internet. Die Ausstattung der Haushalte mit Fernsehen und Radio beträgt seit 1990 europaweit praktisch 100 Prozent, die mit PCs schreitet rapide voran. Alles Geschehen aus dem Einst und Überall kommt ins Jetzt und Hier. Niklas Luhmann spricht von einer neuen Vergleichzeitigung des Ungleichzeitigen und des räumlich Distanten. Damit seien nicht mehr lineare Zeitmodelle, sondern feld- und netzförmige Zeit-Räume zu denken. Und so scheint sich sein Satz zu bestätigen, der im Blick auf diese Vergleichzeitigungseffekte durch Massenmedien lakonisch feststellt: »Die Weltgesellschaft synchronisiert sich in der Gegenwart.«

Kurt Tucholsky hat das einmal etwas opulenter ausgedrückt, als er 1912 unter der Überschrift »Gleichzeitigkeit« schrieb: »Das ungeheure Wunder der Gleichzeitigkeit [...]. Dies zu denken: du sitzt auf dem Hof der Fabrik und frühstückst, hier in Berlin, etwa in der Köpenicker Straße, und gleichzeitig, während du das tust, weht – heute angenommen, morgens 1/2 11 Uhr – der Wind oben auf einem Gletscher der Jungfrau ein bißchen Schnee zusammen, rings ist es totenstill [...] und zur gleichen Zeit kochen wirbelnd dreitausend Mexikaner im Rund einer Arena wie in einem Topf um einen irrsinnigen Stier und die Eingeweide zweier Pferde [...] und zur gleichen Zeit stehen sich in einem hohen Haus zu Chicago zwei Männer gegenüber, Blick in Blick, die Hände fest auf dem Tisch [...] und irgendwo brüllt einer auf, im Echo des Waldes, und Wilde stoßen auf Kanus vom Lande ab [...]. Alles, während du frühstückst.«[204]

Heute erscheint die Digitalisierung als die eigentliche und endgültige Revolution in Zeit und Raum, weil durch sie »sämtliche medialen Differenzen« wegfallen. Der binäre Zahlencode wird zu einer Art von Meta-Sprache, da es die Informationsverarbeitung gleichgültig werden lässt, ob die Primärinformation in Schrift, Stimme, Musik, Bild oder Datensatz bestand. Das Originale und das Authentische scheint angesichts digitaler Reproduktionsmöglichkeiten nur mehr eine Chimäre, denn welches Dokument, welches Bild, welches Foto kann noch echt sein? Damit werden offenbar auch die klassischen mimetischen Verfahren, die ein Verstehen über Vorbilder und Nachahmung ermöglichten, nun endgültig verdrängt durch simulatorische Modelle, in denen uns allein Codes und Strukturen noch Orientierung bieten. Alles lässt sich auf eine einheitliche Informations- und Wissensebene heben, auf der auch wir nun agieren. Realität scheint in Gestalt völlig beliebig generierbarer Bilder höchstens noch als gezielte Fiktion vorstellbar, weil es nicht mehr um Abbilder vorhandener Objekte geht, sondern um virtuelle Erscheinungen, um »inszenierte Authentizitäten«.[205] Erfahrung selbst und unmittelbar existiert offenbar nicht mehr.

Aber vielleicht täuscht dieser Eindruck. Denn die vermeintliche Einheitlichkeit der Phänomene basiert entscheidend und letztlich auf einer nur technisch einheitlichen Benutzeroberfläche: eben auf der Digitalität. Damit bleibt der simulatorische Effekt zunächst nur ein scheinbar totaler, weil wir zum wirklichen »Lesen« der Informationen dann offenbar doch wieder ein philologisches, künstlerisches oder ästhetisches Spezialistenwissen benötigen. Und das wollen wir getrennt verfügbar wissen von der Information selbst. Das ist es im Übrigen auch, was der Philosoph Hermann Lübbe als platte Rede von der »Gegenwartsschrumpfung« den intellektuellen Spätmoderne-Designern vorhält: die permanente Verwechslung von Beobachtungskrise und Subjektkrise.

So ist es eben nicht nur das Design, das uns an dieser globalen Benutzeroberfläche »Welt« fasziniert. Vielmehr ist es offenbar der Blick in deren Werkstatt, also hinter ihre kulturellen Kulissen, Angebote und Techniken. Und diese Neugier sorgte nicht zuletzt dafür, dass unsere Kultur in ihren jeweiligen Zeiten und Räumen bisher trotz allem offen, vielfältig und prozesshaft blieb. – Ob auch in Zukunft, entscheiden die Menschen, nicht die Medien.

Anhang

Anmerkungen

1 Norbert Elias, Über die Zeit. Arbeiten zur Wissenssoziologie, Frankfurt a.M. 1988, S. VIII.
2 Robert Levine, Eine Landkarte der Zeit. Wie Kulturen mit Zeit umgehen, München, Zürich 1998, S. 17 und 20.
3 Robert Musil, Der Mann ohne Eigenschaften, Reinbek 1990, 1. Band, S. 445.
4 Vgl. Werner Rammert, Wie das Telefon in unseren Alltag kam ... Kulturelle Bedingungen einer technischen Innovation und ihrer gesellschaftlichen Verbreitung, in: Hessische Blätter für Volks- und Kulturforschung 24 (1989), S. 77–90.
5 Vgl. dazu Jürgen Osterhammel, Die Entzauberung Asiens. Europa und die asiatischen Reiche im 18. Jahrhundert, München 1998.
6 Dietrich Denecke, Straße und Weg im Mittelalter als Lebensraum und Vermittler zwischen entfernten Orten, in: Bernd Herrmann (Hg.), Mensch und Umwelt im Mittelalter, Frankfurt a. M. 1989, S. 207–233.
7 Till Roenneberg, Ökologie der Zeit – Das Phänomen biologischer Uhren, in: Walter Hömberg/Michael Schmolke (Hg.), Zeit, Raum, Kommunikation, München 1982, S. 103–118, hier S. 103 und 114.
8 Vgl. Peter Burke, Papier und Marktgeschrei. Die Geburt der Wissensgesellschaft, Berlin 2001.
9 Johannes Weber, »Die Novellen sind eine Eröffnung des Buchs der ganzen Welt«. Entstehung und Entwicklung der Zeitung im 17. Jahrhundert, in: Klaus Beyrer/Martin Dallmeier (Hg.), Als die Post noch Zeitungen machte, Gießen 1994, S. 15–25.
10 Wolfgang Zorn, Verdichtung und Beschleunigung des Verkehrs als Beitrag zur Entwicklung der »modernen Welt«, in: Reinhart Koselleck (Hg.), Studien zum Beginn der modernen Welt, Stuttgart 1977, S. 115–134, hier S. 119 ff.
11 Gerhard Dohrn-van Rossum, Die Geschichte der Stunde. Uhren und moderne Zeitordnungen, München, Wien 1992, S. 185 und S.12.
12 Vgl. Wolfgang Behringer, Der Fahrplan der Welt. Anmerkungen zu den Anfängen der europäischen Verkehrsrevolution, in: Hellmut Trischler/Hans-Ludger Dienel (Hg.), Geschichte der Zukunft des Verkehrs. Verkehrskonzepte von der Frühen Neuzeit bis zum 21. Jahrhundert, Frankfurt a. M., New York 1997, S. 40–57, hier S. 46 ff.
13 Adolph Freiherr von Knigge, Über den Umgang mit Menschen, München o. J., S. 253.

14 Jean Pauls sämtliche Werke, Berlin 1860, 3. Band, S. 253.
15 Wolfgang Kaschuba, Erkundung der Moderne. Bürgerliche Reisen nach 1800, in: Zeitschrift für Volkskunde (1991), S. 29–52, hier S. 36.
16 Zit. nach Hans-Dietrich Schultz, Raumkonstrukte der klassischen deutschsprachigen Geografie des 19./20. Jahrhunderts im Kontext ihrer Zeit, in: Geschichte und Gesellschaft 28 (2002), S. 343–377, hier S. 344.
17 Eric J. Leed, Die Erfahrung der Ferne. Reisen von Gilgamesch bis zum Tourismus unserer Tage, Frankfurt a. M. 1993, S. 176.
18 Fernand Braudel, Das Mittelmeer und die mediterrane Welt in der Epoche Philipps II., 3 Bände, Frankfurt a. M. 1990.
19 Karlheinz Jakob, Maschine, Mentales Modell, Metapher. Studien zur Semantik und Geschichte der Techniksprache, Tübingen 1991, S. 147.
20 Siegfried Giedion, Die Herrschaft der Mechanisierung, Frankfurt a. M. 1982, S. 19 f.
21 David S. Landes, Der entfesselte Prometheus, Köln 1973.
22 Edward P. Thompson, Arbeitsdisziplin und Industriekapitalismus, in: ders., Plebejische Kultur und moralische Ökonomie. Aufsätze zur englischen Sozialgeschichte des 18. und 19. Jahrhunderts, Frankfurt a. M., Berlin, Wien 1980, S. 35–66, hier S. 58 f.
23 Reinhart Koselleck, Vergangene Zukunft. Zur Semantik geschichtlicher Zeiten, Frankfurt a. M. 1979, S. 12 und 360.
24 Arndts Werke. Auswahl in zwölf Teilen, Berlin usw. o. J., 6. Teil, S. 55.
25 Walter Benjamin, Das Passagenwerk, Frankfurt a. M. 1982, S. 527.
26 Axel Drews/Ute Gerhard/Jürgen Link, Moderne Kollektivsymbolik. Eine diskurstheoretisch orientierte Einführung mit Auswahlbibliographie, in: Internationales Archiv für Sozialgeschichte der deutschen Literatur (1985), Sonderheft 1, S. 256–375, hier S. 289.
27 Arthur Henkel/Albrecht Schöne, Emblemata. Handbuch zur Sinnbildkunst des XVI. und XVII. Jahrhunderts, Stuttgart 1967, S. 1339.
28 Robert Southey, Letters from England, zit. nach Wolfgang Hädecke, Poeten und Maschinen. Deutsche Dichter als Zeugen der Industrialisierung, München, Wien 1993, S. 152.
29 Heinrich Heine, Englische Fragmente, Reisebilder, 4. Teil, in: Heines Werk in fünfzehn Teilen, Berlin o. J., 8. Band, S. 207 f.
30 Jean Paul, Über Tagblätter und Taschenbücher, zit. nach Hädeke, Poeten [wie Anm. 28], S. 120.
31 Klaus Beyrer, Die Postkutschenreise, Tübingen 1985, S. 238.
32 Zorn, Verdichtung [wie Anm. 10], S. 130 ff.
33 Ludwig Börne, Briefe aus Paris, 1830–1833, in: Ludwig Börne's gesammelte Schriften, Berlin o. J., 8. Band, S. 8.
34 Wolfgang König, Geschichte als Geschehen und als Tat. Projektion und Realität am Beispiel der frühen Eisenbahngeschichte, in: Trischler/Dienel, Geschichte [wie Anm. 12], S. 129–145, hier S. 138 f.

35 Toni Pierenkemper, Umstrittene Revolutionen. Industrialisierung im 19. Jahrhundert, Frankfurt a. M. 1996, S. 38 und S. 63.

36 Reiseberichte eines westfälischen Glasindustriellen, hg. von Hans Vollmerhaus, Dortmund 1971, S. 70.

37 Zit. nach Franz-Josef Brüggemeier/Michael Toyka-Seid (Hg.), Industrie-Natur. Lesebuch zur Geschichte der Umwelt im 19. Jahrhundert, Frankfurt a. M. 1995, S. 70 f.

38 Paul D. Fischer, Betrachtungen eines in Deutschland reisenden Deutschen, Berlin 1895, S. 17.

39 Zit. nach Hädecke, Poeten [wie Anm. 28], S. 192.

40 Wolfgang Kaschuba/Carola Lipp, 1848 – Provinz und Revolution. Kultureller Wandel und soziale Bewegung im Königreich Württemberg, Tübingen 1979, S. 174 ff.

41 Klaus Beyrer, »Mythus vom Dampf« – Untergang der Poesie, in: Literatur im Industriezeitalter, hg. von Peter Paul Schneider u. a., Marbach 1987, 1. Band, S. 46–68, hier S. 46.

42 Dirk Hoeges, Alles Veloziferisch. Die Eisenbahn – Vom schönen Ungeheuer zur Ästhetik der Geschwindigkeit, Rheinbach-Merzbach 1985, S. 13.

43 Heinrich Heine, Lutezia, 2. Teil, in: Heines Werke in fünfzehn Teilen, Berlin o. J., 13. Band, S. 219.

44 Zit. nach Josef Reindl, Partikularstaatliche Politik und technische Dynamik. Drahtgebundene Telegrafie und der Deutsch-Österreichische Telegraphen-Verein von 1850, in: Hans-Jürgen Teuteberg/Cornelius Neutsch (Hg.), Vom Flügeltelegraphen zum Internet. Geschichte der modernen Telekommunikation, Stuttgart 1998, S. 27–46, hier S. 27.

45 Hans Christian Andersen, Eines Dichters Basar, zit. nach Hermann Glaser, Maschinenwelt und Alltagsleben. Industriekultur in Deutschland vom Biedermeier bis zur Weimarer Republik, Frankfurt a. M. 1981, S. 10.

46 Chr. Friedrich Scherenberg, Eisenbahn und immer Eisenbahn, zit. nach Klaus Beyrer, »Fazilitäten der Kommunikation«. Die Eisenbahn, in: Literatur im Industriezeitalter [wie Anm. 41], 1. Band, S. 69–94, hier S. 77.

47 Zit. nach Wolfgang Schivelbusch, Geschichte der Eisenbahnreise. Zur Industrialisierung von Raum und Zeit im 19. Jahrhundert, Frankfurt a. M., Berlin, Wien 1979, S. 54.

48 Zit. nach Beyrer, Mythus vom Dampf [wie Anm. 41], S. 52.

49 Werner von Siemens, Lebenserinnerungen, Leipzig 1943, S. 225 und 149.

50 Christoph Asendorf, Ströme und Strahlen. Das langsame Verschwinden der Materie um 1900, Gießen 1989, S. 121.

51 Schivelbusch, Eisenbahnreise [wie Anm. 47], S. 52 f.

52 Zit. nach Aurel Schmidt, Von Raum zu Raum. Versuch über das Reisen, Berlin 1998, S. 34.

53 Schivelbusch, Eisenbahnreise [wie Anm. 47], S. 57 f.

54 Karl Philipp Moritz, Reisen eines Deutschen in England im Jahr 1782, Frankfurt a.M., Leipzig 2000, S. 12f.
55 Beyrer, Postkutschenreise [wie Anm. 31], S. 15ff., 205 und 246.
56 Hädecke, Poeten [wie Anm. 28], S. 171.
57 Monika Wagner, Der flüchtige Blick. Geschwindigkeitsdarstellungen im 19. Jahrhundert, in: Zug der Zeit – Zeit der Züge. Deutsche Eisenbahn 1835–1985, hg. v. Eisenbahnjahr-Ausstellungsgesellschaft mbH Nürnberg, Berlin 1985, 2. Band, S. 529–535, hier S. 530.
58 Joseph von Eichendorff, Erlebtes, zit. nach Hädecke, Poeten [wie Anm. 28], S. 189.
59 Schivelbusch, Eisenbahnreise [wie Anm. 47], S. 50.
60 Zit. nach Günter Metken: Künstler im Abteil. Gemalte Physiologie des Zugreisens. In: Zug der Zeit – Zeit der Züge 2, 513–528, hier 519.
61 Wilhelm Raabe, Sämtliche Werke, Göttingen 1969, 18. Band, S. 246.
62 Paul Heyse, Das Feenkind, zit. nach Klaus Beyrer, Industrialisierung der Zerstreuung. Der Bahnhofsbuchhandel, in: Literatur im Industriezeitalter [wie Anm. 41], 1. Band, S. 250–270, hier S. 252.
63 Hermann Hesse, Kleine Reise, zit. nach Beyrer, Fazilitäten [wie Anm. 46], S. 84.
64 Vgl. Ann Bermingham, Redesigning Nature. John Constable and the Landscape of Enclosure, in: Roger Friedland/Deirdre Boden (Hg.), NowHere. Space, Time and Modernity, London 1994, S. 236–256.
65 Jakob, Maschine [wie Anm. 19], S. 89.
66 Zit. nach Franz Sonnenberger, Mensch und Maschine. Technikfurcht und Techniklob am Beispiel Eisenbahn, in: Zug der Zeit [wie Anm. 57], 1. Band, S. 25–37, hier S. 29.
67 Jakob, Maschine [wie Anm. 19], S. 198.
68 Karl Isidor Beck, Die Eisenbahn, zit. nach Hädecke, Poeten [wie Anm. 28], S. 202.
69 Theodor Fontane, Meine Kinderjahre, Leipzig 1959, S. 127.
70 Ernst Münch, Erinnerungen, Lebensbilder und Studien aus den ersten sieben und dreißig Jahren eines teutschen Gelehrten, Karlsruhe 1836, 1. Band, S. 39.
71 Max Dauthendey, zit. nach Nobert J. Schürgers, »Ersatz für die Träume«. Photographie, Film, Rundfunk, Fernsehen, in: Literatur im Industriezeitalter [wie Anm. 41], 2. Band, S. 799–824, hier S. 799.
72 Vgl. Fritz Neumeyer, Quellentexte zur Architekturtheorie, München 2002.
73 Robert Southey, Letters from England, zit. nach Hädeke, Poeten [wie Anm. 28], S. 152f.
74 Georg Weerth, Skizzen aus dem sozialen und politischen Leben der Briten, zit. nach Hädeke, Poeten [wie Anm. 28], S. 228.
75 Zit. nach Hädecke, Poeten [wie Anm. 28], S. 159f.
76 Dolf Sternberger, Panorama oder Ansichten vom 19. Jahrhundert, Hamburg 1955, S. 59.

77 Alice von Plato, Die Majestät der Geschichte vor einem Millionenpublikum. Geschichtsdarstellungen auf den Pariser Weltausstellungen des 19. Jahrhunderts, in: WerkstattGeschichte 8 (1999), S. 39–60, S. 47.
78 Zorn, Verdichtung [wie Anm. 10], S. 128.
79 Cornelus Neutsch, Erste »Nervenstränge des Erdballs«. Interkontinentale Seekabelverbindungen vor dem Ersten Weltkrieg, in: Teuteberg/Neutsch, Flügeltelegraph [wie Anm. 44], S. 47–66, hier S. 47 ff.; Michael North (Hg.), Kommunikationsrevolutionen. Die neuen Medien des 16. und 19. Jahrhunderts, Köln, Wien, Weimar 1995, S. XII.
80 Walther Rathenau, Zur Kritik der Zeit, zit. nach Norbert J. Schürges, Philosophie der Technik, in: Literatur im Industriezeitalter [wie Anm. 41], 2. Band, S. 582–611, hier S. 587.
81 Fischer, Betrachtungen [wie Anm. 38], S. 18.
82 Alfred Kerr, Mein Berlin. Schauplätze einer Metropole, Berlin 2002, S. 138.
83 Joachim Krausse, Das Fahrrad. Von der »kindischen« Kombinatorik zur Montage, in: Wolfgang Ruppert (Hg.), Fahrrad, Auto, Fernsehschrank. Zur Kulturgeschichte der Alltagsdinge, Frankfurt a. M., S. 79–118, hier S. 101 ff.
84 Arthur Schnitzler, Der Weg ins Freie, Frankfurt a. M. 1988, S. 86.
85 Walter Benjamin, Das Passagenwerk, Frankfurt a. M. 1982, S. 560.
86 Victor Hugo, Die Elenden, Zürich 1985, S. 1143 ff.
87 Zit. nach Berlin, Berlin. Die Ausstellung zur Geschichte der Stadt. Katalog, hrsg. V. Gottfried Korff und Reinhard Rürup, Berlin 1987, S. 187.
88 Ingrid Thienel-Saage, Züge nach Metropolis. Die Entwicklung großstädtischer Ballungsräume unter dem Einfluß der Eisenbahn – Das Berliner Beispiel, in: Zug der Zeit [wie Anm. 57], 1. Band, S. 324–337.
89 Zit. nach Hädecke, Poeten [wie Anm. 28], S. 297 und 298.
90 Zit. nach Beyrer, Fazilitäten [wie Anm. 46], S. 88 f.
91 Theodor Fontane, Der Stechlin, Leipzig 1978, S. 146.
92 Jacob, Maschinen [wie Anm. 19], S. 92.
93 Vgl. Beate Binder, Elektrifizierung als Vision. Zur Symbolgeschichte einer Technik im Alltag, Tübingen 1999, 123 ff.
94 Joachim Radkau, Technik im Temporausch der Jahrhundertwende, in: Michael Salewski/ Ilona Stölken-Fitschen (Hg.), Moderne Zeiten. Technik und Zeitgeist im 19. und 20. Jahrhundert, Stuttgart 1994, S. 61–76, hier S. 72 f.
95 Elias Canetti, Die gerettete Zunge. Geschichte einer Jugend, München 1977, S. 58.
96 Herbert George Wells, Die Zeitmaschine, zit. nach Norbert J. Schürgers, Utopien: Traumwelten – erfüllte Träume, in: Literatur im Industriezeitalter [wie Anm. 41], 1. Band, S. 349–384, hier S. 351 f.
97 Kurt Tucholsky, Das Geheimnis der Lebenden, zit. nach Schürgers, Utopien, in: Literatur im Industriezeitalter [wie Anm. 41], S. 351 f.

98 Cornelius Neutsch, Briefverkehr als Medium internationaler Kommunikation im ausgehenden 19. und beginnenden 20. Jahrhundert, in: North, Kommunikationsrevolutionen [wie Anm. 79], S. 129–156, hier S. 130.
99 Karl Wolfskehl, Magie des Radios, zit. nach Schürgers, Ersatz für Träume [wie Anm. 71], S. 811 f.
100 Walter Benjamin, Berliner Kindheit um neunzehnhundert, Frankfurt a. M. 1996, S. 18.
101 Horst A. Wessel, Die Rolle des Telefons in der Kommunikationsrevolution des 19. Jahrhundert, in: North, Kommunikationsrevolutionen [wie Anm. 79], S. 101–128, hier S. 123 und 103 ff.
102 Rammert, Telefon [wie Anm. 4], S. 83 f.
103 Zit. nach Helga Lange-Garritsen, Poetisches Telefonbuch, Heidelberg 1987, S. 27.
104 Frankfurter Zeitung vom 11. 6. 1929; diesen und die folgenden Hinweise zur FZ verdanke ich Andrea Wetterauer.
105 Kurt Tucholsky, Zwischen Gestern und Morgen, Reinbek 1952, S. 14.
106 Karin Walter, Die Ansichtskarte als visuelles Massenmedium, in: Kaspar Maase/Wolfgang Kaschuba, Schund und Schönheit. Populäre Kultur um 1900, Köln 2001, S. 46–61, hier S. 46 ff.
107 Asendorf, Ströme [wie Anm. 50], S. 16.
108 Corinna Müller, Der frühe Film, das frühe Kino und seine Gegner und Befürworter, in: Maase/Kaschuba, Schund [wie Anm. 106], S. 62–91, hier S. 62 ff.
109 Kurt Tucholsky, Deutsches Tempo, Reinbek 1990, S. 144.
110 Rainer Maria Rilke, Sämtliche Werke, Frankfurt a. M. 1966, Band 6, S. 710.
111 Georg Simmel, Die Großstädte und das Geistesleben (1903), in: ders., Brücke und Tür. Essays, hg. v. Michael Landmann, Stuttgart 1957, S. 227–242, hier S. 228 ff.
112 Fontane, Stechlin [wie Anm. 91], S. 344.
113 Willy Hellpach, Mensch und Volk der Großstadt, Stuttgart 1939, S. 68 ff.
114 Joachim Radkau, Das Zeitalter der Nervosität. Deutschland zwischen Bismarck und Hitler, München, Wien 1998, S. 310.
115 Robert Roberts, The Classic Slum – Salford Life in the First Quarter of the Century, Harmondsworth 1973, S.147.
116 Ferdinand Kürnberger, Der Amerikamüde, zit. nach Hädecke, Poeten [wie Anm. 28], S. 272.
117 Theodor Lessing, Der Lärm, zit. nach Helmut Gold, Technik im Alltag – alltägliche Technik, in: Literatur im Industriezeitalter [wie Anm. 41], 2. Band, S. 664–689, hier S. 679.
118 Wilhelm Raabe, Pfisters Mühle, zit. nach Hädecke, Poeten [wie Anm. 28], S. 340 und 350.
119 Kerr, Mein Berlin [wie Anm. 82], S. 49 f.

120 Siegfried Kracauer, Die Angestellten, o. O. und o. J., S. 90 f.
121 Zit. nach Berlin, Berlin [wie Anm. 87], S. 261.
122 Zit. nach Peter-Paul Schneider, »Tand, Tand, ist das Gebilde von Menschenhand!«: Die ersten Technik-Schocks, in: Literatur im Industriezeitalter [wie Anm. 41], S. 323–348, hier S. 329.
123 Zit. nach Joachim Radkau, Die Nervosität des Zeitalters, in: Kultur und Technik 18 (1994), S. 51–57, hier S. 54.
124 Winfried Kretschmer, Geschichte der Weltausstellungen, Frankfurt a. M., New York 1999.
125 Ödön von Horvath, Gesammelte Werke, Frankfurt a. M. 1987, 12. Band, S. 105 f.
126 Kracauer, Die Angestellten [wie Anm. 120], S. 93.
127 Jakob von Hoddis, Schluß Kinomatograph, zit. nach Schürgers, Ersatz für Träume [wie Anm. 71], S. 803.
128 Zit. nach Schürgers, Ersatz für Träume [wie Anm. 71], S. 808.
129 Kaspar Maase, Grenzenloses Vergnügen. Der Aufstieg der Massenkultur 1850–1970, Frankfurt a. M. 1997, S. 22.
130 Zit. nach Martin Scharfe, »Ungebundene Cirkulation der Individuen«. Aspekte des Automobilfahrens in der Frühzeit, in: Zeitschrift für Volkskunde 86 (1990), S. 216–243, hier S. 220.
131 Zit. nach Wolfgang Ruppert, Das Auto. »Herrschaft über Raum und Zeit«, in: ders., Fahrrad, Auto, Fernsehschrank [wie Anm. 83], S. 119–160, hier S. 139.
132 Zit. nach Joachim Radkau, Technik in Deutschland. Vom 18. Jahrhundert bis zur Gegenwart, Frankfurt a. M., S. 146.
133 Zit. nach Jakob, Maschine [wie Anm. 19], S. 322.
134 Zit. nach Jens P. Becker, Das Automobil und die amerikanische Kultur, Trier 1989, S. 31 f.
135 Otto Julius Bierbaum, Reisegeschichten, München 1913, S. 235 ff.
136 Ruppert, Auto [wie Anm. 131], S. 126.
137 Ebda., S. 149 ff.
138 Brüggemeier/Toyka-Seid, Industrie-Natur [wie Anm. 37], S. 247.
139 Ruppert, Auto [wie Anm. 131], S. 159.
140 Frankfurter Zeitung vom 8. 11. 1928 und 29. 6. 1931.
141 Wolfgang Schivelbusch, Lichtblicke. Zur Geschichte der künstlichen Helligkeit im 19. Jahrhundert, München, Wien 1983, S. 78.
142 Filippo Tommaso Marinetti, Manifest des Futurismus; An das Rennautomobil, zit. nach Peter-Paul Schneider, Mit dem Auto zu Goethe, in: Literatur im Industriezeitalter [wie Anm. 41], S. 473–506, hier S. 473 und 478.
143 Wilhelm Speyer, Charlott etwas verrückt, Berlin 1927, S. 5.
144 Brüggemeier/Toyka-Seid: Industrie-Natur [wie Anm. 37], S. 246.
145 Schivelbusch, Eisenbahnreise [wie Anm. 47], S. 174.

146 Frankfurter Zeitung vom 11.6. 1929 [wie Anm. 164]
147 Henry Barbusse, Das Feuer. Tagebuch einer Korporalschaft, Zürich 1918, S. 175.
148 Zit. nach Jutta Tschoeke, Tunneldurchfahrten, in: Zug der Zeit [wie Anm. 57], 2. Band, S. 507–511, hier S. 510 f.
149 Gabriele d'Annunzio, Vielleicht – vielleicht auch nicht, zit. nach Peter-Paul Schneider, »Gönnt mir den Flug!«, in: Literatur im Industriezeitalter [wie Anm. 41], 1. Band, S. 515–544, hier S. 520.
150 Franz Kafka, Die Aeroplane von Brescia, zit. nach Schneider, Gönnt mir den Flug [wie Anm. 149], S. 524.
151 Bernd Jürgen Warneken, Zeppelinkult und Arbeiterbewegung. Eine mentalitätsgeschichtliche Studie, in: Zeitschrift für Volkskunde 80 (1984), S. 59–80.
152 Bernhard Kellermann, Der Tunnel, Baden-Baden 1986, S. 373.
153 Egon Erwin Kisch, Der rasende Reporter, Köln 1983, S. 74.
154 Christoph Asendorf, Super Constellation. Das Flugzeug als kulturelle Erfahrung, in: Ruppert, Fahrrad, Auto, Fernsehschrank [wie Anm. 83], S. 188–216, hier S 198.
155 Kisch, Der rasende Reporter [wie Anm. 153], S. 264 und 269.
156 Antoine de Saint-Exupéry, Nachtflug, zit. nach Schneider, Gönnt mir den Flug [wie Anm. 149], S. 536.
157 Zit. nach Berlin, Berlin [wie Anm. 87], S. 470.
158 Heinrich Hauser, Schwarzes Revier, Berlin 1930, S. 9 und 14.
159 Egon Erwin Kisch, Werke, Berlin und Weimar 1974, V. Band, S. 659.
160 Zit. nach Karl Prümm, Expedition ins Landesinnere. Das Ruhrgebiet in Reportagen der 20er Jahre, in: Publizistik 27 (1982), S. 361–376, hier S. 366.
161 Ernst Jünger, Das abenteuerliche Herz (1929), in: Ernst Jünger, Werke, Stuttgart o. J., 7. Band, S. 153 f.
162 Zit. nach Berlin, Berlin. [wie Anm. 87], S. 45.
163 Irmgard Keun, Gilgi – eine von uns, München 1989, S. 10.
164 Frankfurter Zeitung vom 11.6. 1929.
165 Zit. nach Norbert J. Schürgers, Philosophie der Technik, in: Literatur im Industriezeitalter [wie Anm. 41], 2. Band, S. 582–611, hier S. 597.
166 Zit. nach Sonnenberger, Mensch und Maschine [wie Anm. 66], S. 34.
167 Bertolt Brecht, 700 Intellektuelle beten einen Öltank an, zit. nach Gold, Technik im Alltag [wie Anm. 117], S. 684 ff.
168 Wolfgang von Löhneysen, Technik als Motiv und Problem. Bilder der Jahrhundertmitte, in: Salewski/Stölken-Fitschen, Moderne Zeiten [wie Anm. 94], S. 119–138, S. 123.
169 Vgl. Sven Reichardt, Faschistische Kampfbünde. Gewalt und Gemeinschaft in italienischen Squadrismus und in der deutschen SA, Köln usw. 2002, S. 106 f.

170 Kurt Wagenführ, Rundfunk dem Hörer vorgestellt, Leipzig 1938, S. 5 ff.
171 Zit. nach Siegfried Reinecke, Mobile Zeiten. Geschichte der Auto-Dichtung, Bochum 1986, S. 116 f.
172 Reinecke, Mobile Zeiten [wie Anm. 171], S. 113 ff.
173 Franz Sonnenberger, Die Mobilisierung des Menschen, in: Zug der Zeit [wie Anm. 57], 2. Band, S. 723–737, hier S. 726 f.
174 Helmut Schwarz, Das Räderwerk des Todes. Die Reichsbahn und die »Endlösung« der Judenfrage, in: Zug der Zeit [wie Anm. 57], 2. Band, S. 682–689.
175 Thomas Südbeck, Motorisierung, Verkehrsentwicklung und Verkehrspolitik in der Bundesrepublik Deutschland der 1950er Jahre, Stuttgart 1994, S. 45.
176 Vgl. Ruppert, Auto [wie Anm. 131].
177 Hermann Bausinger, Fremde Nähe, Tübingen 2002, S. 39 f.
178 Theodor W. Adorno, Nicht anklopfen, zit. nach Gold, Technik im Alltag [wie Anm. 117], S. 688.
179 Max Frisch, Homo faber, Frankfurt a. M. 1977, S. 176.
180 Levine, Landkarte der Zeit [wie Anm. 2], S. 173.
181 Vgl. Manfred Garhammer, Wie Europäer ihre Zeit nutzen. Zeitstrukturen und Zeitkulturen im Zeichen der Globalisierung, Berlin 1999.
182 Axel Schildt, Das Jahrhundert der Massenmedien. Ansichten zu einer künftigen Geschichte der Öffentlichkeit, in: Geschichte und Gesellschaft 27 (2001), S. 177–206, hier S. 203
183 Marshall McLuhan, Die magischen Kanäle, Düsseldorf, Wien 1968, S. 9.
184 Giedion, Herrschaft der Mechanisierung [wie Anm. 20], S. 775.
185 Vgl. Ulrich Beck, Was ist Globalisierung?, Frankfurt a. M. 1997.
186 David Harvey, The Condition of Postmodernity. An Enquiry into the Origins of Cultural Change, Cambridge 1995, S. VII.
187 Anthony Giddens, Konsequenzen der Moderne, Frankfurt a. M. 1995.
188 Schmidt, Von Raum zu Raum [wie Anm. 52].
189 Marc Augé, Orte und Nicht-Orte, Frankfurt a. M. 1994, S. 129 f.
190 Roger M. Downs/David Stea, Kognitive Karten. Die Welt in unseren Köpfen, New York, Stuttgart 1982, S. 297.
191 Italo Calvino, Wenn ein Reisender in einer Winternacht, München 1986, S. 253.
192 Andreas Knie, Die Interpretation des Autos als Rennreiselimousine: Genese, Bedeutungsprägung, Fixierungen und verkehrspolitische Konsequenzen, in: Trischler/Dienel, Geschichte [wie Anm. 12], S. 243–259, hier S. 243.
193 Vgl. Mike Sandbothe/Walther Ch. Zimmerli (Hg.), Zeit – Medien – Wahrnehmung, Darmstadt 1994.
194 Paul Virilio, Revolutionen der Geschwindigkeit, Berlin 1993, S. 14 f.
195 Walther Reithoffer, Das Tempo der Realität. Die Dynamik linksdrehender Waschmaschinen, in: Kuckuck 12 (1997), S. 17–19, hier S. 18.

196 Levine, Landkarte der Zeit [wie Anm. 2], S. 179 f.

197 Götz Großklaus, Medien-Zeit, in: Sandbothe/Zimmerli, Zeit [wie Anm. 193], S. 36–59, hier S. 57.

198 Karl H. Hörning/Daniela Ahrens/Anette Gerhard, Vom Wellenreiter zum Spieler. Neue Konturen im Wechselspiel von Technik und Zeit, in: Soziale Welt 47 (1996), S. 7–23, hier S. 12.

199 Martin Bergelt, Zeit-Räume – Zur Einleitung, in: ders./Hortensia Völckers (Hg.), Zeit-Räume. Zeiträume – Raumzeiten – Zeitträume, München, Wien 1991, S. 7–18, hier S. 12.

200 Jeremy Boissevain, Introduction, in: ders. (Hg.), Coping with Tourists. European Reactions to Mass Tourism, Providence 1996, S. 1–26, hier S. 3.

201 Stefan Beck/Gisela Welz, Naturalisierung von Kultur – Kulturalisierung von Natur. Zur Logik ästhetischer Produktion am Beispiel einer agrotouristischen Region Zyperns, in: Tourismus-Journal 1 (1997), S. 431–448, hier S. 439 f.

202 Helmut Ziegler, Zurück in die Gegenwart, in: Der Tagesspiegel vom 31. 3. 2002.

203 Großklaus, Medien-Zeit [wie Anm. 197], S. 39.

204 Tucholsky, Deutsches Tempo [wie Anm. 109], S. 42.

205 Karl H. Hörning/Daniela Ahrens/Anette Gerhard, Zeitpraktiken. Experimentierfelder der Spätmoderne, Frankfurt a. M. 1997, S. 32.

Auswahlbibliographie

Asendorf, Christoph, Ströme und Strahlen. Das langsame Verschwinden der Materie um 1900, Gießen 1989.

Augé, Marc, Orte und Nicht-Orte, Frankfurt a. M. 1994.

Bausinger, Hermann/Beyrer, Klaus/Korff, Gottfried (Hg.), Reisekultur. Von der Pilgerfahrt zum modernen Tourismus, München 1991.

Beck, Ulrich, Was ist Globalisierung?, Frankfurt a. M. 1997.

Benjamin, Walter, Das Passagenwerk, Frankfurt a. M. 1982.

Bergelt, Martin/Völckers, Hortensia (Hg.), Zeit-Räume. Zeiträume – Raumzeiten – Zeitträume, München, Wien 1991.

Berlin, Berlin. Die Ausstellung zur Geschichte der Stadt. Katalog, hg. v. Gottfried Korff und Reinhard Rürup, Berlin 1987.

Beyrer, Klaus, Die Postkutschenreise, Tübingen 1985.

Boissevain, Jeremy (Hg.), Coping with Tourists. European Reactions to Mass Tourism, Providence 1996.

Brüggemeier, Franz-Josef/Toyka-Seid, Michael (Hg.), Industrie-Natur. Lesebuch zur Geschichte der Umwelt im 19. Jahrhundert, Frankfurt a. M. 1995.

Burke, Peter, Papier und Marktgeschrei. Die Geburt der Wissensgesellschaft, Berlin 2001.

Dohrn-van Rossum, Gerhard, Die Geschichte der Stunde. Uhren und moderne Zeitordnungen, München, Wien 1992.

Downs, Roger M./Stea, David, Kognitive Karten. Die Welt in unseren Köpfen, New York, Stuttgart 1982.

Dülmen, Richard van, Die Gesellschaft der Aufklärer. Zur bürgerlichen Emanzipation und aufklärerischen Kultur in Deutschland, Frankfurt a. M. 1986.

Elias, Norbert, Über die Zeit. Arbeiten zur Wissenssoziologie, Frankfurt a. M. 1988.

Friedland, Roger/Boden, Deirdre (Hg.), NowHere. Space, Time and Modernity, London 1994.

Garhammer, Manfred, Wie Europäer ihre Zeit nutzen. Zeitstrukturen und Zeitkulturen im Zeichen der Globalisierung, Berlin 1999.

Giddens, Anthony, Konsequenzen der Moderne, Frankfurt a. M. 1995.

Giedion, Siegfried, Die Herrschaft der Mechanisierung, Frankfurt a. M. 1982.

Glaser, Hermann, Spießer-Ideologie. Von der Zerstörung des deutschen Geistes im 19. und 20. Jahrhundert und dem Aufstieg des Nationalsozialismus, Freiburg 1964.

Ders., Maschinenwelt und Alltagsleben. Industriekultur in Deutschland vom Biedermeier bis zur Weimarer Republik, Frankfurt a. M. 1981.
Habermas, Jürgen, Strukturwandel der Öffentlichkeit. Untersuchungen zu einer Kategorie der bürgerlichen Gesellschaft, Neuwied und Berlin 1962.
Hädecke, Wolfgang, Poeten und Maschinen. Deutsche Dichter als Zeugen der Industrialisierung, München, Wien 1993.
Harvey, David, The Condition of Postmodernity. An Enquiry into the Origins of Cultural Change, Cambridge 1995.
Herrmann, Bernd (Hg.), Mensch und Umwelt im Mittelalter, Frankfurt a. M. 1989.
Hörning, Karl H./Ahrens, Daniela/Gerhard, Anette, Zeitpraktiken. Experimentierfelder der Spätmoderne, Frankfurt a. M. 1997.
Koselleck, Reinhart, Vergangene Zukunft. Zur Semantik geschichtlicher Zeiten, Frankfurt a. M. 1979.
Leed, Eric J., Die Erfahrung der Ferne. Reisen von Gilgamesch bis zum Tourismus unserer Tage, Frankfurt a. M. 1993.
Levine, Robert, Eine Landkarte der Zeit. Wie Kulturen mit Zeit umgehen, München, Zürich 1998.
North, Michael (Hg.), Kommunikationsrevolutionen. Die neuen Medien des 16. und 19. Jahrhunderts, Köln, Wien, Weimar 1995.
Radkau, Joachim, Technik in Deutschland. Vom 18. Jahrhundert bis zur Gegenwart, Frankfurt a. M. 1989.
Reinecke, Siegfried, Mobile Zeiten. Geschichte der Auto-Dichtung, Bochum 1986.
Ruppert, Wolfgang (Hg.), Fahrrad, Auto, Fernsehschrank. Zur Kulturgeschichte der Alltagsdinge, Frankfurt a. M. 1993.
Sandbothe, Mike/Zimmerli, Walther Ch. (Hg.), Zeit – Medien – Wahrnehmung, Darmstadt 1994.
Schivelbusch, Wolfgang, Geschichte der Eisenbahnreise. Zur Industrialisierung von Raum und Zeit im 19. Jahrhundert, Frankfurt a. M., Berlin, Wien 1979.
Ders., Lichtblicke. Zur Geschichte der künstlichen Helligkeit im 19. Jahrhundert, München, Wien 1983.
Schmidt, Aurel, Von Raum zu Raum. Versuch über das Reisen, Berlin 1998.
Schneider, Peter Paul (Hg.), Literatur im Industriezeitalter, Marbach 1987.
Teuteberg, Hans-Jürgen/Neutsch, Cornelius (Hg.), Vom Flügeltelegraphen zum Internet. Geschichte der modernen Telekommunikation, Stuttgart 1998.
Trischler, Hellmut/Dienel, Hans-Ludger (Hg.), Geschichte der Zukunft des Verkehrs. Verkehrskonzepte von der Frühen Neuzeit bis zum 21. Jahrhundert, Frankfurt a. M., New York 1997.
Virilio, Paul, Revolutionen der Geschwindigkeit, Berlin 1993.
Zoll, Rainer (Hg.), Zerstörung und Wiederaneignung von Zeit, Frankfurt a. M. 1988.
Zug der Zeit – Zeit der Züge. Deutsche Eisenbahn 1835–1985, hg. v. Eisenbahnjahr-Ausstellungsgesellschaft mbH Nürnberg, Berlin 1985.

Bildnachweis

Titelbild:
Umschlag zum »Mitropa Schlafwagen-Fahrplan«, gestaltet von Walter Hemming, in: Alfred Gottwaldt, Deutsche Reichsbahn. Kulturgeschichte und Technik, Argon Verlag Berlin 1994, S. 79.
Bildnachweis: Museum für Verkehr und Technik Berlin

Abbildungen im Band:

Seite 56: Caspar David Friedrich, Morgen im Riesengebirge, in: Werner Hofmann, Caspar David Friedrich. Pinturas y dibujos, Berlin/Madrid 1992, S. 141.
Bildnachweis: Berlin, Archiv für Kunst und Geschichte
Hängt in: Nationalgalerie, Staatliche Museen zu Berlin – Preußischer Kulturbesitz

Seite 98: Paul Cézanne, Der Bahndurchstich, in: Die Neue Pinakothek München, mit Erläuterungen von Erich Steingräber, Verlag Karl Thiemig München 1981, S. 128.
Bildnachweis: Die Neue Pinakothek München, Bayerische Staatsgemäldesammlung München
Hängt in: Neue Pinakothek München

Seite 121: Adolph Menzel, Selbstbildnis mit Arbeiter am Dampfhammer, in: Das Labyrinth der Wirklichkeit. Menzel 1815–1905, herausgegeben von Claude Keisch und Marie-Ursula Riemann-Reyher, Du Mont Verlag, o. O. 1996, S. 277.
Bildnachweis: Leipzig, Museum der Bildenden Künste, Kat. 37
Hängt in: Leipzig, Museum der Bildenden Künste

Seite 158: Edgar Degas, Der Fehlstart, in: Jean Sutherland Boggs, Degas at the Races, National Gallery of Art, Washington Yale University Press, New Haven/London 1998, S. 100.
Bildnachweis: Yale University Art Gallery
Hängt in: Yale University Art Gallery

Seite 201: Jakob Steinhardt, Die Stadt, in: Berlin-Museum/Abteilung Jüdisches Museum, Jakob Steinhardt: der Prophet. Ausstellungs- und Bestandskatalog, Berlin: Berlin-Museum, 1995, S. 97.
Bildnachweis: Berlin, Nationalgalerie, Staatliche Museen zu Berlin – Preußischer Kulturbesitz
Hängt in: Berlin, Nationalgalerie. Der Abdruck erfolgt mit freundlicher Genehmigung der Nationalgalerie, Berlin.

Seite 239: George Grosz, Ohne Titel, in: Peter-Klaus Schuster (Hg.), George Grosz. Berlin – New York, Staatliche Museen zu Berlin – Preußischer Kulturbesitz 1994, S. 335.
Bildnachweis: Düsseldorf, Kunstsammlung Nordrhein-Westfalen, Inv. Nr. 163
Hängt in: Düsseldorf, Kunstsammlung Nordrhein-Westfalen. Der Abdruck erfolgt mit freundlicher Genehmigung der VG-Bild-Kunst, Bonn.

Zeittafel

1336	Der erste Uhrenturm mit Schlagwerk läutet in Mailand eine neue Zeit ein
1430	Die Taschenuhr wird erfunden
1605	In Straßburg wird die erste moderne Zeitung gedruckt
1615	Mit dem Reichspostgeneralat für die Grafen von Thurn und Taxis beginnt das systematische Postwesen
1765	James Watt baut seine erste Dampfmaschine
1772	James Cook beginnt die erste Weltumseglung
1782	Die Montgolfiers lassen bei Paris den ersten unbemannten Heißluftballon starten
1794	Von Paris nach Lille wird die erste optische Telegrafenlinie gebaut
1814	Die Schnellpresse ermöglicht völlig neue Druckgeschwindigkeiten für Zeitungen und Bücher
1817	Der badische Karl Freiherr von Drais führt sein Laufrad vor – ein erster Prototyp des Fahrrads
1821	Die Schnellpost beginnt in Deutschland das Reisetempo und die Reisekultur grundlegend zu verändern
1830	Zwischen Liverpool und Manchester verkehrt der erste europäische Personenzug
1834	Gründung des deutschen Zollvereins
1837	Louis Jacques Mandé Daguerre entwickelt die Vorform der Fotografie
1842	Erstes großes Zugunglück bei Versailles mit 50 Toten
1855	Thomas Cook gründet in London das erste Reisebüro
1848/49	Europäische Revolutionsbewegungen
1851	Erste Weltausstellung in London und erstes Telegrafenkabel von Dover nach Calais
1863	London eröffnet die erste Dampf-Stadtbahn, ab 1890 als U-Bahn
1876	Alexander G. Bell meldet in den USA das Telefonpatent an und August Otto entwickelt in Deutschland den gleichnamigen Viertaktmotor
1877	Thomas A. Edison baut den ersten Phonographen, Vorläufer des Plattenspielers
1883	Eröffnungsfahrt des Orient-Express
1885	Gottlieb Daimler führt seine vierrädrige »Motorkutsche« vor

1889	Die Dritte Weltausstellung in Paris präsentiert den Eiffelturm
1890	Mit der Hollerith-Lochkarte beginnt die moderne Datenverarbeitung, die zum Computer führt
1893	Einführung der mitteleuropäischen Zeit (MEZ) in Deutschland
1894	Die Gebrüder Louis und Auguste Lumière entwickeln den Kinematografen
1903	Erster Motorflug der Gebrüder Wright in den USA
1905	Die ersten festen Kinostätten entstehen in Frankreich und Deutschland
1908	Erster Flug des Zeppelin über den Bodensee
1912	Untergang der Titanic
1913	Henry Ford beginnt in den USA die Fließbandproduktion
1914–1918	Erster Weltkrieg
1919	Start der ersten planmäßigen Fluglinien
1921	In Pittsburgh (USA) nimmt der erste Rundfunksender seinen Betrieb auf
1927	Charles Lindbergh überfliegt den Atlantik
1929	Der Ton- und kurz darauf auch der Farbfilm beginnen
1936	Erste Fernsehprobesendungen anlässlich der Olympiade in Berlin
1939–1945	Zweiter Weltkrieg
1941	Mit dem verstärkten Einsatz von Deportationszügen beginnt der systematische Holocaust
1946	In Wolfsburg werden die ersten »Käfer« ausgeliefert, deren Prototyp 1937 entstanden war
1952	Das erste zivile Düsenflugzeug der Welt startet in London
1954	84 278 Fernsehgeräte in der BRD
1961	Bau der Berliner Mauer; Juri A. Gagarin umkreist die Erde
1969	Neil Armstrong landet auf dem Mond
1971	Die Sowjetunion richtet die erste Raumstation ein
1981	Der erste europäische Hochgeschwindigkeitszug nimmt seinen Betrieb von Paris nach Lyon auf
1989	Mit der Öffnung, dann dem Fall der Berliner Mauer endet die Geschichte der politisch-militärischen Teilung Europas
2000	Der durchschnittliche TV-Zapper wechselt alle 2,73 Sekunden den Kanal

Personenregister

Sachregister

Europäische Geschichte

Herausgegeben von Wolfgang Benz

Konzeption von
Wolfgang Benz, Rebekka Habermas und Walter H. Pehle

Band 60113

Band 60101

Band 60102

Die Fischer-Buchreihe *Europäische Geschichte* lädt ein zur Entdeckung Europas, blickt weit über nationale Grenzen hinweg und macht mit einem breiten Themenspektrum gemeinsame, aber auch trennende historische Entwicklungen deutlich.

Die 65 Autorinnen und Autoren der *Europäischen Geschichte* bieten aus höchst unterschiedlichen Perspektiven neuartige historische Überblicke von der Antike bis zur Gegenwart.

»Die **Europäische Geschichte** – eine ambitionierte Buchreihe, eine Kur gegen die nationale Betriebsblindheit. (...) Der Leser wird umfassend und zuverlässig informiert, die Bände sind ganz auf der Höhe der Forschung, behandeln neue Themen oder doch alte Themen auf neue Weise«. *Süddeutsche Zeitung*

Fischer Taschenbuch Verlag

fi 1701 / 4 a

Wolfgang J. Mommsen

Der erste Weltkrieg

Anfang vom Ende des bürgerlichen Zeitalters

Band 15773

Der Erste Weltkrieg markiert den Anfang vom Ende des bürgerlichen Zeitalters. Seine Eigendynamik ließ alle Versuche einer diplomatischen Beendigung des Völkerringens scheitern – ohne Rücksicht auf das unvorstellbare Leiden der Soldaten diesseits und jenseits der Fronten und mehr und mehr auch der Zivilbevölkerung. Die stete Radikalisierung der Kriegsführung wirkte sich verheerend auf alle soziale Schichten aus und zerstörte am Ende die Fundamente der politischen und gesellschaftlichen Ordnung.

Fischer Taschenbuch Verlag

fi 15773 / 1

Geschichtswissenschaften
Eine Einführung
Herausgegeben von Christoph Cornelißen

Band 14566

Das unentbehrliche Kompendium
für Studienanfängerinnen und -anfänger.

Geschichtswissenschaften heute
Das Studium – Die Geschichtswissenschaft am Ende
des 20. Jahrhunderts – Der Beruf des Historikers

Epochen der Geschichte
Antike – Mittelalter – Frühe Neuzeit –
Geschichte seit 1789 – Zeitgeschichte

Klassische Felder der Geschichtswissenschaften
Politische Geschichte – Sozialgeschichte –
Kulturgeschichte – Militärgeschichte –
Wirtschaftsgeschichte – Osteuropäische Geschichte –
Imperialgeschichte

Neue Felder der Geschichtswissenschaften
Mentalitätsgeschichte – Technikgeschichte –
Geschichte der Erinnerungskulturen –
Religionsgeschichte – Geschlechtergeschichte –
Historische Anthropologie

Fischer Taschenbuch Verlag

fi 14566/ 1